영상커뮤니케이션과 기호학

영상커뮤니케이션과
기호학

초판 1쇄 발행 2018년 11월 26일
초판 2쇄 발행 2021년 3월 18일

지 은 이 주형일
펴 낸 이 박찬익
편 집 장 한병순

펴 낸 곳 **패러다임북**
주   소 경기도 하남시 조정대로45 미사센텀비즈 7층 F749호
전   화 (031)792-1193, 1195
팩   스 (02)928-4683
홈페이지 www.pjbook.com
이 메 일 pijbook@naver.com
등   록 2015년 2월 2일 제2020-000028호

I S B N   979-11-963465-7-7 93070

주형일 지음

영상커뮤니케이션과 기호학

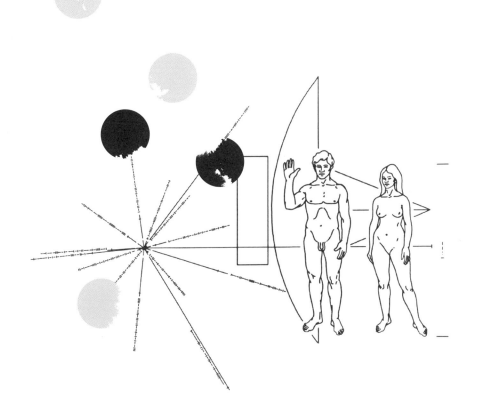

패러다임북

서론

이 책의 목적은 초심자들이나 학생들에게 영상을 이용한 커뮤니케이션에 대해 폭넓게 이해할 수 있는 기회를 제공함으로써 그들이 실제로 영상을 분석하고 해석할 뿐만 아니라 제작할 수 있는 능력을 갖출 수 있도록 하는 것이다.

이 책은 14개의 장으로 구성돼 있다. 제1장에서는 커뮤니케이션과 영상에 대한 일반적 정의를 내리고 영상커뮤니케이션 문제에 접근하는 방향을 제시한다. 제2장에서는 언어기호와 영상기호의 차이를 중점적으로 살피면서 기호의 문제를 다룬다. 제3장에서는 영상기호의 특성을 좀 더 상세히 알아본다. 제4장에서는 눈으로 영상을 지각하는 문제에 대해 다룬다. 제5장에서는 영상을 구성하는 조형적 요소들의 특성을 정리한다. 제6장에서는 영상으로 공간을 재현하는 일이 갖는 문제들을 분석한다. 제7장에서는 영상이 시간을 재현하는 방법에 대해서 살펴본다. 제8장부터 제13장까지는 퍼스의 기호학, 바르트와 그레마스이 구조주의 기호학, 파노프스키의 도상해석학, 사회기호학, 정신분석학의 개념들과 방법들을 이용해 영상을 어떻게 분석할 수 있는지 구체적 사례를 중심으로 살펴본다. 마지막으로 제 14장에서는 앞에서 논의됐던 내용들을 중심으로 영상이 사회문화적인 맥락 안에서 어떤 정치적, 사회적 목적을 위해 이용되고 무슨 효과를 발생시키는지를 논의한다.

이 책에서 영상은 넓은 의미의 기호라는 관점에서 다뤄진다. 영상을 사회적으로 통용되는 의미를 발생시키는 미디어로 간주하기 때문에, 영상에 대한 기호학적 접근과 분석이 이 책의 많은 부분을 차지한다.

기호학은 크게 세 가지 측면에서 의미 생산의 문제를 다룬다. 하나는 기호 내부의 요소들이 어떤 관계를 맺으면서 의미를 만들어내는가라는 측면(구문론)이고 또 하나는 기호가 외부의 대상을 어떻게 지시하면서 의미를 만들어내는가라는 측면(의미론)이며 마지막 하나는 기호를 해석하거나 사용하는 사람들에 의해 어떻게 의미가 만들어지는가라는 측면(화용론)이다. 대중매체를 통해 제공되는 기사, 광고, 다큐멘터리, 픽션 등의 다양한 텍스트들을 기호학적 방법을 통해 분석한다는 것은 텍스트의 의미를 위의 세 측면에서 개별적, 혹은 종합적으로 분석하는 작업이다.

예를 들어, 광고사진을 분석할 경우, 우리는 색과 형상들의 배열 방식, 문자의 크기와 위치 등을 분석함으로써 어떤 의미가 만들어지는지를 이야기할 수 있다. 혹은 색이나 형태가 어떤 대상을 재현하고 있으며 문자가 지시하는 것은 무엇인지를 분석함으로써 광고사진의 의미가 무엇인지를 설명할 수 있다. 그리고 광고사진이 어떤 환경속에서 어떤 사람들에 의해 제작되거나 소비되는지를 분석함으로써 광고가 전달하는 의미에 대해 말할 수도 있다. 이 세 측면의 분석은 명확히 구분될 수도 있지만 실제 텍스트의 의미를 이야기하는 과정에서는 혼재된 방식으로 나타나기도 한다.

기호학은 텍스트가 명시적으로 드러내는 의미보다는 겉으로 잘 드러나지 않는 의미를 발견하고자 한다. 기호학적 분석을 통해 발견되는 의미는 텍스트가 생산, 유통, 소비되는 사회와 문화에서 지배적 위치를 차지하는 가치들을 담고 있는 것으로 여겨진다. 텍스트를 통해 암묵적인 방식으로 생산, 유통되는 이 의미를 발견하는데 사용될 수 있는 표준적인 기호학적 방법은 존재하지 않는다. 기호학적 방법은 기본적으로 질적인 방법이기 때문에 분석의 결과는 우선적으로 분석자의 능력에 의존한다. 따라서 분석 결과 도출된 텍스트의 의미는 주관적 해석의 결과물이며 객관적 진리의 지위를 갖는다기보다는 사회와 문화 현상의 이해를 돕는 역할을 한다.

이 책을 주의 깊게 읽은 독자들은 영상의 의미를 분석하는 체계적인 지식을 습득할수 있을 것이다. 이런 지식을 역으로 활용한다면 영상을 제작하는 작업에서도 많은도움을 받을 수 있을 것이다. 이 책은 영상에 대한 기능적 분석 방법을 제시하는 것에만 머물지 않는다. 독자는 이 책을 통해 영상이 사회문화적 권력관계 안에서 행하는역할에 대해 비판적으로 접근할 수 있는 능력도 기를 수 있을 것이다.

차례

제1장
영상커뮤니케이션의 개요

1
커뮤니케이션의 정의

영상커뮤니케이션은 두 개의 단어로 이뤄져 있다. 영상과 커뮤니케이션이다. 영어 표현은 visual communication이다. 시각을 이용한 커뮤니케이션이란 뜻이다. 영상, 시각, 커뮤니케이션이란 세 단어가 영상커뮤니케이션을 이해하는 데 있어서 핵심적인 단어인 셈이다. 이 세 단어의 의미에 대해 간단히 살펴보기로 하자.

먼저, 커뮤니케이션에 대해 이야기해 보자. communication이란 단어를 영어사전에서 찾아보면 통신, 전달, 의사소통 등으로 번역돼 있다. 커뮤니케이션은 원래 '코무니스(communis)'라는 라틴어에서 나온 말이다. 코무니스는 '함께 하다', '공유한다'라는 뜻을 갖고 있다. 같은 어원을 가진 단어로 공동체(community), 공산주의(communism) 같은 것들이 있다. 공동체는 역사와 문화 등을 공유하는 사회를 일컫는 말이고 공산주의는 공동으로 생산하고 공동으로 분배하는 시스템을 의미한다. 그렇다면 커뮤니케이션은 무엇을 공유하는 것일까?

영어사전에 나와 있는 의미들을 통해 설명하자면 커뮤니케이션은 의견을 전달하고 소통하는 행위다. 이렇게 전달되고 소통되는 것을 총칭해서 메시지(message)라고 한다. 메시지는 커뮤니케이션의 내용이라고 할 수 있다. 그런데 메시지는 그냥 그 자체로는 전달될 수 없다. 왜냐하면 메시지는 관념, 생각, 의견, 감정 같은 것들인데, 그 자체로는 밖으로 드러나지 않는 것이기 때문이다. 메시지가 전달되려면 그것이 겉으로 드러나야 한다. 다시 말하면, 메시지가 표현돼야 한다. 메시지가 표현된다는 것은 일정한 형태를 갖고 특정한 경로를 통해 이동한다는 의미다. 예를 들어, '당신을 사랑합니다'라는 메시지를 전달하려면 우선 그것을 말이나 문자로 표현해야 한다. '당신을 사랑합니다'라는 말을 입으로 발음하게 되면 그 소리는 공기를 진동시켜 당신의 귀를 통해 뇌에 전달될 것이다. 그러면 당신은 메시지를 전달받게 된다. 이렇게 메시지에 형태를 부여하고 전달하는데 사용되는 수단들을 총칭해서 미디어(media)라고 한다.

메시지와 미디어만 있다고 해서 커뮤니케이션이 이뤄지지는 않는다. 미디어를 이용해 메시지를 주고받는 사람들이 있어야 한다. 바로 커뮤니케이션 행위자가 필요하다. 커뮤니케이션은 행위자, 메시지, 미디어가 있어야 이뤄진다. 따라서 행위자, 메시지, 미디어는 커뮤니케이션의 핵심적 구성 요소다. 커뮤니케이션 행위자는 미디어를 통해 메시지를 주고받는다. 커뮤니케이션에서 공유되는 것은 바로 메시지다. 따라서 커뮤니케이션은 행위자가 미디어를 통해 메시지를 공유하는 과정이라고 할 수 있다.

1) 행위자

행위자는 크게 송신자와 수신자로 나눌 수 있다. 일반적으로 대화나 토론과 같은 커뮤니케이션 상황에서는 송신자와 수신자가 분리돼 있지 않다. 한 사람이 송신자면서 동시에 수신자가 된다. 하지만 강연이나 강의, 혹은 공연과 같은 커뮤니케이션 상황에서는 송신자와 수신자가 구분된다. 신문, 잡지, 라디오, 텔레비전, 영화 등을 듣거나 보는 커뮤니케이션 상황에서도 소수의 송신자와 다수의 수신자로 구분된다. 인터넷을 이용한 커뮤니케이션 상황에서는 송신자와 수신자가 일대 일의 만남 관계일 수도 있고 소수와 다수의 관계일 수도 있다. 인터넷으로 친구와 문자를 주고받을 수도 있고 인터넷 강의를 들을 수도 있기 때문이다.

행위자는 사람일 수도 있고 기업이나 단체와 같은 조직일 수도 있으며 혹은 인공지능 프로그램 같은 기계일 수도 있다. 대화와 같은 커뮤니케이션 상황에서 행위자는 사람이다. 신문, 잡지, 라디오, 텔레비전, 영화 등과 같은 커뮤니케이션 상황에서 송신자는 조직이지만 수신자는 다수의 사람들이다.

2) 메시지

메시지를 전달한다는 것은 흔히 정보를 전달하는 것으로 이해된다. 하지만 메시지 전달이 반드시 정보 전달을 의미하지는 않는다. '당신을 사랑한다'는 메시지를 전달하는 상황을 생각해 보자. 우리가 만난 지 얼마 되지 않아서 당신은 아직 내가 당신을 사랑하는지 모른다고 가정해 보자. 이때 내가 '당신을 사랑한다'고 말을 한다면 당신은 깜짝 놀랄 것이다. 몰랐던 새로운 정보를 얻게 됐으니까. 이렇게 해서 우리는 서로 사랑을 확인한다. 그리고 우리는 수시로 이런 대화를 주고받게 된다. "나 사랑해?", "응, 사랑해." 혹은 당신이 아무 것도 묻지 않았는데도 나는 "사랑해"라고 말을 한다. 이때 '사랑한다'라는 말에는 어떤 정보도 들어 있지 않다. 이 말은 단지 우리의 감정과 관계를 유지하기 위해 주고받는 일종의 소리일 뿐이다. 그렇더라도 이 말은 서로의 관계를 유지하고자 하는 메시지를 담고 있다. 이처럼 메시지는 단순히 정보만을 의미하지 않는다. 정보를 주고받지 않더라도 우리는 커뮤니케이션을 통해 감정을 공유한다.

3) 미디어

우리는 텔레파시 같은 것을 이용해 즉각적으로 메시지를 전달하는 능력을 갖고 있지 않기 때문에, 메시지를 전달하기 위해서는 반드시 미디어가 필요하다.

미디어에는 다양한 종류가 있다.

- 부호화(encoding) 미디어: 메시지를 표현하는 부호나 기호로서의 미디어. 언어, 문자, 영상 같은 것들이다.
- 운반체(vehicle) 미디어: 메시지를 담은 부호나 기호를 운반하는 미디어. 공기, 종이, 전화기, 컴퓨터, 프로젝터, 텔레비전 수상기 같은 것들이다.
- 연결망(network) 미디어: 미디어들 사이의 연결망으로서의 미디어. 통신망, 신문 배급망, 방송망, 인터넷 같은 것들이다.

크게 보면 미디어를 이렇게 셋으로 나눌 수 있지만 사실 일상적인 커뮤니케이션 상황에서 미디어를 속성별로 명확히 구분하는 것은 매우 어렵다.

미디어는 이용하는 감각기관에 따라서 청각 미디어, 시각 미디어, 시청각 미디어로 구분하기도 한다. 언어나 소리, 그리고 그것들을 이용하는 전화, 라디오 등은 청각 미디어라고 할 수 있다. 문자, 활사, 그림, 사진 같은 것과 그것들을 이용하는 신문, 잡지 같은 것은 시각 미디어라고 할 수 있다. 영화, 텔레비전 같은 것은 시청각 미디어다. 또 일대 일로 주고받는 편지, 전화 같은 것을 대인 미디어, 많은 사람들을 대상으로 하는 신문, 방송 같은 것을 매스 미디어(mass media)라고 한다.

미디어의 관점에서 본다면, 영상커뮤니케이션은 시각 미디어나 시청각 미디어 중에서 영상을 포함한 미디어가 이용되는 커뮤니케이션이다. 또한 대인 미디어가 이용될 수도 있고 매스 미디어가 이용될 수도 있는 커뮤니케이션이다. 기호로서의 영상은 부호화 미디어고 카메라, 모니터, 스크린, 텔레비전 수상기 등과 같은 운반체 미디어를 통해 전달된다. 이 과정에서 방송망, 인터넷 같은 연결망 미디어가 활용된다.

각각의 미디어는 저마다의 특성을 갖고 있다. 어떤 미디어를 사용하느냐에 따라 전달되는 메시지의 성격이 달라지기도 한다. 우리는 어떤 메시지를 전달하고자 하는지, 어떤 상황에서 메시지를 전달하는지, 상대방의 태도에 어떤 영향을 미치고 싶은지 등을 고려하면서 자신이 보기에 가장 적절한 미디어를 선택한다. 예를 들어, '당신을 사랑한다'라는 메시지를 처음으로 전달하는 경우를 생각해 보자. 나는 당신을 직접 만나서 말로 메시지를 전달할 수 있다. 편지를 써서 보낼 수도 있다. 휴대폰을 사용해 문자로 메시지를 보낼 수도 있다. 사랑에 관한 짧은 동영상을 제작해 보낼 수도 있다. 당신이 다니는 길이나 건물 벽에 사랑한다고 쓴 포스터나 플래카드를 붙여 놓을 수도 있다. 신문이나 텔레비전에 광고를 할 수도 있고 라디오 방송에 사연을 보내 DJ가 읽도록 할 수도 있다. 어떤 미디어를 사용하느냐에 따라 내가 보낸 '당신을 사랑한다'라는 메시지에 대한 당신의 태도는 다를 것이다. 다시 말해, 커뮤니케이션의 효과가 달라진다.

현대 사회에서 시각에 호소하는 영상커뮤니케이션이 중요하게 여겨지는 이유는 다른 미디어를 사용한 커뮤니케이션보다 더 큰 효과를 갖기 때문일 것이다. 그런데 동일한 시각 미디어에 속한다 하더라도 그림과 사진은 속성이 다른 미디어다. 그림을 이용하느냐, 사진을 이용하느냐에 따라 커뮤니케이션의 효과는 달라질 수 있다.

정리해 보자. 오늘날 커뮤니케이션은 인간과 인간을 연결시켜주는 근본적인 행위로 이해되고 있다. 커뮤니케이션은 단순히 정보를 전달하는 행위가 아니다. 커뮤니케이션은 메시지를 공유하는 행위다. 메시지는 정보만이 아니라 감정, 생각, 느낌, 가치, 신념 등 한 사람이 다른 사람과 공유할 수 있는 모든 것을 포함한다. 커뮤니케이션이 없다면 사람들이 관계를 맺으며 만들어내는 사회도 없고 문화도 없다. 그렇기 때문에 커뮤니케이션은 본질적으로 가장 인간적이면서 가장 사회적인 행위다.

2
이미지와 영상

이미지는 외래어다. image란 단어를 영어식으로 발음한 것이 바로 이미지다. 이미지는 라틴어 이마고(imago)에서 나온 말이다. 고대 로마 시대에 사용된 이마고의 원래 의미는 '조상의 초상'이었다. 즉, 죽은 조상의 얼굴을 밀랍으로 본을 떠 만든 마스크란 의미였다. 이후, 이마고는 산 사람이나 죽은 사람의 얼굴을 그림, 조각, 부조, 흉상 등의 형태로 묘사해서 재현해 낸 것들을 일컫는 단어가 됐다. 죽은 사람의 얼굴 본을 뜬 것을 데스마스크(death mask), 산 사람의 얼굴 본을 뜬 것을 라이프 마스크(life mask)라고 한다. 본을 뜬다는 의미가 포함된 이마고란 단어는 정확히 닮다, 진정으로 유사하다란 뜻으로도 사용됐다.

조상의 초상이란 말은 죽은 조상의 얼굴을 그대로 볼 수 있다는 것을 의미했기 때문에 이마고는 유령이나 귀신이란 의미도 갖게 됐다. 이때 유령이나 귀신은 진짜 조상이 아니라 겉모습만 나타나는 일종의 그림자 같은 것이다. 그래서 이마고란 말에는 그림자, 환영(illusion), 반영(reflection), 단순한 모방이란 의미도 포함돼 있다.

결국 이마고에는 진짜와 동일한 것, 현실, 실재라는 의미가 있으며 진짜를 모방한 것, 눈속임, 환상과 같은 의미도 들어 있다. 한마디로 이마고는 진짜로 존재하는 것이자 동시에 존재하지 않는 거짓이라는 상반된 뜻을 모두 갖고 있는 것이다. 이렇게 이마고가 그 뿌리는 같지만 서로 모순된 의미들을 갖고 있었듯이 오늘날 이미지도 상충하는 의미들을 포함하고 있다.

인터넷 포털 사이트에 있는 '이미지'라는 검색 카테고리에는 주로 사진이나 그림 같은 것들이 분류돼 있다. 사진이나 그림이 바로 이미지인 셈이다. 하지만 이미지는 사진이나 그림만을 의미하는 단어가 아니다. 우리는 아버지나 어머니, 혹은 좋아하는 다른 사람의 모습을 직접 보지 않더라도 머릿속에서 그들의 모습을 떠올릴 수 있다. 이때 머릿속에 떠오르는 그 사람의 모습도 이미지라고 부른다. 또한 우리가 거울을 볼 때 거울에 비친 모습도 이미지다. 우리가 눈으로 보는 것도 이미지의 형태를 갖는다. 이렇게 보면 우리가 눈으로 보는 모든 것, 머릿속으로 상상하는 모든 것, 우리가 손으로 그리거나 카메라를 이용해 촬영하는 모든 것이 이미지라고 할 수 있다.

우리가 현실에서 접할 수 있는 이미지는 크게 보면 다음과 같이 네 가지로 구분될 수 있다.

- 실상(實像): 빛에 의한 자극을 우리가 눈으로 지각하게 되는 외부 물체의 모습
- 반사상(反射像): 거울과 같은 표면 위에 나타나는 모습
- 심상(心像): 두뇌 작용을 통해 상상해 내는 사물의 모습
- 영상(映像): 종이, 스크린, 모니터 등과 같은 미디어 위에 표현된 사물의 모습

결국, 직접 존재하면서 우리 눈에 의해 지각되는 사물들의 모습도 이미지고 우리의 두뇌활동으로 상상해 내는 모습도 이미지며 우리가 도구나 기계를 이용해 직접 만들어내는 형상도 이미지다.

실상은 눈의 망막에 비친 이미지다. 수정체를 통과한 빛은 망막에 밖의 모습을 이미지의 형태로 투사한다. 이것을 시세포와 시신경을 통해 뇌가 지각한 것이 바로 실상이란 이미지다. 이런 이미지는 눈의 움직임에 따라 수시로 변한다. 거울과 같은 반짝이는 표면에 나타나는 이미지도 있다. 이런 반사상은 반사면의 속성에 따라 형태가 결정된다. 그리고 우리가 손이나 기계를 이용해 만들어낸 그림, 사진, 비디오 같은 이미지는 영상이다. 이런 이미지들은 모두 눈에 의

해 지각된 후에 곧 뇌에 의해 기억된다. 그리고 어떤 자극이 주어지면 기억됐던 이미지를 뇌가 불러오게 되는데, 이것이 바로 심상이다. 꿈이나 회상, 상상 같은 것을 통해 우리가 접하는 이미지가 바로 심상이다.

실상, 반사상, 심상과 같은 이미지는 우리가 의지대로 조종하거나 바꿀 수 없는 것이다. 실상이나 반사상은 이미 존재하고 있는 사물에 의해 형태가 결정된다. 그리고 심상은 무의식이나 욕망과 같이 우리가 통제하기 힘든 것에 의해 결정된다. 우리는 오직 영상과 같은 이미지만을 직접 만들고 수정할 수 있다.

3
영상의 힘

우리는 이미지를 흔히 영상이라고 번역하기 때문에 영상은 종종 앞에서 언급한 좁은 의미의 영상뿐만 아니라 넓은 의미의 이미지를 모두 지칭하기 위해 사용된다. 영상은 시각과 밀접히 연결돼 있다. 영상은 진짜 현실을 그대로 보여주기도 하고 헛것을 보여주기도 한다. 우리 눈을 통해 영상의 형태로 지각되는 세상은 실제로 존재하는 진짜 세상이다. 하지만 동시에 우리 눈에 영상의 형태로 나타나는 것이 모두 다 진짜로 실재하는 것은 아니다. 환상이나 환영도 영상의 형태로 나타난다.

백문불여일견(百聞不如一見)이란 말이 있다. 본다는 것은 지식을 얻는 가장 확실한 방법으로 이해된다. 하지만 '눈에 보이는 것을 믿지 말라'란 말도 있다. 여기에서 본다는 것은 믿을 수 없는 방법이다. 우리 눈으로 직접 보고 인식하는 것도 영상이지만 상상, 착각, 꿈을 통해 보게 되는 것도 영상이다. 영상은 믿을 수 있는 것이면서 동시에 우리를 속이는 것이기도 하다.

그리스 철학자 플라톤은 영상을 가짜라고 생각했다. 그는 영상을 진짜의 그림자, 진짜의 모방이라고 생각했다. 플라톤이 보기에 실재로 존재하는 것은 진짜뿐이다. 이 진짜를 그는 '이데아(Idea)'라고 했다. 이데아는 신이 만든 진짜 사물, 진짜의 세계다. 우리가 눈으로 보고 사용하는 물건들은 이데아의 불완전한 모방품이다. 그림 같은 영상은 그 모방품을 다시 모방한 것이다. 영상은 진짜를 모방한 것도 아니고 단지 모방품을 모방한 것에 불과하다. 그러니 영상은 믿을 수 없는 것이라고 생각한 것이다.

반면 플라톤의 제자였던 아리스토텔레스는 영상을 진짜의 불완전한 모방품으로 보지 않고 오히려 영상을 통해 진짜를 관찰할 수 있다고 생각했다. 예를 들어, 플라톤은 책상에 대해 알려면 이데아로서의 책상을 알아야 한다고 생각했다. '책상'이데아는 책상의 보편적 성질을 완전히 갖고 있기 때문이다. 우리가 사는 세상에는 많은 책상들이 있다. 이 책상들은 '책상'이데아의 일부분만을 모방한 불완전한 모방품일 뿐이다. 그림은 이런 불완전한 책상들의 겉모습 일부만을 모방한 것이기 때문에 더욱 불완전한 모방품이라 할 수 있다. 따라서 그림을 통해서 책상의 보편적 속성을 아는 것은 불가능하다.

하지만 아리스토텔레스가 보기에, 이데아로서의 보편적 책상은 이 세상에서 관찰할 수 없는 것이다. 이 세상에서 관찰할 수 있는 것은 이러저러한 모습을 가진 구체적 책상들뿐이다. 이런 책상들을 관찰하고 분석해야만 비로소 책상의 보편적 속성에 대해 알 수 있다. 이러저러한 책상들을 그린 그림은 그런 책상들에 대해 자세히 관찰하고 분석할 수 있는 훌륭한 도구가 된다. 아리스토텔레스는 영상이 진짜의 불완전한 모방이기 때문에 쓸모없는 것이라는 생각에 반대하고 오히려 영상을 진짜에 대해 알고 배울 수 있는 좋은 수단이라고 주장했다.

영상을 가짜, 거짓, 눈속임이라고 보는 의견과 반대로 진짜, 현실, 진실을 보여주고 알려주는 것이라고 보는 의견은 오랜 세월 동안 공존해 오면서 서로 충돌하고 갈등을 빚어 왔다. 대표적인 것이 서양의 기독교 역사에서 발견되는 성상숭배론자와 성상파괴론자 사이의 논쟁이다. 간단히 말하면, 교회에서 신을 영상으로 재현하는 것이 옳으냐에 대해 논쟁을 벌인 것이다. 기독교 성경에 따르면 신은 자신의 영상을 본 따 인간을 창조했다("God created mankind in his own image, in the image of God he created them"). 하지만 기독교의 신은 인간이 다른 신의 모습을 영상으로 만들어 숭배하는 것을 금지했다. 기독교가 아닌 다른 종교에서는 일반적으로 신이 영상 상태로 재현돼 전시되고 숭배된다. 고대 이집트나 그리스의 신전들, 아시아의 불교 사원들을 보면 수많은 신의 영상들이 전시돼 있다. 이런 곳에서는 영상이 신을 대신한다.

유럽의 성당들을 가보면 마치 불교 사원처럼 신을 재현한 많은 영상들을 볼 수 있다. 하지만 초기에는 신을 영상으로 재현해 숭배하는 것에 대한 많은 반발이 있었고 실제로 신을 재현한 성상화인 아이콘(icon)들을 파기하는 운동이 벌어지기도 했다. 이 싸움은 결국 9세기에 가서야 모든 기독교회에서 성상숭배를 공식적으로 허용함으로써 끝날 수 있었다. 당시 성상숭배를 주장했던 콘스탄티노플 총대주교 니케포로스(Nikephoros)는 성상파괴론자들을 공격하면서 "우리가 영상을 없앤다면 그리스도가 아니라 우주 전체가 사라진다"고 말했다. 그리스도를 포함한 이 세상의 모든 것이 영상으로 된 것이기에 영상을 통하지 않고서는 그들에 대한 지식도 얻을 수 없다는 것이다. 신은 영상으로 재현될 수 없는 존재지만 신의 뜻을 담고 있는 삼라만상이 모두 영상으로서 우리에게 나타나기 때문에 역설적으로 우리는 영상을 통해 신의 뜻을 알 수 있다는 것이다.

하지만 신을 영상으로 재현하는 것과 관련된 논쟁은 여전히 끝나지 않고 있다. 16세기 종교개혁 운동을 통해 등장한 개신교에서는 기존의 카톨릭 교회와는 달리 신을 영상으로 재현하는 것을 허용하지 않기 때문이다. 카톨릭교에서는 성상과 같은 영상을 통해 신에게 더 가까이 다가가고 신에 대한 지식을 얻을 수 있다고 생각한다. 하지만 개신교에서는 신은 영상으로 재현될 수 없기 때문에 신을 재현한다는 영상들은 사실은 거짓된 신의 모습을 보여주며 대중을 현혹시키는 우상에 불과하다고 생각한다.

시각 미디어가 지배하는 현대 사회에서 영상을 진짜라고 생각하는지, 혹은 가짜라고 생각하는지에 따라 미디어의 메시지를 받아들이는 태도가 달라진다. 대부분의 경우, 사람들은 스타를 오직 영상의 형태로만 만난다. 텔레비전 프로그램에 출연한 모습, 인터넷에서 검색되는 사진이나 동영상을 통해 보이는 모습, 이런 것들이 대중이 보는 스타의 모습이다. 어떤 사람들은 그 영상들을 진짜로 받아들이고 그 영상을 통해 보는 스타를 정말 좋아한다. 다른 사람들은 그 영상을 가짜라고 생각하고 영상에 나타난 모습과는 다른 스타의 본 모습을 폭로하면서 그의 위선을 욕하기도 한다. 오늘날에도 여전히 영상에 대한 신뢰와 불신이 공존하는 것이다. 한편에는 영상에 대한 맹목적인 믿음과 열광적 숭배가 있고 다른 한편에는 영상에 대한 회의적인 비판과 냉담한 불신이 있다.

4
영상과 마술

프랑스 학자 드브레(Debray)는 〈이미지의 삶과 죽음〉이라는 책에서 프랑스어의 영상(image)과 마술(magie)은 같은 철자로 조합돼 있다고 지적했다. 영상 속에는 마술이, 마술 안에는 영상이 들어있는 것이다. 실제로 영상은 마술과 깊은 관계가 있다. 우리가 마술이라고 하면 떠올리는 가장 대표적인 것이 바로 형태를 바꾸는 것이다. 사람을 백조로 만들고 호박을 마차로 만드는 것, 그림에 그려진 인물이 말을 하거나 사람이 그림 속으로 들어가는 것, 이런 것들이 바로 우리가 여러 이야기들 속에서 흔히 접하는 마술들이다. 결국 영상을 자유자재로 조종할 수 있는 것이 마술인 셈이다.

현실에서 우리가 접하는 마술은 보이지 않는 것을 보이게 만들거나 보이는 것을 보이지 않게 만든다. 그래서 흔히 마술을 눈속임이라고 한다. 착각, 착시, 환상, 환영 같은 단어들이 마술과 함께 어울리는 것들이다. 일어나지 않은 일을 마치 일어난 일처럼 보여줌으로써 관객의 눈을 속인다는 점에서 마술은 가짜로서의 영상과 일맥상통한다.

한편, 영상도 오래전부터 마술의 힘을 갖고 있는 것으로 이해됐다. 예를 들어, 다른 사람을 저주하기 위해 그림이나 사진 같은 영상을 훼손한다거나 더럽히는 것은 여러 시대와 사회에서 발견되는 일이다. 영상에 어떤 생명이나 영혼이 깃들어 있는 것으로 여겨 두려워하거나 소중히 간직하는 일도 종종 볼 수 있는 일이다. 사랑하는 가족이나 좋아하는 사람의 영상을 간직하고 바라보면 왠지 그가 함께 있는 듯한 느낌이 들어 기분이 좋아지고 힘이 나기도 한다. 또 어떤 것을 간절히 바라면서 그것을 영상화해서 계속 생각한다면 실제로 바라는 일이 이뤄진다는 이야기도 많다.

영상이 현실에서 보여주는 가장 마술 같은 힘은 바로 죽음을 극복하는 것이다. 인간에게 있어서 죽음은 존재 자체의 의미에 영향을 미치는 결정적인 사건이다. 천국이나 지옥 같은 내세의 삶을 믿는다거나 윤회로 다시 태어날 수 있다고 믿는다 해도 죽음이 현 존재의 끝을 의미한다는 점에는 변화가 없다. 그런데 죽음은 바로 육체의 소멸에 의해 가시화된다. 누군가가 죽는다는 것은 그 사람의 모습을 다시는 볼 수 없다는 것을 의미한다. 그래서 죽음에 맞서 저항한다는 것은 육체의 소멸을 막는 것이 된다. 고대 이집트인들이 미라를 만들어 보존한 것이 바로 이런 이유에서였다.

미라를 만들 수 없다면 어떻게 육체를 변하지 않게 보존시킬 수 있을까? 육체를 재현한 그림, 동상 같은 것을 만들면 된다. 그래서 아주 오랜 옛날부터 많은 사회에서 죽은 육체의 모습을 마치 살아있는 것처럼 재현하는 초상예술이 발달했다. 돌, 청동 등을 이용한 조각에서부터 죽은 사람의 신체 일부나 의상 등을 직접 이용해 만든 대리상(effigy)을 거쳐 다양한 인물화에 이르기까지 죽은 육체를 재현하는 초상예술은 영상을 통해 죽은 육체를 대체함으로써 육체의 소멸에 적극적으로 저항하는 수단이었다. 죽은 사람은 사라져 존재하지 않지만 그의 모습을 그대로 재현한 영상이 그를 대신해서 존재하는 것이다. 사람들은 죽은 사람의 영상을 보면서 그를 기억하게 된다. 이로써 인간은 비록 죽어도 영상 상태로 영원히 기록되고 기억되는 불멸성을 갖게 되는 것이다.

영상이 가진 또 하나의 마술 같은 힘은 바로 보이지 않는 것을 보이게 만드는 것이다. 예를 들어, 그림은 존재하지 않거나 보이지 않는 것에 형태를 부여한다. 16세기에 미켈란젤로는 로마 시스티나 성당 천장에 '천지창조'에 관한 그림을 그렸다. 그 중 유명한 것이 〈아담의 창조〉 그림이다(그림 1). 그 그림에서 우리는 아담에게 손가락을 통해 생명을 불어넣고 있는 신의 모습을 볼 수 있다. 신과 아담이 모두 구체적인 형상을 갖고 우리 눈에 보이는 것이다.

보이지 않는 것을 보이게 만드는 것은 이런 종교화뿐만이 아니다. 우리가 흔

〈그림 1〉 미켈란젤로, 아담의 창조, 1508–1512

히 접하는 용의 그림을 생각해 보자. 존재하지 않는 동물인 용이 너무나 생생한 구체적인 형태를 갖고 우리 눈앞에 모습을 드러낸다. 용뿐만 아니라 전설이나 동화, 소설에 등장하는 현실에서는 볼 수 없는 다양한 인물과 사물들, 귀신이나 괴물, 유령들의 모습을 우리는 수많은 영상들을 통해 볼 수 있다. 이런 영상들은 단순한 눈속임이 아니다. 18세기 후반부터 환등기를 이용해 귀신이나 악마 같은 형상을 그린 영상을 천이나 연기 위에 투사해서 관객에게 공포를 즐길 수 있게 하는 '판타스마고리아(phantasmagoria)' 같은 쇼가 유행했다. 이 쇼에서 영상은 일종의 착시를 이용한 눈속임 수단으로 사용됐다. 하지만 보이지 않는 것을 보이게 만드는 영상들은 단순한 눈속임이 아니라 사람들의 상상에 구체적 형상을 부여함으로써 인간의 경험세계를 더욱 풍부하게 만드는 역할을 해 왔다. 오늘날은 영화가 그런 역할을 한다.

보이지 않는 것을 보이게 만드는 것은 그림만이 아니다. 사진, 엑스레이, CT 등과 같은 영상들은 우리가 단순히 상상한 것이 아니라 실제로 존재하지만 직접 볼 수 없거나 보이지 않는 것을 보이게 만든다. 그 영상들은 달이나 화성 표면의 모습, 지구의 모습, 몸 안에 있는 뼈나 장기의 모습들을 보여준다. 이 얼마나 마술 같은 일인가? 실제로 사진이나 엑스레이 영상을 처음 본 사람들은 그것을 마술이라 생각했다.

착시를 이용해서 마술 같은 효과를 내는 영상들도 있다. 많은 영상들이 없는 것을 있는 것처럼 보이게 만드는 눈속임 기술을 이용한다. 눈을 속인다는 뜻을 가진 프랑스어 트롱프뢰이(trompe-l'oeil)는 착시를 이용해 그림을 실제 사물로 착각하게 만들거나 2차원의 평면인 것을 3차원의 사물처럼 보이게 만드는 기법이다. 오늘날 3D 영상이나 홀로그램도 착시를 이용해 눈을 즐겁게 한다.

5
영상커뮤니케이션의 시초

〈그림 2〉 라스코 동굴벽화의 일부

프랑스에서 1만 7천 년 전 크로마뇽인들이 그린 것으로 추정되는 라스코 (Lascaux) 동굴벽화는 1940년 우연히 발견됐다. 그 후 급증하는 관람객 때문에 벽화의 훼손이 시작되자 동굴은 1963년 완전히 폐쇄됐다. 동굴 옆에 동굴과 똑같은 모양의 재현동굴이 만들어졌다. 이 재현동굴은 라스코 동굴의 핵심 부분을 완벽하게 재현해 1983년 문을 열었다. 재현동굴이지만 센티미터 단위로 완벽하게 복제하고 진짜 동굴과 똑같은 환경에서 운영하기 때문에 재현동굴이란 느낌이 전혀 들지 않는다. 동굴에 들어가면 맨 먼저 가장 큰 방이 나온다. 이 방에는 뒤로 작은 통로가 있고 그 통로를 지나면 좀 더 작은 방들이 계속 이어져 연결돼 있는 방식으로 동굴은 구성돼 있다.

우리에게 잘 알려진 벽화의 대부분은 동굴 입구에 위치한 가장 큰 방에 그려져 있다. '황소의 방'이라고 불리는 이 방은 길이 17미터, 폭 6미터, 높이 7미터의 규모를 갖고 있다. 이 방에는 5미터에 달하는 큰 황소 그림을 비롯해 36개의 동물 그림이 그려져 있다. 이 방에 그려진 동물들은 황소, 말, 사슴 등으로 모두 초식 동물이며 옆모습만이 표현돼 있다(그림 2). 다른 작은 방들에서는 색칠된 그림뿐만 아니라 벽에 새겨진 그림들도 발견된다. 드물지만 고양이과 동물, 곰, 코뿔소와 같은 동물의 그림도 발견된다. 마치 연습을 하듯 거칠게 음각한 그림들과 미완성된 그림들로 가득 찬 방들도 있다. 벽화에서 발견되는 흥미로운 점 중의 하나는 산, 들, 강, 땅 같은 배경이 표현돼 있지 않다는 것이다. 또 그림 사이사이에는 그림을 그린 사람들의 서명이나 부족의 상징이라고 추정되는 점이나 선과 같은 기하학적 표시들이 발견된다. 동굴 안에서는 그림을 그리기 위해 사용한 것으로 보이는 도구들과 물감들의 흔적도 발견됐다.

라스코 동굴의 벽화들을 보면 그림들이 어떤 종류의 동물을 표현하고 있는지를 비교적 쉽게 알아차릴 수 있다. 하지만 그것과 벽화의 의미를 아는 것은 별개의 일이다. 벽화에 어떤 동물이 묘사돼 있는지는 알 수 있지만 그 벽화를 왜 그렸는지, 그 벽화가 의미하는 것이 무엇인지는 알 수 없다. 심지어 각각의 동물 그림들이 같은 시기에 그려졌는지 다른 시기에 그려졌는지도 확신을 갖고 단정할 수 없으며 각 동물 그림들이 서로 연결돼 있는지도 확실히 알 수 없다. 우리에게는 그림만이 주어져 있을 뿐 그 그림을 해석하는 데 도움을 줄 다른 텍스트가 없기 때문이다. 선사(先史, prehistory)시대는 말 그대로 역사 이전의 시대다. 다시 말해, 이야기나 기록이 있기 전의 시대다. 그림들을 왜 그렸는지를 말해주는 이야기가 기록돼 있지 않은 시대의 그림은 해독 설명서가 없는 암호와 같다. 설명서 없이 영상의 정확한 의미를 파악하는 것은 불가능하다.

우리는 선사시대 그림들이 종교적 의미와 같은 어떤 특정한 의미를 가졌었는지 아니면 단순한 심심풀이 낙서였는지에 대해 확실히 알 방법이 없다. 하늘에 떠 있는 구름을 본 적이 있을 것이다. 어떤 구름들은 우리가 보기에 토끼나 자동차처럼 특정한 형태를 재현하는 것처럼 보인다. 하지만 실제로 그 구름은 토끼나 자동차를 재현하기 위해 만들어진 것이 아니다. 이와 마찬가지로 선사시대 그림들 또한 어떤 특정한 의미가 없는 단순한 낙서에 불과할지도 모른다. 하지만 우리는 선사시대의 그림들을 특정한 의미가 없는 단순한 낙서라고 생각하지 않는다. 선사시대의 그림들은 특정한 목적과 의미를 갖고 있으리라 생각한다. 그렇게 생각하는 이유는 무엇인가?

우리가 선사시대의 그림들에 특정한 의미와 목적이 담겨 있다고 생각하는 이유는 그 그림들이 인간에 의해 상당한 시간과 노력을 들여 완성됐다는 사실에서 찾을 수 있다. 어두운 동굴 안에 비계를 설치하고 등잔불과 물감 등을 준비해 상당한 시간을 들여 정교한 그림을 그린다는 것은 특정한 이유와 목적을 위한 의도적 활동이다. 그렇기에 우리는 벽면에 배열된 그림들 사이에도 일정한 관계와 질서가 있을 것이라고 생각한다. 그런 생각을 바탕으로 그림을 그린 이유와 목적을 추정한다.

선사시대 그림들이 가졌을 것이라고 추정되는 목적은 다음과 같이 크게 세 가지다.

- 주술적이거나 종교적인 목적 : 사냥의 성공을 기원한다든가 일종의 굿과 같은 의식을 치르기 위해 사용했다.
- 오락적 목적 : 어두운 동굴에서 등불을 들고 아름다운 그림들을 바라보는 재미를 추구했다.
- 신화적 목적 : 부족의 신화나 전설을 표현하는 수단이었다.

다시 동굴 속의 선사시대 그림을 생각해 보자. 그림이 분명히 존재한다는 것 외에 우리는 어떤 것을 당연히 가정할 수 있는가? 우리는 이 그림들이 대부분의 경우 그림을 그린 사람들이 봤던 것을 표현한다고 가정할 수 있다. 그림을 그릴 수 있는 전반적으로 평평한 동굴 벽면이 있었다. 그림을 그릴 도구가 있었다. 그리고 그림을 그렸던 사람들이 있었다. 라스코 동굴벽화의 경우, 우리는 그림이 비교적 평평한 동굴의 천정에 주로 그려졌다는 것을 발견한다. 그리고 동굴에서는 그림을 그리기 위한 안료와 막대기, 불을 밝히기 위한 돌등잔 등의 도구가 발견됐다.

결국, 선사시대에도 다음과 같은 세 가지 요소가 영상 제작을 위해 필요했다.

- 표현매체 : 영상이 표현될 수 있는 물리적 공간
- 재료 : 영상의 가시화를 구현하는 물리적 요소
- 제작자 : 매체와 재료를 이용해 영상을 제작하는 존재

〈그림 3〉 라스코 동굴벽화, 인간과 들소

이 세 가지 요소들은 모든 영상 제작의 기본 요소다. 이러한 관점에서 우리는 현대 사회의 사람들도 선사시대의 사람들과 똑같은 조건 아래 있다고 말할 수 있다. 그림을 그리기 위해서 우리는 그림을 그릴 수 있는 재료와 표현매체를 가져야 한다. 이처럼 선사시대의 사람들이 동굴 벽에 그림을 그리기 위해서는 오늘날 사람들과 마찬가지로 동일한 기술적 조건에 의해 제약을 받았다. 그렇다면, 보거나 상상한 들소를 그리려고 하는 현대인과 역시 그가 봤던, 혹은 상상한 들소를 그리려 했던 선사시대 사람의 차이점들은 무엇인가? 우선 이용되는 표현매체와 재료가 다르다. 그리고 제작자가 갖고 있는 생각, 즉 가치관이나 신념 체계, 문화가 다르다.

우리가 선사시대 사람들이 남긴 동굴 벽화 앞에서 가장 알고 싶어 하는 것은 그 그림의 의미다. 우리는 그 그림이 무엇을 표현하고 있으며 그것을 표현하기 위해 사용된 체계는 무엇이었는지가 궁금하다. 사람들이 그림 앞에서 그림의 의미를 찾는다는 것은 그림이 기호로서 작용하기 때문이다. 그림은 의미를 생산하는 관계를 규정하는 체계에 따라 만들어지고 그 체계를 이해하는 사람들은 그 의미를 공유한다.

선사시대의 그림이 생산하는 의미는 무엇인가? 라스코 동굴벽화에서 사람을 표현한 것처럼 보이는 영상은 단 하나가 있다. 이것은 동굴 아주 깊숙한 곳에 위치한 구덩이 안에서 발견됐다. 사람의 영상은 홀로 있지 않다. 그것은 들소 영상과 함께 그려진 것으로 추측된다. 들소는 투창에 찔려 배가 갈라진 후 내장이 밖으로 나와 있는 듯한 모습이다. 그리고 뿔을 사람을 향하고 서 있다. 사람이라고 추정되는 영상은 새를 닮은 머리를 갖고 있고 손가락이 네 개다. 그리고 성기가 발기해 있는 상태로 들소 앞에서 넘어지고 있는 듯 보인다. 그리고 그 아래 역시 라스코에서 유일하게 발견되는 새를 재현한 영상이 있다. 이 새는 다리 대신 긴 막대 모양의 선을 갖고 있다. 그래서 새라기보다는 새 모양의 형상을 가진 어떤 도구처럼 보이기도 한다. 새 모양의 영상은 코뿔소 영상을 바라보고 있다. 코뿔소와 새 사이에는 규칙적으로 찍힌 6개의 점(: : :)이 있다(그림 3).

우리가 알 수 있는 것은 여기까지다. 들소나 사람, 새, 코뿔소의 영상은 비교적 쉽게 알아차릴 수 있다. 하지만 영상이 사람이나 들소, 코뿔소와 같은 특정한 동물을 재현한다는 것을 확인하는 것만으로는 영상 앞에 선 우리의 궁금증이 해소되지 않는다. 이 영상이 특이한 것은 선사시대 동굴벽화 중 매우 드물게 어떤 이야기를 담고 있는 것처럼 보이기 때문이다. 이 영상은 사냥을 당해 상처를 입은 들소가 자신을 공격한 인간을 향해 달려드는 모습을 표현하고 있는 것처럼 보인다. 하지만 이것은 우리가 추정하는 의미일 뿐 실제로 이 그림을 그린 사람이 그런 장면을 표현하고자 했는지는 알 수 없다. 게다가 새의 머리를 갖고 있는 형상이 무엇을 의미하는지도 확실히 알 수 없다. 결국 여러 의미를 추정할 수 있을 뿐 우리는 여전히 이 영상이 무엇을 의미하는지를 정확히 알지 못한다. 영상의 의미를 알려면 그 영상을 제작한 사람들이 공유한 의미 체계를 알아야 하는데, 우리는 선사 시대 사람들이 갖고 있던 의미 체계를 알지 못한다. 우리는 단지 우리가 현재 보유한 의미 체계들에 대한 지식을 바탕으로 선사 시대 영상의 의미를 추정할 뿐이다.

선사 시대가 아니라 역사가 있는 시대와 사회에서 제작된 영상의 의미를 알려면 어떻게 해야 하는가? 우선 역사의 기록들을 뒤져서 영상의 의미를 파악할 수 있는 단서들을 찾아야 한다. 그리고 영상이 표현된 형식과 그런 형식이 지시하는 내용 사이의 관계를 분석해야 한다. 따라서 영상의 의미를 파악하는 과정은 영상 텍스트의 여러 요소들 사이에 존재하는 내적인 관계를 분석하는 동시에 영상 텍스트가 생산되고 유통되는 사회에 존재하는 정치, 경제, 사회, 문화 등의 외적인 요소들의 영향을 파악하는 과정이다.

우리는 이 책에서 영상을 커뮤니케이션의 필수 구성 요소인 미디어로 이해하고자 한다. 영상은 부호화 미디어일 수도 있고 운반체 미디어일 수도 있고 연결망 미디어일 수도 있다. 예를 들어, 우리가 텔레비전을 이야기할 때, 텔레비전의 영상들은 부호화 미디어다. 그 영상들을 가시화시키는 텔레비전 수상기는 운반체 미디어다. 그리고 텔레비전은 방송망이란 연결망 미디어 없이는 존재할 수 없다.

영상커뮤니케이션을 이야기하기 위해서는 영상미디어가 가진 이 모든 속성에 대해 고려해야 한다. 그 모든 것을 이 한권의 책에서 다루는 것은 힘들다. 이 책에서는 부호화 미디어로서의 영상을 분석하는 것에 초점을 맞추고자 한다. 이 과정에서 필요하다면 운반체 미디어와 연결망 미디어로서의 영상에 대해서도 간략하게 언급할 것이다.

부호화 미디어는 좀 더 간편히 말한다면 기호다. 우리는 이 책에서 기호 개념을 통해 영상이 의미를 담아 전달하고 해석되는 과정에 대해 알아볼 것이다. 기호의 의미 생산 과정에 개입하는 기호 내부의 의미 생산 체계와 기호 외부의 의미부여 맥락들을 모두 고려하면서 어떻게 영상이 커뮤니케이션 과정에서 메시지를 전달하는 미디어로서 기능하며 그 결과 발생하는 사회문화적 효과는 무엇인지를 알아보도록 하겠다.

제2장
영상기호의 특성

1
기호의 정의

  기호학이란 이름으로 기호에 대한 본격적 연구가 시작된 것은 20세기 초부터다. 일반적으로 스위스 언어학자 소쉬르(Ferdinand de Saussure, 1857–1913)와 미국 철학자 퍼스(Charles Sanders Peirce, 1839–1914)가 기호학 연구의 길을 연학자로 간주된다. 하지만 기호학이라고 명시적으로 명명되지는 않았더라도 어떤 현상을 기호라는 관점에서 접근해서 그것이 발생시키는 의미를 분석하고 파악하고자 하는 시도는 아주 오랜 옛날부터 있어 왔다. 기호에 대한 연구가 가장 활발했고 지금도 여전히 활발히 진행되고 있는 영역은 바로 의학 분야다. 증후학(symtomatology)이라고 불리는 이 연구는 환자에게서 나타나는 여러 증상들을 분석해 의미를 파악하는 것을 목적으로 한다. 서양 의학의 아버지로 불리는 히포크라테스는 기원전 400년경에 증후학의 기초를 다진 것으로 유명하다. 동양 의학에서도 기본적으로 증후학을 바탕으로 병의 진단과 치료가 이뤄졌다.

  병을 진단하는 것과 기호가 어떤 관계가 있기에 기호학의 원형으로 증후학을 언급하는 걸까? 증상을 통해 병을 진단한다는 것은 겉으로는 상이해 보이는 다양한 현상들을 단일한 관점에서 통일된 체계 안에 집어넣고 분류하는 작업이다. 이 통일된 체계 안에서 각각의 증상은 특정한 병과 연결되면서 의미를 부여받는다. 대표적인 기호인 언어를 분석하는 작업도 이와 유사하다. 언어는 매우 상이한 다양한 소리들로 이뤄져 있다. 이 소리들을 단일한 관점에서 통일된 체계 안에 집어넣고 분류함으로써 우리는 각각의 소리가 가진 의미를 명확히 파악할 수 있다.

  결국 기호학은 통일된 체계에 대한 연구다. 이 문제를 좀 더 자세히 알아보자. 현대 기호학의 아버지로 간주되는 소쉬르와 퍼스는 각각 기호학을 다음과 같이 정의했다. 우선 소쉬르는 기호학을 Sémiologie(semiology)라고 명명했다. "랑그(langue, 언어)는 생각을 표명하는 기호들의 체계다. 그래서 문자, 청각장 애인의 수화, 상징적 의례, 예절 표현의 형태, 군대 신호 등에 비교될 수 있다. 랑그는 단지 이 체계들 중에서 가장 중요한 것일 뿐이다. 우리는 따라서 사회적 삶 안에서 기호들의 삶을 연구하는 학문을 고안할 수 있다. 그 학문은 일반 심 리학의 한 부분을 차지할 것이다. 우리는 그것을 기호학이라고 명명할 것이다. 기호학은 기호가 무엇으로 구성돼 있고 기호를 지배하는 법칙은 무엇인지를 우 리에게 알려줄 것이다"(Saussure, 1978, 33). 소쉬르는 이처럼 기호학을 기호 일 반을 다루는 폭넓은 학문으로 규정하고 언어학이 기호학의 일부를 차지할 것이 라고 주장했다.

한편 퍼스는 기호학을 Semiotics라고 불렀다. "일반적 의미에서 논리학은 단 지 기호학의 다른 단어일 뿐이다. 기호학은 기호에 대한 거의 필수적이거나 형 식적인 학설이다"(Peirce, 1955, 98). 퍼스는 철학의 관점에서 기호에 접근했다. 그는 세상 만물이 보누 기호의 형태로 존재한다고 보고 논리적 추상을 통해 기 호의 속성을 파악하고자 했다.

소쉬르와 퍼스는 특수한 기호 체계들을 설명할 수 있는 일반적 기호 체계에 대한 학문을 기호학이라고 불렀다. 다만 소쉬르는 언어학적 관점에서, 퍼스는 논리학적 관점에서 기호 체계에 접근하고자 했다.

그렇다면 기호학의 연구 대상인 기호는 무엇인가? 소쉬르는 기호를 개념과 청각적 이미지의 결합물이라고 정의한다. 예를 들어, '강아지'라는 단어가 있을 때, 일반적으로는 강아지라는 단어 자체를 기호라고 생각하기 쉽지만 기호는 강아지라는 단어의 소리나 문자뿐만 아니라 그 소리나 문자가 연상시키는 개념 을 포함한다. 소쉬르는 단어의 소리나 문자를 기표(signifiant, 시니피앙)라고 부 르고 개념을 기의(signifié, 시니피에)라고 부른다. 기표가 기호가 가진 물질적, 물리적 표현의 측면이라면 기의는 기호가 가진 개념적 의미의 측면이다. 기표와 기의는 동전의 앞뒷면처럼 기호를 구성하는 분리 불가능한 두 요소면서 서로 독립적인 요소다. 결국 기호는 기표와 기의가 결합한 결과물이다.

- 기표(signifiant, 시니피앙) : 청각적 이미지. 언어의 소리 자체나 문자의 그래픽 자체.
- 기의(signifié, 시니피에) : 개념. 기표를 지각했을 때 떠오르는 생각.

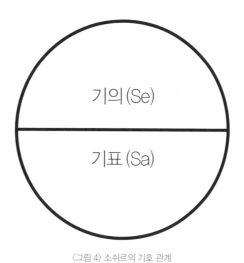

〈그림 4〉 소쉬르의 기호 관계

한편 퍼스는 기호를 표상체(representamen), 대상체(object), 해석체(interpretant)가 맺는 삼원적 관계의 결과물로 본다.

- 표상체 : 좁은 의미의 기호. 어떤 방식으로든 대상에 대한 규정된 개념을 전달하는 것. 문자, 말, 영상 자체는 표상체다.
- 대상체 : 표상체가 지시하는 대상. 하나의 표상체가 지시하는 대상은 여러

개일 수 있다.

- 해석체 : 표상체와 대상체를 연결시키는 것. 해석체는 해석하는 사람이 아니라 표상체와 대상체 사이의 관계를 맺어주는 해석하는 생각이나 감정 혹은 경험이다.

퍼스는 해석체 개념을 도입함으로써 사용자나 수용자의 입장에서 기호의 의미작용을 이해할 수 있는 길을 열었다. 즉, 기호의 의미작용에서 사회문화적 맥락을 고려하게 만든 것이다. 예를 들어, NaCl(표상체)은 우리 같은 일반인들에게 짠 맛이 나는 흰색의 가루(대상체)를 대신해 우리 머릿속에 소금(해석체)이란 생각을 갖게 한다. 다시 말해, 우리가 NaCl을 짠 맛 나는 흰 결정체와 연결하려면 소금이란 생각을 갖고 있어야 한다. 반면에 화학자는 NaCl이란 해석체를 갖고 소금이란 표상체를 대상체와 연결시킨다. 어떤 기호의 해석체는 다른 기호의 표상체가 될 수 있기 때문에 기호들은 연쇄적으로 연결될 수 있다. 이 기호적 연쇄 고리 맨 끝에 위치한 최종 기호의 해석체, 즉 마지막 해석체는 습관이니 관습이다. 결국, 퍼스에 따르면, 표상체, 표상체가 지시하는 대상체, 그리고 표상체가 대상을 지시하도록 만드는 생각인 해석체, 이 세 가지 요소가 서로 연결될 때 비로소 기호가 존재할 수 있다.

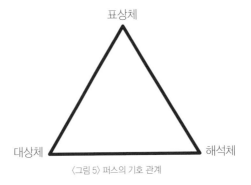

〈그림 5〉 퍼스의 기호 관계

소쉬르와 퍼스의 생각을 종합해서 기호의 특성을 살펴보면 다음과 같다.

- 기호는 물리적 실체다. 소리, 문자, 그래픽, 영상 같이 우리의 감각 기관으로 지각될 수 있는 실체다.
- 기호는 어떤 개념이나 의미를 다른 사람에게 전달한다. 기호를 사용하는 사람이 없다면 기호는 존재할 수 없다.
- 기호는 그 자신이 아니라 그것이 전달하는 개념이나 의미 때문에 존재 가치를 갖는다.
- 기호는 커뮤니케이션 과정에서 메시지 전달과 공유를 위해 사용되는 미디어의 하나다.

이를 토대로 우리는 기호를 다음과 같이 정의내릴 수 있다. 기호는 커뮤니케이션 행위자 사이에서 자신이 아닌 다른 것을 지시하는 커뮤니케이션 미디어다. 예를 들어, '주형일'이란 소리나 글씨 자체는 그 자체로는 가치가 없다. 그것이 가치를 가지려면 그 단어를 사용하는 사람들이 그 단어가 특정한 인물을 가리킨다는 것을 알아야 한다. 마찬가지로 '주형일의 사진'도 그 자체로는 가치가 없다. 어떤 사진이 '주형일'이란 인물을 지시한다는 것을 사람들이 알 때만 비로소 그 사진은 기호로 기능할 수 있다.

언어기호와 영상기호의 차이

커뮤니케이션 과정에서 일상적으로 사용되는 미디어지만 언어기호와 영상기호는 서로 다른 방식으로 기능하는 것처럼 보인다. 가장 눈에 띄는 차이점은 기표와 기의 사이의 관계다.

소쉬르에 따르면 언어기호의 특성은 기표와 기의 사이의 관계가 자의적 혹은 임의적이란 것이다. '개'라는 소리나 글자가 특정한 동물을 지시할 수 있는 것은 한국어를 사용하는 사람들끼리 특정 동물을 지시하기 위해 그런 소리와 글자를 사용하자고 사회적으로 약속했기 때문이다. 따라서 다른 언어를 사용하는 지역에 가면 동일한 동물을 지시하기 위해 다른 소리와 글자를 사용하는 것을 흔히 볼 수 있다. 예를 들어, 한국어에서는 '개'라는 기표를 사용해 지시하는 동물을 영어를 사용하는 지역에서는 'dog', 프랑스어를 사용하는 지역에서는 'chien', 독일어를 사용하는 지역에서는 'Hund', 일본어를 사용하는 지역에서는 'いぬ', 중국어를 사용하는 지역에서는 '狗'라는 기표로 지시한다. 만약 '개'라는 기표와 동물 사이에 필연적 연결 관계가 있다면 모든 사회에서 그 동물을 '개'라는 기표를 사용해 지시할 것이다. 하지만 실제로 기표와 기의 사이에는 아무런 필연적 연관성이 없다. 그저 사회적, 관습적인 약속을 통해 만들어진 임의적 연결만이 있을 뿐이다. 이것은 마치 내 이름이 '주형일'이어야 할 필연적 이유가 없는 것과 같다. 나는 필요하다면 연예인들이 그러하듯이 얼마든지 이름을 바꿀 수 있고 사람들 사이의 약속을 통해 새로운 이름을 나를 지시하는 기표로 인정받을 수 있다.

반면에 영상기호의 경우는 기표와 기의가 유사성을 기반으로 연결된다. 예를 들어, 개를 표현한 그림이나 사진을 볼 때 우리 머릿속에 떠오르는 기의는 기표

〈그림 6〉 김두량, 삽살개, 1743년

와 유사한 형태를 갖는다. 즉, 개 그림을 보는 사람은 누구나 그 그림이 개를 지시한다는 것을 알 수 있다. 심지어 개라는 동물을 알지 못하는 사람일지라도 그 그림이 특정한 모양의 동물을 지시한다는 것을 알 수 있다. 따라서 영상기호의 경우, 기표와 기의 사이의 관계는 언어기호처럼 자의적이거나 임의적이지 않다고 할 수 있다. 영상기호의 기표와 기의는 언어기호처럼 사회적 약속이나 관습에 의해 연결되지 않는 것처럼 보인다. 영상기호의 경우에는 기표가 가진 속성을 통해 기의를 유추할 수 있다. 결국, 영상기호에서 기표와 기의의 관계는 임의적이지 않고 동기화돼 있다고 할 수 있다.

그래서 영상기호는 언어기호에 비해 더 구체적인 방식으로 대상을 지시한다. 예를 들어, '개'라는 단어는 개 일반을 지시하지만 '개'의 영상은 단순히 개라는 동물 일반을 지시하기보다는 특정한 모양을 가진 개를 지시한다. 〈그림 6〉의 개는 일반적이고 추상적인 개념으로서의 개가 아니라 구체적이고 특수한 형태를 가진 개를 지시한다. 마찬가지로 어떤 사람의 사진은 인간 일반이 아니라 특정한 인종, 성, 연령, 얼굴 모습을 가진 특수한 개인을 지시한다.

이와 같은 특성 때문에 영상기호는 언어기호에 비해 추상적 개념을 표현하기가 어렵다는 평가를 받기도 한다. 예를 들어, '자유'라는 기표는 구체적인 지시 대상이 아닌 추상적인 개념을 기의로 갖는다. '사랑'이라는 기표도 추상적 감정을 기의로 갖는다. 사랑의 감정을 영상을 통해 지시하려면 어떤 영상을 사용해야 하는가? 인터넷 검색 사이트에서 사랑이란 단어에 해당하는 이미지 파일을 검색하면 ♡ 모양을 표현한 영상들이나 남녀가 서로 포옹하고 있는 모습을 표현한 영상들이 많이 나타난다. 하지만 이 영상들이 명확히 사랑이란 개념을 전달하고 있는지는 불분명하다. 실제로 많은 영상들 안에는 '사랑', 'I love you'와 같은 문자가 들어 있는 경우가 많다. 이것은 영상기호만으로는 사랑이란 추상적 개념을 전달하기 어렵다는 것을 보여주는 반증일 수 있다.

영상은 구체적인 형태나 색을 기표로 갖고 있기 때문에 우선적으로 항상 그 형태나 색에 부합하는 구체적인 대상을 지시한다. 영상으로 표현된 구체적 대상이 추상적인 개념을 지시할 수는 있지만 그 지시 관계는 확립된 것이 아니라 매우 가변적이다. 예를 들어, 온통 빨간색으로 칠해진 그림은 정열을 나타낼 수도 있지만 위험을 나타낼 수도 있다. 그 영상의 의미는 그것이 사용되는 상황, 그것을 보는 사람의 기억이나 욕망 등에 의해 변한다. 사랑을 의미하는 ♡처럼 영상 중에서도 사회적 관습에 의해 추상적 개념을 나타내도록 고정된 것이 있기는 하지만 그것은 영상이라기보다는 특수문자라고 할 수 있다.

언어기호의 기표와 기의 관계는 사회적 약속에 의해 관습적으로 명확히 결정된 반면에, 영상기호의 경우는 언어기호처럼 사회적 약속에 의해 명확한 의미를 부여받기보다는 영상기호가 사용되는 상황과 맥락에 따라 여러 의미로 해석될 수 있다. 영상기호를 해석하는 과정에서 발생할 수 있는 혼란을 줄이고 영상기호의 의미를 명확히 하기 위해 언어기호가 사용되기도 한다. 그림의 제목이나 사진의 설명(caption) 같은 경우가 대표적 사례다. 이 경우, 우리는 언어기호가 영상기호의 의미를 정박시키는 기능을 한다고 말할 수 있다. 예를 들어, 울고 있는 사람을 찍은 사진에 대해 '기쁨의 눈물을 흘리는 사람'이라는 제목을 붙일 수도 있고 '슬픔에 오열하는 사람'이라는 제목을 붙일 수도 있다. 이처럼 언어기호에 따라 동일한 영상기호의 의미가 완전히 달라질 수도 있다.

언어기호와 비교되는 영상기호의 특성 중 또 하나는 기호를 구성하는 최소단위를 구분해 내기 어렵다는 것이다. 언어기호는 소리나 의미를 담아내는 최소단위를 갖고 있다. 예를 들어, 책은 언어기호로 이뤄진 큰 텍스트다. 한 권의 책을 구성하는 언어기호들은 하위 단위들로 나눠질 수 있다. 한 권의 책은 여러 개의 장(chapter)으로 나눠지고 하나의 장은 여러 개의 문단으로 나눠진다. 하나의 문단은 여러 개의 문장들로 나눠진다. 하나의 문장은 의미의 최소단위(의미소)들로 나눠진다. 의미의 최소단위는 의미 없는 소리의 최소단위(음소)로 나눠진다. 언어기호가 이처럼 의미의 최소단위와 소리의 최소단위로 나눠지는 것을 '이중분절(double articulation)'이라고 한다.

인간의 언어 안에서는 소리의 최소단위들이 결합해 아주 많은 의미들을 가진 텍스트를 만들어낼 수 있다. 아무런 긴 글도 결국은 단지 수십 개의 음소들이 모여 만들어진 것이다. 이것은 언어기호의 사용을 매우 경제적으로 만든다. 수십 개의 음소만 알게 되면 그것들을 조합함으로써 무한히 많은 수의 단어를 만들 수 있기 때문이다. 한글이나 영어의 알파벳은 20여개에 불과하지만 그것들을 이용해 무한히 많은 생각이나 감정을 표현하는 것이 가능해진다. 따라서 언어기호의 경우에는 이런 최소단위들의 관계를 분석함으로써 기호가 의미를 만들어 내는 과정을 알아 낼 수 있다.

반면에 영상기호는 언어기호에서 발견되는 것과 같은 최소단위를 갖고 있지 않다. 〈그림 7〉을 보자. 이 그림은 얼굴의 형태를 보여주고 있다. 이 그림을 구성하는 요소들을 분리해 보면 우리는 다양한 길이의 직선들과 곡선, 원을 구분

〈그림 7〉얼굴

해 낼 수 있다. 각각의 선은 눈썹, 눈, 귀, 입, 코 등과 같이 어떤 의미를 가진 것처럼 이해될 수 있다. 눈썹의 의미를 가진 것처럼 보이는 선을 생각해 보자. 이 선은 더 이상 나눠질 수 없는 의미의 최소단위인 것처럼 보인다. 그렇다면 눈썹의 의미를 가진 이 단위를 구성하는 의미 없는 요소의 최소단위는 무엇인가? 우리는 그 최소단위를 분리해 낼 수 없다. 뿐만 아니라 눈썹이런 의미를 가신 것처럼 보이는 선분도 이 그림과 관계없이 별도로 제시된다면 아마도 눈썹이란 의미를 전혀 가질 수 없을 것이다. 따라서 이 선분은 의미의 최소단위도 아니고 이 선분을 구성하는 의미 없는 형태의 최소단위도 없다. 결국 영상기호에서는 이중분절을 구분해 낼 수 없다.

결국 언어기호에서는 형태와 내용, 의미 없는 요소와 의미 있는 요소 사이의 분절이 명확히 구분되지만 영상기호에서는 그런 것들이 명확히 구분되지 않는다. 이런 이유로 언어기호는 디지털적이지만 영상기호는 아날로그적이라고 말할 수 있다. 디지털(digital)이란 말은 숫자라는 뜻을 가진 단어인 디지트(digit)에서 나온 말이다. 0, 1, 2, 3, 4, 5, 6, 7, 8, 9와 같은 숫자는 명확히 분리된 독립체다. 0과 1 사이에는 어떤 연속성도 없다. 디지털 기호는 연속성을 갖지 않는 기호다.

아날로그(analog)는 유사하다, 비슷하다라는 뜻을 가진 말이다. 아날로그란 세상을 유사하게 표현하는 방식이다. 세상의 시간과 공간은 연속된 흐름의 형식으로 존재한다. 아날로그 시계는 시간이 연속적으로 흐르는 것과 마찬가지로 바늘의 연속적인 운동을 통해 시간을 표현한다. 따라서 아날로그적 기호란 연속성을 가진 기호다.

'어머니'란 단어와 '어머나'란 단어는 형태적으로는 작은 점 하나만이 다를 뿐이고 음성적으로도 작은 부분만이 차이가 난다. 하지만 이 두 단어는 완전히 다른 의미를 갖는다. '어머니'와 '어머나'사이에는 어떤 연속성도 없다. 반면, 〈그림 7〉에서 눈썹을 의미하는 선분의 길이가 1mm 더 길어지거나 짧아진다고 해서 완전히 다른 의미가 만들어지지는 않는다. 영상기호에서 형태의 작은 차이는 의미 차원에서도 여전히 작은 차이로 머문다.

영상기호의 기표는 연속적인 형태를 갖는다. 예를 들어, 무지개 색은 빨주노초파남보의 일곱 가지 색으로 구성돼 있다고 여겨지지만 실제로는 색과 색 사이는 단절적이지 않고 연속적이다. ㅣ와 ㅏ, 0과 1은 단절돼 있지만 빨간색에서 주황색으로의 변화는 연속적이다. 그리고 이것은 현실에서 색이 변화하는 것과 동일하거나 유사하다. 영상기호는 끊어짐 없이 연속적으로 변하는 차이에 의해 대상을 지시한다. 연속적이고 순차적인 변화가 일정 수준을 넘게 되면 차이를 드러내고 결국은 변별적 의미를 가진 기호로서 기능하게 된다.

영상기호의 스펙트럼

영상기호는 기본적으로 시각에 호소하는 기호다. 따라서 영상기호는 넓은 의미의 시각기호에 포함된다. 시각기호는 기표가 시각을 통해 인지되는 기호를 말한다. 시각기호에는 영상뿐만 아니라 다양한 기호들이 포함된다. 시각기호의 기표가 지시대상과 형태적으로 얼마나 유사한가에 따라 시각기호는 다음과 같이 크게 세 가지로 구분된다.

- 비도상적 시각기호: 기표가 지시대상과 형태적으로 전혀 유사하지 않은 시각기호다. 구체적인 사물의 형상을 가진 도상이 아니라 기하학적 점이나 선, 색으로 구성된 기호다. 언어기호의 한 형태인 문자나 활자, 수학이나 과학 등에서 사용되는 숫자들과 부호들, 단순한 장식을 위한 그래픽, 비구상적 회화 등이 이에 속한다.
- 도상적 시각기호: 기표와 지시대상 사이에 형태적 유사성이 인지되는 시각기호다. 구체적인 사물을 형태적으로 모방해 표현하는 그림이나 사진이 대표적이다. 지도, 설계도, 도로 표지, 길 안내표지 등과 같은 다양한 인포그래픽 등도 이에 속한다. 우리가 흔히 영상이라고 부르는 것들이다.
- 혼합 시각기호: 기표와 지시대상 사이의 형태적 유사성이 존재하지만 그것을 확실히 특정할 수 없는 시각기호다. 한자와 같은 표의문자가 대표적이다. 어떤 구체적 형상을 보여주지만 그 형상이 무엇인지를 추정하기 힘든 선사시대의 그림들이나 현대 회화 작품들, 극도로 단순화된 장식용 그래픽 등이 이에 속한다.

〈그림 8〉 영상화된 문자

　시각기호는 기표와 지시대상 사이의 형태적 유사성의 정도, 즉 도상성의 정도에 따라 아주 도상성이 높은 사진과 같은 영상에서부터 도상성이 전혀 없는 문자와 같은 언어기호까지 연속적으로 배열될 수 있다. 증명사진은 초상화보다는 더 도상성이 높고 초상화는 캐리커처보다는 더 도상성이 높다. 화장실을 표시하는 기호를 생각해보자. 남자화장실을 표시하기 위해 어떤 경우에는 '남자화장실'이라고 문자를 쓴 판을 붙여놓는다. 다른 경우에는 뾰족한 창 모양의 기호(♂)를 붙여 놓는다. 또 다른 경우에는 사람의 모습을 단순화한 그림을, 또 다른 경우에는 남자의 얼굴을 사실대로 그린 그림을 붙여놓는다. 이들 기호는 모두 동일한 대상을 지시하지만 도상성의 정도에 있어서는 각각 차이가 있다. 결국, 시각기호들은 도상성의 정도에 따라 연속적으로 배열될 수 있다. 기표와 지시대상 사이의 닮은 정도에 따라 가장 도상성이 큰 시각기호가 위치한 한쪽 극단에는 사진이, 가장 자의적인 관계를 가진 반대쪽 극단에는 문자가 위치한다. 이 양 극단 사이에는 도상성과 자의성의 정도가 조금씩 차이가 있는 다양한 시각기호들이 위치하게 된다.

　시각기호에서 기표와 지시대상 사이의 유사성의 정도가 클수록 동기화 정도가 크다고 할 수 있다. 사진같은 영상기호가 동기화가 가장 큰 기호라고 할 수 있고 문자는 기표와 대상 사이의 동기화가 전혀 없이 임의적, 자의적 관계만이 있는 기호라고 할 수 있다.

문자나 활자와 같은 언어기호도 시각기호이기 때문에 비록 본질적으로는 기표와 지시대상이 전혀 동기화돼 있지 않다고 하더라도 기표 자체를 시각적으로 아름답게 꾸밀 수 있다. 손글씨를 예쁘게 쓴다거나 보고서를 작성할 때 어떤 활자체를 이용할 지를 고민하는 것은 문자와 활자가 시각기호이기 때문이다. 상품이나 행사의 성격을 시각적으로 드러내기 위해 문자의 시각적 요소를 이용하는 경우도 많다. 캘리그라피(calligraphy)를 이용해 상품, 책, 영화, 방송프로그램, 행사 등의 제목을 독특한 형태로 표현함으로써 문자를 영상 못지않게 시각적으로 대상의 의미를 전달하는 도구로 사용하는 것이다. 이것은 문자, 활자와 같은 언어기호가 가진 시각적 요소를 적극적으로 활용함으로써 언어기호에 영상기호의 속성을 부여하는 행위다(그림 8). 극단적인 경우, 문자와 활자는 일종의 그림처럼 취급될 수도 있다.

제3장
영상기호의 의미

1

영상기호의 세 가지 전제

영상이 기호로 기능한다는 것은 영상이 자신이 아닌 다른 것을 지시하면서 커뮤니케이션 과정에서 특정한 의미를 담아 전달하는 미디어의 역할을 한다는 뜻이다. 영상이 커뮤니케이션의 부호화 미디어로서 의미를 담아 전달하는 기호로 기능하려면 다음과 같은 세 가지 명제를 전제해야 한다.

- 영상은 특정한 의도를 가진 사람에 의해 만들어진다.
- 영상은 특정한 의미를 담고 있다.
- 영상의 의미는 영상이 제작된 사회의 문화와 깊이 연관돼 있다.

영상은 사람이 만든 것이다. 물론, 사람이 만들지 않은 영상도 존재할 수 있다. 예를 들어, 뱀이 모래사장을 기어가면서 남긴 흔적이나 비바람이 돌이나 나무에 남긴 흔적, 하늘에 뜬 구름 같은 것들은 특정한 대상을 닮은 영상처럼 보일 수 있다. 하지만 우리는 그런 것들을 특정한 의미를 가진 영상이라고 인식하지는 않는다. 왜냐하면 그 흔적은 특정 대상과의 우연하고 우발적인 유사성만을 갖고 있을 뿐 그 유사성을 넘어서는 의미를 담고 있지는 않기 때문이다.

그런 우발적인 영상과는 달리, 사람이 만드는 영상은 특정한 의미를 갖는다. 왜냐하면 영상을 만드는 사람은 반드시 어떤 의도를 갖고 있기 때문이다. 이 의도는 영상 제작 전부터 존재하던 것일 수도 있지만 영상 제작 후에 발견될 수도 있다. '얼굴'(심봉석 작시, 신귀복 작곡)이란 노래가 있다. "동그라미 그리려다 무심코 그린 얼굴"이라는 가사로 노래는 시작된다. 이 노래 속 행위자는 동그라미를 그리려는 의도를 갖고 그림을 그리기 시작한다. 그 그림은 행위자의 애초 의도와는 달리 점차 얼굴을 표현하게 된다. 얼굴은 행위자의 의도와는 달리 무심코 그려진 것이다. 하지만 그렇게 그려진 얼굴은 행위자의 기억 속에 머물러 있던 "풀잎에 연 이슬처럼 빛나던 눈동자"를 불러내면서 의미 있는 영상이 된다.

어떤 영상이 진정으로 아무런 의도 없이 만들어졌거나 애초 의도에 부합하지 않게 제작됐다면 그 영상은 즉시 폐기된다. 예를 들어, 실수로 버튼을 눌러 촬영된 사진이나 촬영자의 의도와는 다르게 촬영된 사진은 즉시 삭제된다. 촬영자가 그 사진에서 어떤 의미도 발견하지 못할 뿐만 아니라 그 사진에 다른 의미를 부여하지도 않기 때문이다. 따라서 폐기되지 않고 남겨진 영상은 의도를 갖고 제작된 영상이며 특정한 의미를 가진 영상이라고 간주될 수 있다.

카메라와 같이 자동으로 영상을 제작하는 기계들이 일반화되면서 의도치 않게 실수로 제작된 영상들의 수가 증가하고 있다. 일반적으로 의도하지 않은 영상은 제작되는 즉시 폐기된다. 하지만 폐기되지 않는 영상도 있다. 제작 당시에는 전혀 의도하지 않은 채 실수로 영상이 만들어졌지만 일단 제작된 영상에 어떤 의미가 부여된다면 특정한 의도 하에 보존되고 유통되는 것이다. 이 경우 영상은 제작 당시에는 없었던 의도와 의미를 부여받게 된다. 예를 들어, 전투를 취재 중이던 카메라기자가 촬영 중 총탄에 맞아 쓰러지는 경우, 카메라는 당연히 기자의 의도와는 관계없이 흔들리고 불안정한 영상을 기록하게 된다. 이 영상은 곧바로 회수돼 전투 현장의 생생함이라든가, 카메라 기자의 죽음, 전쟁의 참혹함 등을 알리려는 의도 하에 유통될 수 있다.

폐기되지 않고 보존되는 모든 영상에는 영상 제작자의 의도나 영상 사용자들이 부여하는 의미가 들어 있다. 그렇기에 우리는 어떤 영상을 발견했을 때 그 영상을 제작한 의도와 영상에 부여된 의미가 있을 것이라고 생각한다. 영상은 단번에 메시지를 담은 기호, 또는 부호화 미디어로 간주되는 것이다. 우리가 선사시대에 제작된 동굴 벽화들이 가진 의미와 그 영상을 제작한 의도를 파악하려고 노력하는 것은 이런 이유에서다. 선사시대 동굴 벽화 뿐만 아니라 인류 역사

전체에 걸쳐 모든 시대와 모든 사회에서 제작됐고 보존된 영상들에 담긴 의도와 의미를 이해하려는 노력이 수많은 학자들에 의해 진행되고 있다.

수많은 학자들이 다양한 영상들에 담긴 의도와 의미를 이해하기 위해 많은 노력을 기울이는 것은 그 의도와 의미가 쉽게 파악되지 않기 때문이다. 영상이 가진 의도와 의미는 그 영상이 제작된 사회의 문화와 밀접히 연관돼 있다. 따라서 그 사회에 대한 깊이 있는 이해가 부족하다면 영상에 담긴 의도와 의미를 알아내는 것이 쉽지 않다. 앞에서 설명했듯이, 선사 시대의 동굴 벽화가 갖고 있을 의도와 의미에 대해 우리가 잘 알지 못하는 것은 선사 시대의 사회를 이해할 수 있는 자료들을 많이 갖고 있지 않기 때문이다.

그런데 영상을 제작한 사람의 의도를 파악하는 것은 어렵지만 영상의 의미를 이해하는 것은 상대적으로 쉬워 보인다. 왜냐하면 영상기호는 언어기호와는 달리 기표와 기의 사이의 동기화 정도가 높기 때문이다. 간단히 말해, 개를 그린 그림을 보면 누구나 그 그림이 개를 지시한다는 것을 안다. '개'라는 문자 앞에서는 한국어를 알아야만 그 의미를 알 수 있지만 개를 그린 그림 앞에서는 사회와 문화에 관계없이 누구나 그 그림이 개를 지시한다는 것을 쉽게 알아차린다. 그런데도 영상의 의미를 이해하기 위해 많은 노력을 기울여야 한다는 말하는 이유는 무엇인가?

영상의 의미는 단순히 기표와 기의 사이의 동기화 정도에 따라 형태를 식별하는 수준에서만 발견되는 것은 아니다. 개 그림의 의미는 단순히 그림이 개라는 동물을 지시하는 수준에만 한정돼 있지 않다. 우리는 단순히 개를 표현하고 싶어서 개를 그림으로 그릴 수 있지만, 개가 아닌 다른 어떤 것을 표현하고 싶어서 개를 그리기도 한다. 라스코 동굴에서 들소를 그린 사람들은 단순히 들소를 표현하기 위해 그 그림들을 그리지는 않았을 수 있다. 그렇다면 들소를 그림으로써 그들이 표현하고자 한 것은 무엇이었는지에 대한 의문이 자연스럽게 제기된다. 우리가 아직 알 수 없는 것은 바로 이 두 번째 차원의 의도와 의미다.

기호의 의미는 다음과 같이 두 가지 의미로 구분된다.

- 지시의미(denotation) : 기표에 직접적, 명시적으로 결부된 기의. 대개는 기표와 기의 사이에 일대 일의 단일한 대응관계가 수립된다.
- 함축의미(connotation) : 사회문화적 맥락 안에서 지시의미에 부수적으로 연결된 일련의 의미들.

언어기호의 경우, 지시의미는 한 단어가 가진 글자 그대로의 의미, 사전적 정의라고 할 수 있다. 예를 들어, '바보'는 지능이 부족한 사람을 낮추어 부르는 말이다. "그는 열 살이 돼도 자기 이름을 알지 못하는 바보였다"라는 문장에서 '바보'는 지시의미를 전달한다. 하지만 특정한 상황에서 '바보'는 사람을 사랑스럽게 부르는 말이 될 수 있다. 이때 '바보'는 사랑하는 사람을 애정을 담아 부른다는 함축의미를 갖는다.

영상기호의 경우, 지시이미와 함축의미는 좀 더 분넝하게 구별된다. 영상기호의 지시의미는 영상 안에 표현된 대상이다. 예를 들어, 우리가 어떤 그림을 보고서 개를 그린 그림이라고 인지한다면, 그 그림의 지시의미는 개다. 기표와 기의 사이의 동기화 정도가 높을수록 지시의미는 사회문화적 차이에 상관없이 쉽게 파악될 수 있다. 라스코 동굴 벽화의 지시의미는 현대를 사는 우리들도 비교적 쉽게 알아낼 수 있다. 마찬가지로 국적, 나이, 인종에 관계없이 누구나 〈그림 6〉의 지시의미가 개라는 것을 쉽게 알아차릴 것이다. 하지만 기표와 기의 사이의 동기화 정도가 낮다면 지시의미를 이해하는 과정에서도 언어기호를 배울 때처럼 별도의 학습이 필요하다.

영상기호의 함축의미는 지시의미에 첨부되는 의미들로 사회문화적 요인들에 의해 크게 영향을 받는다. 영상이 제작된 사회문화적 맥락을 잘 알지 못한다면 영상의 함축의미를 파악하기가 어렵다. 〈그림 6〉은 1743년 조선 시대에 도화

서의 화원 김두량이 그린 '삽살개'다. 이 그림이 특히 흥미로운 것은 당시로서는 드물게 왕이 직접 글을 남긴 그림이기 때문이다. 그림에는 영조가 직접 쓴 화제(畫題)가 적혀 있다. 그 내용은 '밤에 사립문을 지키는 것이 소임이거늘 어찌 낮에 길 위에서 짖어대느냐?(柴門夜直 是爾之任 如何途上 晝亦若此)'라는 것이다. 조선 시대에 삽살개는 귀신을 보는 개로 여겨졌으며 체구가 크고 용맹해서 잡된 것을 물리치는 수호자의 의미를 갖고 있었다. 그런 개가 집을 지키지 않고 대낮에 길 위에서 짖어대고 있다는 것은 자신이 할 일을 하지 않고 불필요하게 시끄럽게 군다는 것을 의미한다. 영조가 굳이 자신이 아끼던 화원에게 이 그림을 그리게 하고 이와 같은 화제를 내린 것은 그림을 통해 단순히 삽살개를 보여주고자 한 것이 아니라 다른 의도가 있었기 때문이다. 따라서 우리가 당시의 사회문화적 맥락을 분석하면서 이 그림의 함축의미를 살펴보면, 이 그림은 당시 영조의 정책에 사사건건 반기를 들던 사헌부와 사간원의 노론 세력에 대한 영조의 비판을 담고 있다는 것을 알 수 있다(이정은, 2016).

영상기호의 의미는 다른 모든 기호의 의미가 그러하듯이 그것이 통용되는 사회와 문화에 의해 규정된다. 영상기호의 지시의미는 비교적 명확하다. 특히, 영상기호의 지시대상이 나무, 구름, 고양이처럼 사회나 문화에 관계없이 보편적으로 존재하는 것일 경우, 지시의미를 파악하는 것은 매우 쉽다. 영상기호와 지시대상 사이의 형태적 유사성을 발견하기만 하면 되기 때문이다. 물론 영상기호에서 대상을 지시하기 위해 사용되는 구체적 표현 방식은 표현매체, 재료, 제작자에 따라 달라질 수 있고 넓게 봐서는 사회나 문화에 따라 달라질 수 있다. 표현방식이 매우 특수하게 도식화돼 있거나 추상화돼 있을 경우에는, 다시 말해 기표와 기의 사이의 동기화 정도가 낮을 경우에는 비록 지시대상이 보편적으로 존재하는 사물이라 하더라도 지시의미를 발견하기가 어려울 수도 있다.

지시대상이 특정한 사회나 문화에서만 존재하는 것일 경우, 그 사회나 문화를 모르는 사람들은 영상기호의 지시의미를 발견하기가 상당히 어려워진다. 영상기호가 지시하는 대상의 형태는 파악할 수 있지만 그것이 정확히 무엇을 지시하는지는 알 수 없기 때문이다. 이 경우에는 영상이 제작되고 유통된 사회나 문화에 대한 지식이 있어야만 영상기호의 지시의미를 파악할 수 있다.

　영상기호의 함축의미는 완전히 사회문화적 맥락에 의해 규정된다. 영상이 제작된 시대와 사회에 대한 사회, 문화적 지식이 있어야만 영상기호의 함축의미를 파악할 수 있다. 우리가 잘 알지 못하는 사회에서 제작된 영상을 보고 단번에 함축의미를 알아내기는 매우 어렵다. 지시의미를 알아내는 것은 비교적 쉽지만 함축의미를 알아내는 것은 매우 어려울 수 있다.

　〈그림 9〉를 보자. 이 그림의 지시의미는 비교적 쉽게 파악된다. 우리는 그림 안에서 건물의 기둥과 벽, 여성들, 하늘, 산, 상반신의 노인, 새 등을 쉽게 인지할 수 있다. 하지만 우리가 16세기 서유럽의 회화와 사회문화적 상황에 대한 지식이 없다면, 우리가 알 수 있는 의미는 그와 같은 단순한 지시의미에 한정될 것이다. 이 그림의 제목은 〈수태고지〉다. 임신했음을 알린다는 말이다. 이 제목

〈그림 9〉 라파엘로, 수태고지, 1502–1503

또한 우리를 당황하게 만든다. 우리가 이 제목이 의미하는 바를 알려면 기독교에 대한 지식을 갖고 있어야 한다. 즉, 수태고지란 기독교 문화에서 마리아에게 처녀의 몸으로 임신을 했다는 사실을 천사가 처음으로 알리는 상황을 총칭하는 말이란 것을 알아야 한다. 그리고 르네상스 시대의 유럽 회화에서 수태고지를 어떤 방식으로 표현했는지를 알아야 한다. 예를 들어, 배경의 하늘에 있는 새는 성령을 의미하고, 그림 왼쪽에 있는 날개 달린 여성은 천사 가브리엘을 의미한다는 것을 알려면 기독교와 르네상스의 종교화에 대한 지식이 있어야 한다. 우리가 나중에 살펴 볼 도상학과 도상해석학은 사회문화적 맥락에 의해 규정되는 영상기호의 의미에 대한 문제를 다루는 영상분석방법이다.

2
영상기호 해석의 세 가지 차원

영상이 커뮤니케이션 과정에서 기호로서, 부호화 미디어로서 일정한 역할을 수행하는 과정을 좀 더 분석적으로 관찰할 수 있으려면 다음과 같은 세 가지 차원을 고려해서 영상에 접근해야 한다.

- 영상은 '조형적'사물이다 : 영상은 특정한 방식으로 지각된다.
- 영상은 '도상적'사물이다 : 영상은 특정한 사물과 닮았다고 여겨지며 명명된다.
- 영상은 '해석되는'사물이다 : 영상은 사회문화적으로 규정된 의미를 생산한다.

우선, 영상은 조형성을 가진 사물이다. 영상은 선, 면, 색 등의 조형적 요소로 이뤄져 있다. 우리가 영상을 눈으로 볼 때 가장 먼저 지각하는 것은 바로 이 조형적 요소들이다. 이 조형적 요소들은 영상을 다른 기호들과 구분시켜줄 뿐만 아니라 영상의 의미를 만들어내는 기반이 된다. 어떤 색을 사용하는가, 어떤 식으로 선을 처리하는가, 면을 어떻게 구성하는가 하는 것은 영상을 특정한 방식으로 지각하게 만든다. 영상을 특정한 방식으로 지각하게 된다는 것은 영상에 대한 해석이 특정한 방식으로 유도될 수도 있다는 것을 의미한다.

더구나 영상의 조형성은 영상을 전달하는 미디어의 속성과도 깊이 연결돼 있다. 예를 들어, 빛의 강도와 자극이라는 측면에서 그림과 텔레비전은 매우 다른 지각 효과를 발생시킨다. 그림은 빛이 없으면 지각될 수 없다. 반면에 텔레비전 영상은 그 자체로 빛을 내뿜는다. 동일한 영상을 그림의 형태로 지각할 때와 텔레비전 영상의 형태로 지각하는 것은 매우 다른 느낌을 줄 수 있다.

영상의 크기도 조형적 요소로서 영상을 지각하는 과정에 영향을 미친다. 동일한 형태를 가진 영상도 크기가 달라지면 다른 느낌을 줄 수 있다. 영상의 경계를 구성하는 틀의 모양도 영상을 지각하는 과정에서 영향력을 발휘할 수 있다. 동그란 모양, 세모난 모양, 네모난 모양의 틀은 그 자체로 영상이 조형적으로 구성되는 과정에 큰 영향을 미친다.

조형적 사물로서의 영상은 시각을 자극함으로써 기쁨, 쾌, 불쾌, 아름다움, 추함 등과 같은 다양한 감정과 판단을 만들어낸다. 이 감정이나 판단은 아직 구체적 의미를 담고 있지는 않지만 영상의 구체적 의미가 전달되고 공유되는 과정에 개입할 가능성이 있다.

두 번째, 영상은 도상성을 갖는다. 도상(icon)이란 것은 유사성을 통해 어떤 대상을 지시하는 기호다. 우리는 영상을 볼 때 거의 즉각적으로 영상이 어떤 대상과 형태적으로 유사하다는 것을 발견한다. 이런 발견을 통해 우리는 영상이 그 대상을 지시한다는 것을 인지한다. 따라서 영상은 기본적으로 유사성을 통해 대상을 지시한다. 바로 이런 도상성을 발견하는 과정에서 앞에서 설명한 지시의미가 파악된다.

조형적 차원에서 지각된 영상은 곧 도상적 차원에서 구체적인 대상을 지시하는 것으로 인지된다. 이 과정에서 조형적 요소들로 표현된 형상은 구체적 명칭을 부여받는다. 개를 그린 그림은 조형적 요소들에 대한 지각이 끝나자마자 즉각적으로 '개'라고 인지된다. 이것은 어린 아이들이 말을 처음 배울 때의 상황과 흡사하다. 아이들은 처음 보는 사물을 보고 "저것이 뭐냐?"고 묻는다. 어른들은 개, 고양이, 나무 등과 같이 그 사물의 이름을 불러준다. 같은 상황이 말을 배우는 책을 볼 때도 일어난다. 그 책에 인쇄된 여러 그림들이나 사진들을 보면서 아이들이 "이것이 뭐냐?"라고 물으면 역시 어른들은 동일한 방식으로 사물들의 이름을 불러준다. 영상의 조형적 요소에 대한 지각이 일어나는 동시에 그 영상에 이름을 붙여줌으로써 영상의 지시의미가 학습되는 것이다. 그래서 우리는 영상기호를 읽는 과정에서 종종 영상을 지시대상 자체로 인식하는 경향을 갖기도 한다. 〈그림 10〉은 바로 그런 현상을 깨닫게 해준다. 파이프를 그려놓고 '이

〈그림 10〉 마그리트(René Magritte), 이것은 파이프가 아니다, 1926

것은 파이프가 아니다'는 글을 써 놓은 그림을 보면 우리는 잠시 당황하게 된다. 분명히 파이프인데 왜 파이프가 아니라고 할까? 하지만 좀 더 깊이 생각해 보면 사실 이것은 파이프가 아니라는 것을 깨달을 수 있다. 이것은 단지 파이프를 그린 그림일 뿐이기 때문이다.

세 번째, 영상의 의미는 사회문화적으로 규정된다. 앞에서 우리는 영상의 함축의미가 사회문화적 맥락에 의해 부여된 의미라고 말했다. 반면에 지시의미는 비교적 사회문화적 맥락과 무관하게 보편적으로 인지될 수 있는 의미라고 말했다. 엄밀한 의미에서의 지시의미는 조형적 요소들의 지각으로부터 출발해 어떤 특정한 대상과의 유사성을 발견하는 과정에서 인지된다. 그런데 이런 유사성의 발견은 영상을 보는 사람의 경험과 지식에 의해 좌우된다. 만약 개를 전혀 본 적이 없는 사람이라면 개에 대한 어떤 지식도 갖고 있지 않을 것이다. 그렇다면 그는 개를 그린 그림을 봐도 '개'라는 지시의미를 인지할 수 없다. 그 그림은 식별 불가능한 이상한 조형적 형상으로만 지각되거나 아니면 관객이 아는 비슷한 형상의 동물로 지각될 것이다. 따라서 지시의미 차원에서도 이미 영상기호는 사회문화적 요소들의 영향 하에서 작동한다. 따라서 영상기호의 의미는 단순히 발견되는 것이 아니라 해석된다.

〈그림 11〉을 보자. 이 영상기호가 무엇인지 알 수 있는가? 우리는 경험과 지식을 이용해 사람의 얼굴을 표현한 영상일 것이라 추측할 수 있다. 만약 이 영상기호가 화장실 앞에 붙어 있다면, 우리는 맥락에 대한 이해를 통해 남녀 화장실을 구분하는 기호라고 이해할 수 있다. 그렇다면 여러분은 어떤 기호가 남자 화장실을 지시하고 어떤 기호가 여자 화장실을 지시하는지 확실히 구분할 수 있겠는가? 아마 확실히 알 수 있다고 말하기 어려운 사람들이 많을 것이다. 왜냐하면 두 영상기호 모두 우리 한국인의 일반적 경험과 지식에 근거해 볼 때는 남성과 여성의 특징을 명확히 갖고 있지 않기 때문이다. 한국인의 일상적 경험과 지식에 기대서는 둘 중 어떤 영상기호가 남성의 모습과 더 유사한지를 판단

〈그림 11〉 나이지리아 공항의 화장실 기호

할 수 없다. 우리에게 아프리카 사회의 문화에 대한 경험과 지식이 없다면 이 영
상기호를 해석하기 매우 어렵게 된다. 결
국 화장실 앞에서 어디로 들어가야 할지
결정하기 어려운 난처한 상황에 놓일 수
있다. 숫자 1361이 적힌 영상기호가 여성
화장실을 지시한다.

우리가 흔히 영상기호의 지시의미라고
받아들이는 것 중에서 상당수는 단순한
지시의미가 아니라 일정한 사회문화적 경
험과 지식이 있어야 해석되는 의미인 경
우가 많다. 〈그림 12〉를 보자. 아마도 여
러분 중 대다수는 이 그림을 보고서 즉시
'세종대왕'이란 의미를 발견했을 것이다.
하지만 한국의 역사와 문화에 대한 지식

〈그림 12〉 세종 어진

이 없는 사람이 이 그림을 본다면 어떤 의미를 발견할까? 그는 그저 '빨간 옷을 입고 검은 모자를 쓴 남자'라는 의미만을 발견할 것이다. 바로 이것이 이 그림이 가진 가장 직접적인 지시의미다. 하지만 이 지시의미 안에서도 모자와 남자를 인지하기 위해서는 이미 일정한 사회문화적 경험이 필요하다. 한국에 대한 지식이 전혀 없는 사람은 이 그림을 보고서 '세종대왕'이란 의미를 결코 떠올릴 수 없지만, 이 그림을 보는 한국인에게 있어서 '세종대왕'이란 의미는 사실상 이 그림의 지시의미라고 할 수 있다. 대다수의 한국인은 이 그림을 보게 되면, 거의 즉시 한글을 발명한 위대한 성군, 세종대왕이란 의미를 발견하기 때문이다. 이 과정에는 어떤 사회문화적 해석 작업도 개입하지 않는 것처럼 보이지만 사실 한국에서 살면서 축적되는 사회문화적 경험과 지식이 없다면 결코 '세종대왕'이란 의미를 즉시 해석해 낼 수 없다.

시각에 의해 지각되는 조형적 요소들이 없다면 영상은 존재할 수 없다. 우리는 조형적 요소들을 조작함으로써 대상과 일정한 유사성을 가진 영상을 제작한다. 이 유사성은 사회문화적 지식을 통해 파악되는 것이다. 영상의 조형적 요소에서 지시대상과의 일정한 유사성을 발견하는 것은 사회문화적 해석의 작업이다. 이 작업을 통해 영상기호의 의미가 정해진다. 우리가 영상을 본다는 것은 시각적 자극을 통해 영상의 조형성을 지각하고 지각된 조형적 요소들을 사회문화적 지식을 통해 해석해 도상적 요소와 의미를 파악하는 행위다.

조형적 차원과 도상적 차원에서 지각되고 해석된 영상기호는 지시의미와 함축의미를 전달하면서 커뮤니케이션의 부호화 미디어로서 기능한다. 영상기호의 함축의미는 지시대상과의 형태적 유사성의 범위를 훨씬 넘어서 매우 폭넓게 확장될 수 있다. 예를 들어, 비둘기를 표현한 그림은 '평화'라는 의미를 전달할 수 있다. 비둘기를 형태적으로 유사하게 표현한 그림은 평화라는 개념과는 사실상 아무런 연관성이 없다고 할 수 있다. 하지만 사람들이 '평화'라는 개념을 지시하기 위한 영상기호로 비둘기 그림을 선택했기에 비둘기 그림은 지시대상인 비둘기와의 형태적 유사성이 만들어내는 의미를 훌쩍 뛰어 넘어 '평화'를 의미하기 위해 사용될 수 있다. 마찬가지로 꽃을 들고 활짝 웃는 소녀의 사진도 사회적 약속을 통해 '평화'의 개념을 전달하기 위해 사용될 수 있다. 이런 함축 의미가 제대로 전달되기 위해서는 영상기호를 이용하는 행위자들이 특정한 사회문화적 맥락 안에서 기호의 사용과 관련된 사회적 약속을 공유해야 한다.

조형적 차원에서의 영상은 사람들의 시각을 자극하는 사물로서 존재한다. 도상적 차원에서 영상은 사람들의 사회문화적 지식을 바탕으로 지시대상과의 유사성을 확립함으로써 의미를 갖게 된다. 이런 영상기호의 의미는 영상을 제작하고 보는 행위자들이 가진 사회문화적 지식과의 관계 속에서 변하는 유동적인 것이다. 따라서 영상기호를 잘 이해하기 위해서는 먼저 영상의 존재를 가능하게 만드는 조형적 차원의 특성들에 대해 알아야 한다. 그리고 도상적 차원에서 영상이 어떻게 의미를 가진 기호로서 이용되는지를 알아야 한다. 이 모든 것은 영상이 결국은 사회문화적으로 해석되는 기호라는 사실에 대한 이해로 우리로 이끌 것이다.

제4장
시지각의 문제

1
시각의 구조

영상은 감각기관인 눈에 의해 지각되는 사물이다. 눈을 통한 시각의 경험이 없다면 모든 형태의 영상은 지각될 수 없다. 따라서 영상의 지각은 우선적으로 눈과 신경이 가진 생리학적 특성에 의해 영향을 받는다.

눈은 투명한 젤라틴 물질로 가득 찬 구형의 물체다. 그 안은 수정체를 통해 빛이 들어오지 않는다면 기본적으로 캄캄한 공간이다. 각막과 홍채, 수정체를 거쳐 들어 온 빛은 반대편에 있는 망막에 닿게 된다. 이때 망막에 있는 시세포들이 빛에 반응해 생성된 신호가 시신경을 통해 뇌에 전달됨으로써 인간은 빛의 자극을 일정한 색과 형태를 가진 영상으로 지각하게 된다.

각막과 수정체의 기능 이상으로 빛의 굴절이 변하면 물체의 상이 정확히 망막에 맺히지 않게 돼 선명하게 상을 지각하지 못한다. 이를 교정하기 위해서는 안경을 쓰거나 수술을 받아야 한다. 홍채는 안구 안으로 들어오는 빛의 양을 조

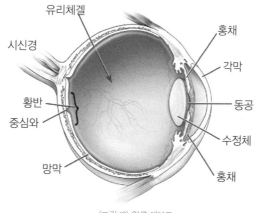

〈그림 13〉 안구 해부도

절하는 기능을 하는 기관이다.

눈은 특정한 파장(390–740나노미터)의 빛만을 지각할 수 있는데 그러한 빛을 가시광선이라 한다. 가시광선은 일반적으로 무지개 색이라고 명명된 색의 스펙트럼을 갖는다. 무지개 색의 양 끝에 있는 빨간색과 보라색의 파장 너머에 있는 빛(예를 들어, 적외선, 자외선)은 눈에 지각되지 않는다.

가시광선이 가진 파장의 차이는 영상의 지각에 영향을 미친다. 일반적으로 파장이 짧은 파랑색은 파장이 긴 빨간색에 비해 더 멀리 떨어져 있는 것처럼 지각된다. 그림에서는 이를 이용해 원근을 표시하기도 한다. 즉, 가까이 있는 것은 빨간색 계통의 색을 사용하고 멀리 있는 것은 파란색 계통의 색을 사용해 표현하는 것이다. 색상을 이용한 원근법은 종종 선원근법을 대체하거나 강화하기도 한다.

강한 빛이 시신경을 자극하면 빛이 사라지더라도 세포의 흥분 상태는 즉시 사라지지 않고 일정시간 유지된다. 이에 따라 뇌는 이미 사라진 빛이 계속 존재하는 것처럼 지각하게 되는데 이것을 잔상이라 한다. 이러한 잔상 덕분에 우리는 1초에 24개의 영상이 바뀌는 영화나 수만 개의 작은 스폿(spot)의 명멸로 이루어진 텔레비전 영상을 보면서도 깜박거림이나 단절을 느끼지 못한다.

망막 위에 분포되어 있는 시세포는 막대세포와 원추세포로 이루어져 있는데 각기 다른 밀도로 분포되어 있다. 이중에서 수정체를 통해 들어오는 빛의 축과 만나는 지점은 직경 1mm정도의 작은 우물 모양을 하고 있는데 이를 중심와(fovea)라고 한다. 중심와에는 원추세포만 분포되어 있다. 이 원추세포는 신경과 일대 일로 연결되어 있어서 지각된 정보가 정확히 뇌에 전달된다. 따라서 중심와는 사물의 형태와 색에 대한 가장 정확한 정보가 얻어지는 곳이다.

정상적인 시력을 가진 눈이라면, 5미터 떨어진 곳에 있는 7밀리미터 간격의 두 점을 구분할 수 있다. 이 한계를 넘으면 점 사이의 구분이 불분명해 진다. 점묘법을 사용한 인상주의 회화 작품이나 작은 점들로 이루어진 인쇄 포스터들이 멀리에서 보면 하나의 통일된 색이나 형태로 지각되는 이유는 이 때문이다.

중심와를 통해 지각할 수 있는 사물의 부분은 한정돼 있기 때문에 우리는 눈으로 한꺼번에 넓은 범위의 대상을 지각한다고 생각하지만 사실은 우리가 정확히 인지하면서 보는 범위는 매우 제한돼 있다. 따라서 대상을 전체적으로 파악하기 위해서 눈은 끊임없이 움직이면서 대상의 각 부분들을 지각해야 한다. 인간의 두 눈은 잠시도 쉬지 않고 계속 움직이면서 대상을 지각한다.

중심와 주변부의 망막에는 원추세포와 막대세포가 섞여져 있다. 막대세포는 움직임이나 어두운 곳에서의 형태를 잘 지각한다. 이 주변부에서는 색과 형태를 예리하게 지각하는 정도가 떨어지기 때문에 같은 색이라도 넓은 시야로 볼 때 더 밝게 느껴진다.

뇌로 가는 시신경이 모이는 곳의 망막에는 맹점이 있다. 맹점은 시세포가 분포돼 있지 않은 곳으로 이 지점에 맺힌 빛은 지각되지 않는다. 종이 위에 검은 점을 그린 후, 한쪽 눈을 가리고 다른 쪽 눈을 이리저리 움직이면서 그 점을 보다 보면 어느 지점에서 그 점이 보이지 않게 된다. 바로 그 지점에서 점의 영상이 맹점에 맺히기 때문이다.

가시광선에 대한 지각은 주위의 밝기에 의해서도 영향을 받는다. 빛이 많은 낮에는 노란색과 빨간색에 대한 지각 정도가 증가하지만 밤에는 파란색이 더 쉽게 지각된다. 건물 안 화재를 피하기 위한 비상구 표지판이 파란색 계통인 것은 비상구 표지판이 설치된 곳이 대개 어두운 빌딩 안이기 때문이다. 색에 따라 초기 자극과 지각 사이의 시간차도 달라진다. 시간차가 가장 작은 것은 빨간색이며 파란색은 가장 크다. 이것은 빨간색이 파란색보다 더 쉽게 눈에 띈다는 것을 의미한다. 위급한 상황이나 위험을 알리는 표지의 색에 빨간색이 많은 것은 이러한 점과도 무관하지 않을 것이다.

게슈탈트 이론

게슈탈트(Gestalt)는 독일어로 형태나 모양을 의미한다. 게슈탈트 이론은 20세기 초 독일에서 발달한 지각에 대한 심리학 이론을 가리킨다. 볼프강 쾰러(Wolfgang Köhler), 쿠르트 코프카(Kurt Koffka), 막스 베르트하임(Max Wertheim) 등이 대표적인 게슈탈트 심리학의 이론가들이다. 이들은 시지각 활동에 있어서 인간의 의도나 문화적 요소보다는 사물이나 영상 자체가 가진 속성이 더 큰 영향을 미친다고 봤다. 다시 말해, 눈이 대상을 지각하는 과정에서 우리가 그 대상에 기울이는 관심이나 사회문화적 선입견이 미치는 영향보다는 대상의 형태 자체가 가진 내재적 속성이 미치는 영향이 더 크다는 것이다.

게슈탈트 이론에 따르면, 영상을 구성하는 조형적 요소들이 어떻게 배치돼 있느냐에 따라 눈은 서의 슥각적이고 직관적이고 총체적인 방식으로 영상의 형태를 특정해 지각한다. 영상의 형태는 여러 가지 조형적 요소들의 집합으로 지각되기보다는 하나의 총체적인 형태로 지각된다. 영상의 조형적 부분들이 하나하나 따로 지각된 후에 완성된 전체 형태로 지각되는 것이 아니기 때문에 영상의 지각은 분석적이라기보다는 직관적이다. 따라서 '전체는 부분의 집합이 아니다'는 말이 게슈탈트 이론을 대표하는 명제로 자리 잡았다.

명확한 이유는 밝혀지지 않았지만 인간은 일정한 경향성을 갖고 대상을 시각적으로 인지한다. 게슈탈트 심리학자들은 다양한 실험과 관찰을 통해 이런 경향성들을 발견하고 그것들을 시지각 활동의 원리로 분류했다. 이런 원리들을 잘 활용하면 정보와 의미를 쉽게 전달하는 영상, 기억에 오래 남는 영상, 친근감을 유발하는 영상 등 효율적 커뮤니케이션에 도움이 되는 영상을 제작할 수 있다.

게슈탈트 심리학에서 제시하는 시지각 활동의 원리들 중 대표적인 것들을 알아보면 다음과 같다.

- 영상은 전체의 관점에서 지각된다 : 우리는 대상을 볼 때 대상의 전체 형태를 단숨에 지각한다. 예를 들어, 우리는 사람을 볼 때, 단번에 사람의 형태를 지각하지 머리, 팔, 다리, 몸통 등의 부분을 하나씩 지각한 후에 그 부분들의 합으로서 사람의 형태를 지각하지는 않는다. '숨은 그림 찾기'와 같은 놀이가 가능한 것은 바로 이런 원리 때문이다. 우리는 세세한 부분이 조금 다른 두 개의 영상을 보더라도 그 차이를 즉시 알아차리지 못한다. 왜냐하면 인간의 눈은 영상을 분석적으로 보는 것이 아니라 단숨에 하나의 형태로 파악하기 때문이다. 두 영상 사이의 다른 부분들을 찾으려면 단순히 그림을 봐서는 안 되고 별도의 노력을 기울여 부분들을 세세히 관찰하며 봐야 한다.

- 영상은 형태와 바탕으로 구분된다 : 영상을 볼 때 우리는 거의 즉각적으로 형태와 바탕을 구분한다. 영상 안에서 어떤 형태가 바탕과는 구분된 방식으로 지각된다. 그 형태는 마치 바탕으로부터 조금 돌출돼 있는 것처럼 지각된다. 또한 바탕이 가진 조형적 특성은 형태의 속성에 영향을 미친다. 〈그림 14〉에서 우리는 사각형이란 형태를 발견하고 부채꼴로 퍼진 선들을 바탕으로 지각한다. 이 바탕 때문에 그림의 정사각형이 마름모 형태나 오목한 형태, 또는 볼록한 형태로 지각될 수 있다.

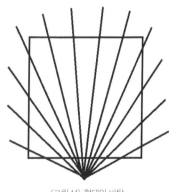

〈그림 14〉 형태와 바탕

형태는 다음과 같은 원리에 의해 바탕과 구별돼 지각된다.

- 작음의 원리 : 작은 요소가 더 큰 요소에 비해 형태로 지각되고 더 큰 요소
  는 바탕으로 지각된다.
- 윤곽의 원리 : 윤곽이 폐쇄돼 있는 것이 윤곽이 열려 있는 것에 비해 형태
  로 지각된다.
- 단순함의 원리 : 단순한 형태가 복잡한 형태보다 더 쉽게 지각된다.
- 특이성의 원리 : 독특한 형태가 더 쉽게 지각된다.

형태는 다음과 같은 원리에 따라 독립된 것으로 지각된다.
- 유사성의 원리 : 형태, 색채, 질감, 명암 등의 속성이 유사한 것들은 동일한
  부류로 지각된다.

〈그림 15〉 폐쇄성의 원리

- 근접성의 원리: 서로 가까이 있는 것들은 동일한 부류로 지각된다. 예를 들어, ㅇㅇㅇ ㅇㅇㅇ 은 여섯 개의 원이 늘어선 형태가 아니라 동그라미 세 개가 모인 두 개의 집단이 마주 하고 있는 것으로 지각된다.
- 폐쇄성의 원리: 근접해 있는 요소들은 하나의 완전한 형태를 가진 것으로 파악된다. 예를 들어, 〈그림 15〉는 곡선들의 배열이 아니라 원으로 지각된다.

- 연속성의 원리: 조형직 요소가 일정한 방향성을 가질 때 연속된 형태로 지
  각된다. 연속된 점의 배열은 선으로 지각된다.
- 좋은 형태의 원리 : 앞에서 열거한 원리들에 부합하는 형태는 쉽게 인지될
  수 있는 좋은 형태이다. 하나의 영상이 여러 가지 형태로 지각될 수 있을
  때, 주의를 더 끌 수 있는 속성을 가진 형태가 지배적 형태로 지각된다. 일

반적으로 단순하고 대칭적이고 규칙적인 조형적 요소가 그렇지 않은 조형적 요소에 비해 더 쉽게 형태로 지각되는 함축성(Prägnanz)을 갖는다. 한 영상 안에서 두 개의 형태가 동일한 함축성을 가질 때 우리의 주목 정도에 따라 수시로 형태와 바탕이 뒤바뀌는 경험을 할 수 있다. 〈그림 16〉에서처럼 서로 마주 보는 옆얼굴이 형태로 지각될 수도 있고 잔의 형태로 지각될 수도 있다.

　　게슈탈트 심리학에서 정리한 이런 시지각의 원리들은 발생하는 정확한 원인이나 이유는 밝혀지지 않았지만 현실에서 흔하게 경험되는 현상이기 때문에 영상을 이용해 효과적으로 메시지를 전달하고자 하는 분야에서 적극적으로 활용된다. 특히 디자인 분야에서 게슈탈트 심리학의 원리들이 적극적으로 활용된다.

〈그림 16〉 두 형상의 동일한 함축성

3
시지각과 문화

시각을 통한 지각 행위는 게슈탈트 심리학에서 설명하는 것처럼 경험과 관계 없이 구조적으로 이미 결정돼 있는 행위일 수 있지만 후천적인 교육이나 개인적 기억, 욕망, 사회문화적 환경 등에 의해서도 많은 영향을 받는다. 단순히 대상의 형태를 시각적으로 지각하는 차원이 아니라 지각된 자극에 어떤 의미를 부여하는 과정에는 심리적, 사회적 요인이 개입한다.

〈그림 17〉 로르샤흐 테스트용 그림

사람은 주변의 환경 안에서 자기가 원하는 것을 우선 보려는 경향을 갖고 있다. 예를 들어, 내가 스쿠터를 사고 싶어서 괜찮은 것을 구하고 있는 중이라면 갑자기 길에서 전에는 잘 보이지 않던 스쿠터들이 마구 보이기 시작한다. 심지어는 동그라미가 두 개 있는 형상만 만나도 스쿠터가 보인다. 내가 어떤 것을 간절히 보고 싶으면 그것과 아무 관련이 없는 형태조차도 그것처럼 보인다. 심리 분석을 위해 간혹 사용되는 '로르샤흐 테스트(Rorschach Ink Blot Test)'에서 관찰되듯이, 사람들은 자신의 욕망이나 경험 등에 영향을 받아서 아무렇게나 그려진 얼룩을 특정한 사물의 형태로 지각할 수 있다. 따라서 무정형의 형상을 어떤 구체적 형상으로 인지하느냐에 따라 그 사람의 성격이나 무의식적 욕망 등을 파악할 수 있다.

인간은 무질서하게 배열돼 있는 주위 환경에 대해 어떤 질서를 부여하려는 경향을 갖고 있다. 왜냐하면 인간은 자신이 알지 못하는 것 또는 알 수 없는 것에 대해 두려움을 갖기 때문이다. 무질서한 것에 질서를 부여하는 행위는 그것에 의미를 부여함으로써 알 수 있는 것으로 만드는 행위다. 우리는 불분명하고 모호한 형상을 보게 되면 그것을 불분명하고 모호한 상태로 놔두기보다는 알고 있는 구체적 형상으로 지각함으로써 어떤 의미를 부여하려는 경향을 갖는다. 불분명하고 애매한 형상을 식별 가능한 구체적인 형태로 지각하는 시지각의 오류를 '파레이돌리아(Pareidolia)'라고 한다. 파레이돌리아는 화성의 표면을 촬영한 사진에 나타난 바위에서 사람의 얼굴 형상을 발견한다거나 식빵 위에 핀 곰팡이 얼룩에서 예수의 형상을 발견하는 사례 등에서 나타나는 일종의 착시 현상이다.

이러한 착시는 대개는 개인적인 동기에서 발생하지만 사회문화적인 교육이나 경험에 의해 영향을 받는다. 예를 들어, 달 표면에 나타나는 그림자에서 한국인들은 방아 찧는 토끼의 형상을 발견하지만 서양인들은 전혀 토끼의 모습을 보지 못한다. 이것은 달 표면의 그림자와 관련해 한국 사회에서 방아 찧는 토끼의 이야기가 계속 재생산되기 때문에 가능한 일이다. 방아 찧는 토끼 이야기에 대한 우리의 지식이 달 표면

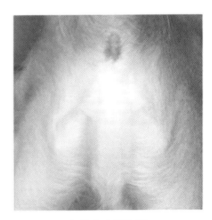

〈그림 18〉 파레이돌리아

그림자에서 토끼를 보도록 만드는 것이다. 또 빵이나 땅에 생긴 얼룩을 예수의 형상으로 보는 것은 기독교에 대한 지식과 경험이 없다면 불가능한 일이다. 예를 들어, 〈그림 18〉에서 예수의 형상을 발견하려면 예수와 관련된 많은 기억과 지식을 갖고 있어야 한다. 이 영상은 사실 강아지의 엉덩이를 촬영한 것이다.

단순히 어떤 형태를 지각하는 행위는 말할 것도 없고 구체적인 영상을 직접 제작하고 그것을 해석하는 행위에 있어서 심리적이거나 사회문화적인 요인이

큰 영향을 미친다. 심리적 문제가 있는 사람이 그린 그림은 그의 성격이나 그가 겪고 있는 심리적 갈등 등을 나타낼 수 있다고 여겨진다. 실제로 어떤 사람이 그린 그림을 분석함으로써 그의 심리나 정신 상태를 알고자 하는 것은 흔히 활용되는 심리분석법이다.

이처럼 영상을 인지하는 과정에 사람들의 욕망이나 사회문화적 지식 등이 깊이 개입하기 때문에 영상을 제작하거나 사용하고 분석할 때 그 영상을 수용하는 사람들의 개인적, 사회문화적 요인들을 참조하고 고려할 필요가 있다. 그런 요인들에 따라 어떤 영상은 대단히 친근감 있는 것으로 인식돼 호의적 반응을 불러일으킬 수도 있고 다른 영상은 반대로 부정적 감정을 유발할 수도 있다.

제5장
영상의 조형성

1
조형의 기본 요소

영상에서 조형성이란 시각을 자극하기 위해 매체 위에 가해진 모든 형태의 개입을 의미한다. 화가나 사진가, 디자이너, 영화 감독, PD 등과 같은 영상제작자들은 시각을 자극하는 조형적 요소들을 갖고 영상을 구성한다. 이 조형적 요소들의 구성은 우리가 앞에서 살펴봤던 광학, 생물학, 심리학의 여러 원리들에 따라 시각을 자극하고 특정한 형태로 지각된다.

조형적 차원에서 본다면, 영상은 무엇보다도 우선 현실에 존재하는 사물이라고 할 수 있다. 그림, 사진, 동영상 등은 다른 사

〈그림 19〉 아이들

물들처럼 우리가 지각할 수 있는 현실의 사물이다. 일반적 사물들이 3차원 공간과 시간 안에서 다양한 감각 기관을 통해 지각되는 반면에 영상은 주로 시각을 통해서만 지각되는 특성을 가진 사물이다. 조형적 차원에서 볼 때, 영상은 어떤 의미를 가진 기호라기보다는 시각적으로 지각되는 사물이다. 예를 들어, 〈그림 19〉에 재현된 형상은 귀여운 아이들로 인지되기 이전에 먼저 다양한 색과 명암을 가진 특정한 조형적 구성물로 지각된다. 이처럼 모든 영상은 우선 시각에 의해 지각되는 사물이다. 따라서 영상은 일차적으로 조형성의 차원에서 분석될 수 있다.

영상을 구성하는 조형적 요소들은 매우 다양하다. 그중 가장 기본적인 요소

는 색과 명암이다. 색과 명암을 통해 점, 선, 면, 형태 같은 요소들이 구성된다. 일반적인 생각과는 달리 선을 조형의 기본 요소로 분류하지 않는 것은 선이 실제로 존재하는 조형적 요소라고 보기 어렵기 때문이다. 선은 색과 색의 경계거나 명암의 차이로 드러나는 좁고 긴 면이다. 우리는 그것을 관습적으로 선이라고 부를 뿐이다. 따라서 선은 관습적 명칭일 뿐 실제로 존재하는 조형의 기본 요소는 아니다. 하지만 색과 명암에 의해 만들어진 선은 관습적으로 영상을 구성하는 중요한 요소로 간주된다. 특히 데생 같은 그림의 경우에 선은 결정적인 조형적 요소다.

영상의 조형적 요소들은 시각과 밀접히 연관돼 있다. 눈은 빛을 지각하는 과정에서 우선적으로 색과 명암을 구분한다. 그리고 색과 명암의 구성 방식에 따라 점, 선, 면, 형태들을 지각한다. 따라서 색과 명암은 영상이 존재하도록 만드는 물적 기반이며 구체적 형태들을 구성함으로써 영상이 기호로서 존재하게 해주는 기본 요소라고 할 수 있다.

1) 색

색은 빛의 회절에 의해 발생한다. 물체는 빛의 일부분을 흡수하고 흡수하지 않은 부분은 반사한다. 이렇게 반사되는 빛을 인간의 눈은 색으로 지각한다. 적어도 시각적 지각의 차원에서 말하자면, 사물에 부여된 고정불변의 색은 존재히지 않는나. 빛의 밝기나 사물을 비추는 조명의 정도에 따라 색은 다르게 지각된다. 빨간색을 어떤 환경에서 봤느냐에 따라 빨간색은 각각 다르게 지각된다. 어떤 경우에는 빨간색이 검은색이나 회색으로 지각될 수도 있다.

인상파 화가였던 클로드 모네(Claude Monet)는 동일한 각도에서 루앙 대성당을 그린 30여점의 연작을 발표했다. 1892년에서 1893년에 걸쳐 그린 이 그림들은 해뜨기 전, 해 뜬 직후, 정오 즈음, 해가 진 직후, 안개가 끼었을 때 등 시간과 대기 환경에 따라 색이 달라지는 성당의 모습을 표현하고 있다(그림 20).

카메라의 경우에도, 어떤 빛의 상태에서 영상을 촬영했느냐에 따라 동일한 대상을 다른 색으로 표현하게 된다. 햇빛, 백열등 빛, 형광등 빛 등 대상을 비추는 빛의 특성이 바뀌면 영상의 전체적 색도 흰색, 노란색, 파란색 등으로 달라진다. 카메라는 화이트 밸런스를 조정하는 장치를 통해 인위적으로 영상의 색조를 바꿀 수도 있다.

〈그림 20〉 모네, 루앙 대성당, 1892–1893

일반적으로 색에는 두 가지 종류가 있다. 순수색과 혼합색이 그것이다. 순수색은 태양빛을 구성하는 여러 파장의 빛에 의해 드러난다. 무지개를 구성하는 빨강에서 보라에 이르는 일곱 가지 색이 대표적인 순수색이다. 이들은 다시 빨강, 파랑, 노랑이라는 세 가지의 기본색, 즉, 삼원색으로 정리될 수 있다. 비디오와 같은 전자 영상의 경우에는 빨강, 파랑, 녹색이라는 삼원색을 갖는다. 이들 삼원색의 조합을 통해 우리는 다양한 색을 얻을 수 있다.

색을 구분하는 측정 도구로 대표적인 것이 색도와 채도다. 색도는 색과 색을 구분시켜주는 특수한 감각적 속성을 말한다. 채도는 하나의 색이 다른 색으로 변하지 않는 상태에서 만들어내는 선명도를 말한다. 색도와 채도의 조합에 따라 다양한 색의 리스트가 구성된다.

혼합색은 색도나 채도, 또는 밝기를 나타내는 휘도 등을 변화시켜 얻는 색으로 주로 어둡고 탁하고 뿌옇다는 느낌을 주는 색이다. 이 색들은 영상에서 주로 그림자나 어둠 등을 표현하는데 사용된다.

색은 자연적으로 존재하는 현상이지만 색에 대한 인간의 판단은 문화적인 영향을 받는다. 모든 인간 사회는 색에 여러 가지 상징적 의미를 부여한다. 그 의미는 사회에 따라 달라질 수 있다. 예를 들어, 빨간색은 정열을 의미할 수도 있고 사랑을 의미할 수도 있고 태양을 의미할 수도 있으며 위험을 의미할 수도 있다. 빨간색에 부여되는 상징적 의미는 사회와 문화에 따라 달라진다. 또한 개인적 차원에서도 사람들마다 특정 색에 대해 다른 의미를 부여하고 다른 선호도를 갖는다.

2) 명암

명암은 밝기의 차이가 있는 영역들 사이의 대조를 보여주는 조형적 요소다. 인간의 눈은 빛이 너무 밝거나 너무 어두우면 아무 것도 보지 못한다. 극단적인 밝음과 극단적인 어둠 사이에는 다양한 중간 단계들이 존재한다. 이 명암의 차이는 색의 차이와는 별도로 영상을 구성하는 기본 요소가 된다. 완전한 밝음과 완전한 어둠 사이에 존재하는 수많은 회색 지대의 차이들을 조작함으로써 우리는 점, 선, 면, 형태를 만들어낼 수 있다. 색이 전혀 없이 명암의 차이만으로도 대상을 표현하는 영상을 만들 수 있다.

명암은 보통 흰색과 검은색을 양 극단으로 하고 중간에 무한한 회색의 스펙트럼을 갖고 있는 조형적 요소다. 일반적으로 흑백그림, 흑백사진, 흑백영화 등으로 일컬어지는 영상이 바로 명암을 이용해 구성되는 영상이다. 명암을 이용한 영상은 단순히 색을 사용할 수 없는 기술적 이유 때문에 어쩔 수 없이 제작되는 영상이 아니다. 명암을 이용해 구성되는 영상은 색을 이용해 구성되는 영

상과는 구별되는 독특함을 갖는
다. 여러 사회에서 명암을 이용한
영상은 독자적인 영역을 구축하고
있다. 예를 들어, 수묵화는 동아시
아에서 고유한 의미와 기능을 가
진 영상으로 긴 역사를 통해 발전
하고 있다(그림 21). 흑백만화나 흑
백사진의 경우도 그 자체로 고유
한 표현 양식과 역사를 가진 영상
이다.

〈그림 21〉 김청자, 매화향기, 2016

　명암을 이용해 구성되는 영상에는 흑과 백의 대조만으로 구성되는 영상도 있
고 풍부한 회색의 스펙트럼을 이용해 구성되는 영상도 있다. 명암의 대조 정도
에 따라 영상은 조형적으로 매우 다른 방식으로 지각된다. 이런 이유로 명암의
차이라는 조형적 요소를 이용해 특수한 의미를 생산, 전달하는 영상 제작 작업
이 가능해진다.

2
조형적 요소들의 특성

　우리는 색과 명암을 이용해 다양한 조형적 구성과 변화들을 만들어낼 수 있
다. 예를 들어, 색도의 차이가 큰 색들을 강하게 대조시킬 수도 있고 색도의 차
이가 작거나 채도의 차이가 있는 색들을 약하게 대조시킬 수도 있다. 또, 밝고

어두운 면을 강하게 대조시킬 수도 있고 약하게 대조시킬 수도 있다. 이와 같은 색과 명암의 배치를 통해 점, 선, 면, 형태 등 우리가 관습적으로 명명하는 조형적 요소들이 만들어진다.

- 점 : 방향성을 갖고 있지 않은 매우 작은 크기의 색이나 명암을 말한다. 관습적으로 동그라미 모양을 갖고 있다고 간주된다. 매우 작은 크기를 갖고 있지만 크기를 규정하는 절대적 기준은 없다. 다른 조형적 요소와의 관계 속에서 상대적으로 판단되는 크기를 갖는다. 동일한 크기의 색이나 명암이 점이 될 수도 있고 면이 될 수도 있다. 점이 방향성을 갖기 시작하면 선으로 간주된다.

〈그림 22〉 조형적 구성을 통해 드러난 영상

- 선 : 그 자체로 존재한다기보다는 면의 특수한 존재양식 중 하나다. 선은 두 개의 마주하는 면 사이의 경계 지역이다. 선은 색이나 명암을 이용해 좁고 길게 늘어진 형태로 그려질 수 있다. 또 그려지지 않은 선이 있을 수도

있다. 즉, 선을 그리지 않은 채 단지 대조되는 두 개의 색, 또는 대조되는 명암이 만나는 지역을 선으로 지각하게 만들 수도 있다. 이러한 선은 가상적 선(virtual line)이다. 따라서 선에는 그려진 선과 가상적 선이 있다.

- 면 : 뚜렷한 경계를 가진 넓게 퍼진 색이나 명암의 영역을 의미한다. 면은 선으로 지각될 수도 있고 형태로 지각될 수도 있다. 명명될 수 없는 불규칙적 경계를 가진 면도 있다.

- 형태 : 옆의 면과는 다른 톤을 가진 색과 명암의 대조에 의해 제한되는 면을 의미한다. 형태는 구체적인 대상과의 유사성을 드러냄으로써 대상을 지시하고 의미를 발생시키는 기능을 하는 가장 대표적인 조형적 요소다.

- 조형적 구성(composition) : 색과 명암의 배치를 통해 선과 형태를 만드는 작업이다. 영상은 조형적 구성을 통해 구체적 모습을 가진 사물로 지각된다. 조형적 구성을 통해 선과 형태들이 드러나고 결국 하나의 영상이 완성된다. 영상을 구성하는 조형적 요소들은 영상을 존재하게 만들고 관객이 일정한 방식으로 영상을 보도록 만든다.

- 표현매체의 재질(texture) : 눈에 잘 띄지는 않지만 영상이 표현되는 매체의 성질도 조형적 요소로 기능한다. 즉, 어떤 재료를 사용해 어떤 표면에 색과 명암을 표현했느냐 하는 것도 중요한 조형적 기능을 한다. 표현매체의 재질은 특히 촉각과 연결돼 있다. 비록 동일한 그림이라 할지라도 캔버스에 그려진 그림, 광택지에 인쇄된 그림, 텔레비전 화면에 나타난 그림은 각각 서로 다른 느낌을 준다.

- 틀(frame) : 영상의 조형적 구성이 이뤄지는 공간을 제한하는 경계다. 틀은 영상이 구성되는 공간을 한계지음으로써 영상과 현실 세계를 구분하도록 만든다. 조형적 구성이 이뤄지는 특수한 공간과 현실의 일반적 공간 사이에서 틀이 만드는 이러한 경계는 영상이 독자적인 물체로 현실 공간에서 존재하게 만든다.

오늘날 영상의 틀은 대부분 사각형의 형태를 갖고 있다. 하지만 원형이나 삼각형, 또는 다른 도형의 틀도 존재한다. 사각형의 틀에도 직사각형, 정사각형 등 다양한 비율과 크기를 가진 틀이 있다. 영상의 틀이 사각형인 것은 어떤 내재적인 요인 때문이라기보다는 사회문화적인 요인 때문이라고 할 수 있다. 예를 들어, 카메라 렌즈는 동그랗기 때문에 카메라가 촬영하는 영상도 원래는 동그랗다. 하지만 카메라를 이용해 제작된 영상의 틀은 원형이 아니라 사각형이다. 카메라가 촬영한 원래의 동그란 영상을 사각형의 틀로 잘라낸 것이다. 이것은 기존 회화의 역사에서 형성된 사각형 틀의 관습을 따른 결과다. 사각형의 틀은 영상이 구성되고 수용되는 방식에 결정적 영향을 미친다. 틀이 사각형이라면 영상의 조형적 요소들은 수직, 수평, 사선 등의 관계 안에서 구성될 것이다. 반면에 틀이 원형이라면 수직, 수평, 사선 등은 구성의 기준이 되기 어려울 것이다. 영화나 비디오의 틀이 사각형이 아니라 원형이었다면 어떤 방식으로 조형적 요소들이 구성될 것인지 상상해 보라.

틀의 크기도 영상의 조형적 구성 방식과 영상을 보는 관객의 지각에 영향을 미친다. 영화처럼 관객보다 훨씬 큰 틀을 가진 영상과 텔레비전, 비디오처럼 관객과 크기가 비슷한 영상, 그리고 만화처럼 관객에 비해 아주 작은 틀을 가진 영상 등, 틀의 크기에 따라 영상을 지각하는 관객이 받는 느낌은 달라질 수 있다. 동일한 내용의 영상이라도 틀의 크기가 달라지면 영상이 주는 시각적 충격이 달라진다. 이런 충격의 차이는 내용에 대한 인지에까지 영향을 미칠 수 있다. 같은 영화를 아이맥스 화면에서 볼 때와 스마트폰 화면으로 볼 때의 차이를 생각해 보라.

조형적 요소로서 틀이 하는 가장 큰 기능은 장내와 장외의 공간을 구분하는 것이다. 틀 안의 장내 공간은 조형적 요소들로 채워지는 공간이다. 이 공간은 영상 자체가 차지하는 물리적 공간이다. 반면에 틀 밖에 있는 장외 공간은 영상의 조형적 요소가 없는 공간이다. 카메라로 촬영된 영상의 경우, 우리는 장내 공간만을 볼 수 있다. 장외 공간은 장내 공간과의 관계 속에서 다만 상상될 뿐이거나 영상이 위치한 현실 공간으로 존재한다. 예를 들어, 우리가 영화를 볼 때, 장내 공간은 스크린 안의 공간이지만 장외 공간은 우리가 상상하는 공간이거나 우리가 위치한 현실의 영화관 공간이다.

영상의 틀은 보통 단독으로 존재하지만 경우에 따라서는 다른 틀과의 관계 속에서 존재하기도 한다. 예를 들어, 틀 안에 별개의 틀이 들어가 있는 경우가 있다. 틀 안에 별도의 독립된 공간을 가진 작은 틀이 있는 것이다. 대표적인 것이 만화책의 페이지다. 만화책의 한 페이지는 그 자체로 하나의 틀처럼 기능한다. 그런데 이 틀 안에는 여러 개의 작은 틀이 독립된 영상을 제공하며 배치돼 있다. 잡지나 신문의 지면도 마찬가지이다. 지면 하나가 큰 틀로 기능하며 현실 공간과 구분되는 장내 공간을 보여준다. 그리고 그 안에 사진, 만평, 광고와 같은 작은 틀들이 독자적 공간을 구성하며 존재한다. 미술관의 벽에 전시된 그림도 같은 방식으로 접근할 수 있다. 미술관의 벽 한 면이 큰 틀로 기능하고 거기에 걸린 작품들이 각각 작은 틀로 존재하는 것이다.

주어진 큰 틀의 공간 안에 작은 틀들을 어떻게 배치하느냐하는 것은 아주 중요한 조형적 구성의 문제다. 틀 안에 작은 틀들을 배치하는 방법에 따라 영상의 의미가 결정된다. 이것은 관객의 시선을 유도하고 나아가 틀과 틀 사이의 관계를 맺어 주는 문제와 직결된다. 즉, 영상이 제공하는 이야기의 전개와 밀접한 관계가 있는 것이다.

틀과 틀 사이의 관계는 병렬(juxtaposition), 겹침(superposition), 삽입(insertion)이라는 세 가지 형식을 갖는다. 그림이나 인쇄 미디어뿐만 아니라 디지털 기술의 발달로 텔레비전, 컴퓨터 모니터, 스마트폰 등의 미디어에서도 병렬, 겹침, 삽입과 같은 공간분할을 적극적으로 이용하는 영상들이 늘고 있다.

• 병렬 : 틀들이 열을 지어 배치돼 있는 관계다. 주로 만화책에서 이런 배치

를 접할 수 있다. 만화책 안의 틀은 주위에 있는 다른 틀들과는 어떤 간섭 없이 명확히 분리돼 있다. 틀 사이의 관계는 만화책이 생산된 사회의 글쓰기 관습에 따라 결정된다. 한국의 경우, 왼쪽에서 오른쪽, 위에서 아래의 방향으로 순서대로 틀이 배치된 것으로 이해된다.

- 겹침 : 틀의 한 부분이 다른 틀의 한 부분과 겹쳐져 있는 관계다. 틀과 틀 사이의 간섭이 강하게 일어나기 때문에 시각적 자극을 극대화하기 위한 특정한 조형적 구성을 위해 사용되는 경우가 많다. 영화의 경우에는 장면 전환이나 두 영상 사이의 특별한 관계를 의미하기 위해 이용되기도 한다.

- 삽입 : 틀 안에 다른 틀이 들어가 있는 관계다. 신문지면의 편집, 텔레비전 화면이나 컴퓨터 모니터 화면에서의 여러 창 띄우기처럼 단순히 다양한 정보를 전달하기 위해 사용되기도 하고 영화에서처럼 특정한 의미를 전달하기 위해 사용되기도 한다. 창이나 거울 등은 영상에서 틀 안의 틀처럼 이용되는 주요한 장치이기도 하다.

영상의 조형성은 눈에 의해 가장 먼저 지각되는 요소라는 점에서 영상에 대한 미적 평가와 직접 연결돼 있다. 우리가 영상을 보고 예쁘다, 보기 좋다, 추하다 등의 평가를 하는 것은 우선적으로 영상의 조형적 요소들에 대한 지각과 연결된 문제다. 이런 미적 평가는 관객의 시선과 주의를 끌고 영상이 전달하는 의미를 보다 쉽게 받아들이도록 하는데 기여한다. 이런 점에서 영상의 조형성은 영상의 의미 생산 과정에서 중요한 기능을 한다고 볼 수 있다. 똑같은 주제와 소재를 표현한 영상들 중 어떤 것은 사람들의 기억에 오래도록 남아 입에 오르내리고 어떤 것은 쉽게 잊어지는 일은 상당 부분 영상이 조형적으로 어떻게 구성돼 있느냐하는 문제와 관계돼 있다. 영상의 조형성은 커뮤니케이션 과정에서 영상이 갖는 효율성과 효과의 크기에 영향을 미치는 일차적 요소이기 때문에 영상커뮤니케이션을 연구하기 위해서는 우선 영상의 조형성을 이해해야 한다.

제6장
영상의 공간

1
재현의 문제

1) 도상과 재현

영상이 조형적으로 구성돼 시각을 통해 지각될 때, 영상은 대부분의 경우 거의 즉각적으로 어떤 대상과 유사한 형태를 갖고 있는 것으로 인지된다. 우리는 영상 안에서 우리가 알고 있는 어떤 대상의 모습을 발견하고 영상이 그 대상을 보여준다고 생각한다. 그래서 영상은 거의 대부분 '~의 영상'이라고 불린다. 이 그림은 호랑이 그림, 저 사진은 주형일의 사진, 그 동영상은 축구경기를 보여주는 동영상이 된다. 즉, 영상은 그 자체로 고유한 의미를 갖는 사물이기보다는 다른 대상을 시각적으로 표현해 보여주는 사물이 된다. 달리 말해, 영상은 다른 대상을 지시하는 기호가 된다.

〈그림 23〉 호랑이, 조선 민화

영상이 다른 대상을 시각적으로 표현해 보여주는 과정에서 결정적 역할을 하는 것은 바로 영상이 대상과 형태적으로 유사하다는 인식이다. 저 그림이 호랑이 그림일 수 있는 것은 그림 안의 조형적 형태가 호랑이의 모습과 닮았기 때문이다. 바로 이 형태적 유사성을 기반으로 그 그림은 호랑이를 지시하는 기호로 기능할 수 있다. 그림의 조형적 요소는 기표가 되고 그 기표를 보고 떠오른 '호랑이'라는 생각은 기의가 된다. 이처럼 형태적 유사성을 바탕으로 대상을 지시하는 기호를 도상(icon)이라고 한다.

　기호로 작용하는 영상은 도상이라고 할 수 있다. 우리가 영상을 보고서 어떤 대상과의 형태적 유사성을 발견한 후에 영상이 그 대상을 지시하고 있다는 것을 알게 된다면, 우리는 영상 기호의 도상적 의미를 발견한 것이다. 그런데 이 도상적 의미는 단순히 형상을 식별하는 지시의미 차원에만 머물지 않는다. 많은 경우, 도상적 의미는 사회문화적 지식을 바탕으로 해석된다. 예를 들어, 〈그림 23〉을 보고 '호랑이'라는 의미를 파악하려면 이미 호랑이를 그린 조선 시대 민화에 대한 사회문화적 지식을 갖고 있어야 한다. 그렇지 않다면 호랑이 그림은 특이한 형태를 가진 동물이라는 의미만을 전달할 것이다.

　영상의 조형성을 지각하는 일과 영상의 도상적 의미를 발견하는 일은 사실상 거의 동시에 발생한다. 조형적 요소를 지각하는 단계와 도상적 의미를 아는 단계는 영상 분석을 위해 이론적으로 구분될 수 있을 뿐, 현실에서 우리가 이 두 단계를 냉확히 구분하면서 영상을 보는 경우는 드물다. 대부분의 경우, 우리는 영상을 지각하는 즉시 그 영상이 어떤 대상을 지시하는지를 깨닫는다.

　영상이 형태적 유사성을 통해 대상을 지시한다는 것은 영상이 대상의 형태를 조형적으로 잘 묘사해 드러낸다는 말이다. 다시 말해, 영상은 대상을 재현한다. 재현(representation, 再現)이란 다시 보여준다는 의미다. 영상이 대상을 다시 보여준다는 말은 어떻게 이해될 수 있는가? 우리가 대상과 함께 있다면 그 대상을 직접 보여준다(present). 따라서 대상을 재현한다(다시 보여준다)는 것은 대상이 현재 여기에 없다는 것을 선제한다. 달리 말하면, 영상에 의한 대상의 재현은 대상의 부재를 전제한다.

　영상은 대상을 재현함으로써 지금 여기에 없는 대상을 대신하는 역할을 한다. 그렇기에 재현에 있어서 중요한 것은 대상을 얼마나 형태적으로 유사하게 재현하느냐 하는 것이다. 우리가 잘 그린 그림, 멋진 사진, 실감나는 동영상이란 말을 할 때, 그 말은 대부분 영상이 대상을 정말 똑같이 재현했다는 의미를 담고 있다. 과거부터 전해 내려오는 훌륭한 화가에 대한 일화들도 바로 대상의 완벽한 재현이란 내용을 담고 있다.

대표적인 것이 고대 그리스의 유명한 화가 제욱시스(Zeuxis)와 파라시오스(Parrhasios)의 일화다. 하루는 두 화가가 누구 그림이 더 훌륭한지 시합을 했다. 제욱시스는 포도를 그렸는데 새들이 날아와 그림의 포도를 쪼아 먹으려 했다. 이것을 보고 고무된 제욱시스는 파라시오스에게 그림을 덮고 있는 천을 치우고 내용을 보여 달라고 했다. 하지만 파라시오스가 그린 것이 바로 천이란 것을 알고 그가 이겼다는 것을 인정할 수밖에 없었다. 제욱시스는 새의 눈을 속였지만 파라시오스는 제욱시스의 눈을 속인 것이다.

다른 일화도 있다. 제욱시스는 포도를 잘 그렸다고 한다. 한번은 아이가 포도를 들고 있는 그림을 그렸는데 이때도 역시 새들이 먹으러 날아왔다. 제욱시스는 이것을 보고 자신이 아이를 포도만큼 잘 그렸다면 새들이 아이를 무서워해서 날아오지 않았을 것이라고 하며 한탄했다. 비슷한 이야기가 우리나라에도 있다. 신라 시대에 화가 솔거가 황룡사의 벽에 소나무를 그렸는데 새들이 날아와 그림의 소나무 가지에 앉으려 했다는 것이다.

영상이 대상을 재현하는 가장 완벽한 방법은 영상이 대상 자체로 오인되는 것이다. 다시 말하면, 기호와 대상 사이의 차이가 없어져 기호가 즉각적으로 대상이 되는 것이다. 이것은 어쩌면 모든 기호가 지향하는 궁극적 도달점이자 이상일 것이다. 기호와 대상 사이의 인위적 연결 고리가 은폐되고 기호와 대상 사이의 관계가 자연스럽고 당연한 것이 되기 때문이다.

우리는 영상과 영상이 재현하는 대상이 형태적으로 유사하다는 것을 자연스럽고 당연한 것으로 받아들인다. 하지만 영상과 대상 사이의 관계를 면밀히 살펴보면 둘 사이의 재현 관계는 겉보기와는 달리 그렇게 자연스럽고 당연한 관계가 아니라는 것을 발견할 수 있다.

조형적 차원에서 영상이 구성되면 영상이 재현하는 대상에 대한 식별이 이뤄진다. 이것은 도상적 의미가 발견되는 과정이다. 도상적 의미는 대부분 영상에서 식별된 형태에 대해 이름을 붙이는 작업을 통해 구체적으로 드러난다. 어떤 그림이 호랑이를 재현한다고 이해되는 것은 우리가 그 그림의 조형적 형태가 호랑이의 형태와 닮았다고 인식했기 때문이다. 호랑이의 형태에 대한 기억과 지식은 우리가 여러 사회문화적 학습과 경험을 통해 획득한 것이다. 우리는 대부분 호랑이를 직접 보고 나서 호랑이 그림을 발견하는 것이 아니라 호랑이 그림을 먼저 보고 난 후에 호랑이가 어떻게 생긴 동물인지 안다. 호랑이에 대한 우리의 지식은 대부분 우리 사회에서 생산 유통된 많은 영상들을 통해 획득된다. 영상과 대상 사이의 재현 관계를 발견하면서 도상적 의미를 파악하는 것은 대부분 영상에서 지각된 조형적 형태를 우리의 기억과 지식 안에 있는 특정한 대상의 영상과 연결시키는 작업이다.

우리는 특정한 대상의 영상에 대한 기억과 지식을 통해 영상이 재현하는 대상을 식별한다. 이 말을 다시 해석하면, 영상은 굳이 실제로 존재하는 대상을 재현하지 않아도 된다는 뜻이 된다. 예를 들어, 백설공주는 실제로는 존재하지 않는 허구의 인물이지만 많은 영상들이 아무런 문제없이 백설공주를 재현한다. 어떤 영상이 백설공주를 재현할 수 있는 것은 그 영상이 실존하는 백설공주와 닮았기 때문이 아니라 우리가 기억하고 알고 있는 백설공주의 영상과 닮았기 때문이다. 그 백설공주의 영상은 1937년 미국의 월트디즈니사가 제작한 애니메이션 영화 〈백설 공주와 일곱 난쟁이〉에 등장한 것이다. 〈백설 공주와 일곱 난쟁이〉의 제작자들은 어떤 인물을 표현한 영상을 만든 후에 그 영상에 백설공주라는 이름을 붙여 대중에게 공개했다. 그 영상이 대중에 의해 수용되고 오랜 세월 동안 다양한 방식으로 재생산되면서 백설공주에 대한 기억과 지식이 만들어지고 그 기억과 지식에 부합하는 영상이 백설공주를 재현하는 영상이 됐다. 그래서 〈그림 24〉에 재현된 고블(Warwick Goble)의 백설공주는 우리에게 매우 낯설게 느껴진다.

〈그림 24〉 고블, 백설공주, 1913

우리가 알고 있는 대부분의 대상은 이와 같은 방식으로 영상을 통해 재현된다. 허구의 인물이나 동물들뿐만 아니라 실제로 존재했지만 우리가 한 번도 본적이 없는 인물이나 동물들도 바로 우리의 기억과 지식에 기대어 영상으로 재현된다. 예를 들어, 세종대왕을 재현하는 영상은 실제로 존재했던 세종과는 전혀 닮지 않았다. 세종을 그린 그림은 현실의 세종을 보고 그린 그림이 아니라 상상화다. 예수를 재현한 수많은 영상도 마찬가지다. 우리는 우리가 생각하는 이상적인 왕의 모습을 담은 상상화를 그린 후에 그 형상에 세종이란 이름을 붙인다. 그리고 그 그림이 세종을 재현한 영상으로 사회적으로 인정되면 우리의 기억과 지식에 포함되고 이후에 제작되는 세종의 영상에 영향을 미친다. 그렇기 때문에 시대가 바뀌면 이상적 왕에 대한 사람들의 생각도 바뀌게 되고 세종을 재현하는 영상의 형태도 바뀐다. 예수를 재현하는 영상도 시대와 사회마다 계속 바뀌어 왔다.

사람들의 상상이란 순수하게 개인적 차원에서 발생하는 것이 아니라 사회문화적 영향 하에서 이뤄진다. 한 번도 들은 적도 본 적도 없는 것을 상상하기는 매우 힘들다. 상상은 우리가 가진 정보를 가공, 변형하는 과정을 통해 이뤄지는데 우리가 가진 정보란 사회문화적 학습과 경험을 통해 얻은 것이다. 그런데 허구의 대상뿐만 아니라 실제로 존재하는 대상을 영상으로 표현하는 경우에도 상상이 개입한다. 예를 들어, 우리는 대상이 없는 상태에서 예전에 봤던 대상의 모습을 상상하면서, 심지어는 대상을 재현했던 영상을 상상하면서 그림을 그리는 경우가 대부분이다. 그리고 상상을 통해 제작된 영상이 현실의 대상과 전혀 닮지 않았더라도 영상에 대상의 이름을 붙이는 과정을 통해 사회적 인정을 받는다면 영상은 대상을 재현할 수 있게 된다. 어린 아이가 그리는 그림을 보라. 아이가 그린 아빠의 그림은 아빠와 전혀 닮지 않았다. 하지만 아이는 그 그림에 자기 아빠라는 이름을 붙인다("이건 우리 아빠야"). 그러면 우리는 그 그림이 아이의 아빠를 재현하는 것으로 인정하고 그림과 대상 사이의 형태적 유사성이 확립된다.

우리가 실제로 존재하는 대상을 보면서 영상과 대상 사이의 재현 관계를 확인할 수 있는 경우는 별로 없다. 대부분의 경우, 우리는 오직 영상을 통해서만 대상을 접한다. 세계적으로 유명한 정치인이나 연예인들을 우리가 직접 만나는 경우는 거의 없다. 하지만 우리는 그들을 재현한 영상들을 보면서 도상적 의미를 파악할 수 있다. 다시 말해, 우리는 그 영상이 그들과 닮았다는 것을 안다. 이것이 가능할 수 있는 것은 우리가 수많은 영상에 특정 인물의 이름이 붙여지는 것을 경험했기 때문이다. 영상과 대상 사이의 재현 관계는 영상과 실재 대상 사이의 형태적 유사성을 발견하는 관계가 아니라 영상과 우리의 기억 속 대상 사이의 형태적 유사성을 발견하는 관계다. 그리고 우리의 기억 속 대상에 대한 지식은 대부분 실재 대상과의 만남에서 오

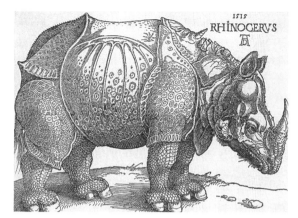

〈그림 25〉 뒤러, 코뿔소, 1515

는 것이 아니라 그 대상을 재현한 다른 영상들에 대한 경험에서 온다. 그렇기에 우리는 때로는 실재 대상의 형태를 다르게 묘사한 영상을 보면서 그 대상이 영상이 재현하는 모습처럼 생겼을 것이라고 믿기도 한다. 〈그림 25〉는 독일 화가 뒤러(Albrecht Dürer)가 1515년 그린 코뿔소 그림이다. 이것은 코뿔소를 묘사한 글과 간단한 스케치를 보고 그린 상상화다. 코뿔소를 직접 볼 수 없었던 유럽인들은 18세기 중반까지 코뿔소가 뒤러의 그림에 재현된 것처럼 갑옷과 비늘로 덮여 있다고 믿었다.

결국, 영상을 보면서 그 영상이 재현하는 대상에 이름을 붙이는 단계가 먼저 있다. 우리는 그 단계에서 획득한 기억과 지식을 통해 이후에 다른 영상을 봤을 때 그 영상과 대상 사이의 형태적 유사성을 발견하고 재현 관계를 확인한다. 따라서 영상과 대상 사이의 재현 관계는 기본적으로 사회문화적으로 영상에 대상의 이름을 붙임으로써 맺어진다.

아이들은 그림책에 있는 영상에 이름을 붙이면서 처음 말을 배운다. 이 과정은 단지 언어기호만을 배우는 과정이 아니라 영상기호를 배우는 과정이기도 하다. 이름 붙이기가 이뤄지면서 영상과 대상 사이의 재현 관계가 확립되고 도상

적 의미가 생성된다. 따라서 영상은 우리가 보통 생각하는 것과는 달리 상당히 사회문화적으로 관습화돼 있다. 우리가 '호랑이'라는 글자를 보고 거의 자동적으로 어떤 동물을 떠올리는 것은 전에 그런 동물을 호랑이라고 표현하자고 하는 사회문화적 약속이 돼 있었고 우리가 그 약속을 배웠기 때문이다. 언어와 달리 영상은 대상과 유사성을 갖고 있기 때문에 자의성이나 관습성이 없을 것이라고 여겨지곤 한다. 하지만 영상의 도상적 의미를 발견하는 과정을 보면 영상과 대상 사이의 재현 관계가 자연적 관계가 아니라 사회문화적으로 관습화된 관계라는 것을 알 수 있다.

2
공간의 재현

영상은 대상을 조형적 요소들의 구성을 통해 재현한다. 여기에서 우선 문제가 되는 것은 공간을 어떻게 구성하느냐하는 것이다. 일단 대상 자체가 일정한 공간 안에 존재한다. 그리고 대상을 재현하는 영상 자체도 고유한 공간을 갖고 있다. 따라서 대상의 공간을 영상의 공간 안에 표현하는 문제는 영상 제작 과정에서 해결해야 할 핵심적인 문제 중 하나가 된다.

영상은 대부분의 경우 현실의 공간을 재현한다. 현실의 공간은 3차원 공간이고 영상의 공간은 2차원 공간이기 때문에 영상이 현실과 유사하게 대상을 재현하고자 한다면 3차원 공간을 2차원 공간 안에서 재현하는 문제를 해결해야 한다. 다시 말해, 영상을 봤을 때 마치 현실의 공간을 보는 것과 동일한 느낌을 갖도록 영상의 공간을 구성해야 한다. 오늘날 이 문제는 카메라와 같은 기계의 발명과 사용을 통해 쉽게 해결될 수 있다. 하지만 카메라가 발명되기 전에는 오직 인간의 힘으로 이 문제를 해결해야 했다. 따라서 영상 안에서 현실의 공간을 재현하는 방식은 사회적 약속이나 문화적 관습에 의해 정해졌다. 그리고 시대와 사회에 따라 영상의 공간을 구성하는 방식은 다를 수 있다.

1) 선원근법의 발명

현실의 3차원 공간을 영상의 2차원 공간에 표현하는 방법 중 가장 널리 알려져 있고 학교 교육을 통해 체계적으로 전수되는 방법은 유럽에서 르네상스 시대에 발명된 선원근법이다.

15세기의 유럽, 좀 더 정확히는 이탈리아에서 화가들은 하나의 고정된 눈으로 세상을 바라보는 방식의 원근법을 발명했다. 이 원근법은 쿠아트로센토(1400년대의 이탈리아)의 화가 알베르티(Alberti, 1404-1472)와 브루넬레스키(Brunelleschi, 1377-1446)에 의해 발명되고 이후 100여년에 걸쳐 다듬어졌다.

선원근법 체계의 특징은 단일한 관점에서 단일 공간에 단일 시간을 표현하는 방식이라는 것에서 찾을 수 있다. 한 곳에 위치한 하나의 눈이 한 번에 볼 수 있는 공간만이 영상에 표현된다. 〈그림 26〉에서처럼 화가는 앞에 있는 막대에 한쪽 눈을 고정시키고 대상을 바라보면서 그림을 그린다. 영상 공간에 재현된 것들은 모두 동일한 시간에 존재하는 것이라야 한다. 하나의 시점에서 같은 시간에 존재하는 것들을 본다는 것은 우리가 일상적으로 경험하는 시각적 경험과 매우 흡사하다. 일상적 시각 경험에서 우리가 볼 수 있는 공간은 한정돼 있고 시간은 항상 동시적이어야 한다. 따라서 이 원근법은 영상이 현실의 사건을 재현하거나 상상의 사건을 매우 현실적인 것으로 보이게 만드는데 큰 기여를 한다.

〈그림 26〉 뒤러, 누운 여성을 그리는 화가, 1512~1525 사이.

선원근법의 원리는 다음과 같다.

- 영상에 재현되는 장면은 그 장면에서 떨어져서 지표면에서 수직으로 서 있는 관찰자가 하나의 고정된 관점에서 본 것이다. 관찰자는 유클리드 기하학의 규칙들을 사용해 그 장면을 사각형이 면에 표시한다.
- 관찰자는 고정된 하나의 눈으로 정면을 응시하며 땅과 하늘 사이의 구분선을 무한한 것으로 본다. 이 선은 지평선이나 수평선으로 표시된다.
- 모든 형상은 이 선으로부터 추론된다. 심도를 나타내는 모든 선은 소실선으로서 모두 지평선 위에 놓여있는 하나의 소실점을 향해 모이는 사선이 된다. 관찰자의 관점에 따라 지평선 위의 소실점은 하나나 둘이 될 수 있다.
- 장면 안에 나타나는 평행하는 모든 수직선우 영상에서도 모두 평행 수직선으로 표시된다. 평행 수평선도 마찬가지로 평행 수평선으로 표시된다.

선원근법은 영상이 하나의 독립된 세계로 구성되도록 만든다. 하지만 동시에 그 세계가 현실 세계와 일정하게 연결되도록 한다. 영상 안에 표현된 공간을 현실적으로 보이도록 만들어줌으로써 현실 세계와 영상의 세계가 연결될 수 있는 고리를 만들어 놓은 것이다.

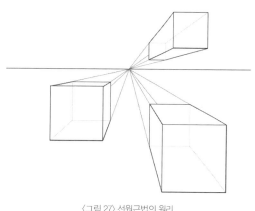

〈그림 27〉 선원근법의 원리

외부 세계를 하나의 고정된 눈으로 바라보는 방식으로 평면 공간 안에 재현하는 선원근법 체계는 거의 전 세계 문화권에 의해 수용되면서 현실 공간을 영상으로 재현하는 보편적 방법이 됐다. 선원근법 체계를 기계적으로 완성한 카메라의 발명과 카메라를 이용해 제작되는 사진, 영화, 비디오 등의 등장으로 선원근법은 현실 공간을 재현하는 과정에서 영상이 참조해야 하는 일종의 기준이 됐다. 선원근법 체계에 따라 구성된 영상 안에 재현된 세계는 인간이 이성적이고 객관적인 방식으로 통제하고 이용할 수 있는 세계가 된다.

하지만 카메라의 발명은 동시에 화가들에게 선원근법의 지배에서 벗어나 자유롭게 영상 공간을 구성할 수 있는 기회를 제공했다. 19세기 인상주의 회화로부터 시작해 선원근법에서 벗어난 영상들이 제작되기 시작했고 영상 공간은 현실 공간과 유사한 느낌을 주는 단순한 재현 공간에서 벗어나 영상제작자의 주관적 세계를 표현하는 공간이 될 수 있었다.

2) 심도의 문제

선원근법이 발명되기 전에도 여러 사회와 문화권에서 2차원의 영상 공간 안에 3차원의 현실 공간을 재현하기 위한 방법들을 고안해 사용해 왔다. 선원근법처럼 단일한 관점에서 단일한 시간과 단일한 공간을 재현하는 방법은 아니었다고 하더라도 2차원 영상 공간 안에 3차원 공간의 심도를 표현하는 방법은 여럿 있다.

2차원 공간에 3차원의 현실 공간을 영상으로 재현하는 과정에서 가장 자연스럽게 등장한 방법은 바로 우리 눈에 보이는 것과 가장 가까운 방식으로 공간을 재현하는 방법이다. 우리는 일반적으로 두 개의 눈을 갖고 있다. 우리는 두 개의 눈으로 상당히 넓은 범위의 대상을 지각하지만 그 범위의 모든 것을 단숨에 명확히 인지하지는 않는다. 지각되는 범위의 대상들 중에서 명확히 인지되는 것은 눈의 중심와에 있는 시세포를 자극하는 상이다. 이것은 우리 눈이 지각하는 범위 중 극히 일부분이다. 따라서 우리가 눈앞에 놓인 대상 전체를 완전히 파악하려면 쉴 새 없이 빠르게 눈을 움직여 대상의 부분들을 인지해야 한다. 그래서 인간의 두 눈은 쉴 틈 없이 움직인다.

선원근법은 움직이지 않는 하나의 눈으로 바라 본 방식으로 대상을 재현하는 방법이다. 그래서 선원근법을 통해 재현된 공간은 우리 눈이 실제로 지각하는 공간의 모습과는 다르다. 선원근법은 인위적인 규칙에 따라 2차원 공간을 구성하는 방법이기 때문에 사실 선원근법에 의해 재현된 공간은 우리 눈이 보는 것과 유사하게 재현된 공간이라기보다는 오히려 일상적 시지각 경험과는 다르게 재현된 공간이다. 선원근법은 별도의 논리적 추론을 통해 배워야 하는 약호 체계다.

선원근법으로 재현된 공간과 시지각의 일상적 경험으로 인지된 공간 사이의 차이가 잘 나타나는 것이 바로 책과 같은 육면체의 재현이다. 선원근법에서 책은 소실점을 갖기 위해 앞쪽에 위치한 선분이 뒤쪽에 위치한 선분보다 길게 재현된다. 하지만 우리가 실제로 바로 앞에 놓인 책을 눈으로 보면 앞쪽보다 뒤쪽이 더 길게 느껴진다. 이것은 우리의 두 눈이 계속 움직이면서 책을 보기 때문에 일어나는 현상이다. 선원근법을 사용하지 않은 동서양의 많은 그림들에서 책과 같은 육면체가 선원근법의 방식과는 반대로 재현돼 있는 것은 우리의 일상적 시지각 경험과 유사하게 그림을 그렸기 때문이다(그림 28).

눈에 보이는 대로 대상을 그리려는 시도는 영상 제작 과정에서 가장 먼저 발견되는 움직임일 것이다. 심도를 표현하는 방법 중에 가장 자연스럽게 등장한 것은 우리 눈에 보이는 대로 풍경을 그리는 방법이다. 대표적인 것이 바로 대기원근법 혹은 색채원근법이라고 하는 것이다. 우리가 풍경을 보면 대기 중의 먼지 등의 영향을 받아 멀리 있는 것일수록 뿌옇고 채도가 낮은 색을 가진 것처럼 보인다. 또한 멀리 있는 것은 윤곽이 흐릿하고 옆에 있는 것들과 잘 구분되지 않는다. 따라서 이런 것을 표현하는 방식으로 그림을 그리면 공간의 심도가 재현된다.

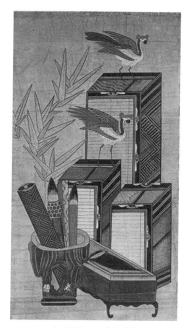

〈그림 28〉 조선시대 민화

어떤 색은 다른 색보다 더 가까이 있는 것처럼 보인다. 예를 들어, 노란색은 검은 색보다 더 눈에 잘 띄고 더 앞에 있는 것처럼 보인다. 채도가 높은 색이 낮은 색보다 더 가까이 있는 것처럼 보인다. 이런 색의 특성을 이용하면 구체적 형상들을 재현하지 않는 추상화에서도 심도의 표현이 가능해진다. 피에로 델라 프란체스카(Piero della Francesca)가 1472년경에 그린 몬테펠트로의 초상화에서는 파란색 하늘과 검은 색 땅을 배경으로 빨간색 옷을 입고 있는 인물의 모습을 표현해서 색을 통해 심도를 강조했다.

시지각의 일상적 경험을 이용해 원근감을 표현하는 또 다른 방법은 겹침을 이용하는 방법이다. 일반적으로 어떤 형상을 가리고 있는 형상은 가려진 형상보다 더 앞에 있는 것으로 여겨진다. 김홍도의 서당 그림에서처럼 훈장의 몸이 학생의 몸보다 더 크게 재현돼 있다고 하더라도 겹침의 방법을 통해 훈장은 학생보다 더 뒤에 있는 것으로 인지된다 (그림 29).

선원근법을 사용하지 않은 과거의 동양화에서는 공간을 하나의 고정된 관점에서 바라보는 방식으로 재현하지 않았기 때문에 선원근법에 익숙한 눈으로 본다면 대상들 사이의 크기 비례가 맞지 않거나 대상들을 바라보는 각도가 각각 달라서 어색하게 느껴질 수 있다. 그렇지만 그 그림들 안에서 멀고 가까움의 관계를 비교적 쉽게 파악할 수 있는 것은 이와 같은 원근법들이 이용됐기 때문이다.

〈그림 29〉 김홍도, 서당, 18세기 후반

선원근법을 이용할 경우에는 심도가 있음을 증명할 수 있는 소실점의 존재를 명확히 보여주기 위해 직선이 있는 구조물들을 의도적으로 이용했다. 건축물에 있는 여러 구조들의 반듯한 형태들과 바닥의 사각형 타일 무늬들은 소실점을 향한 선의 집중을 드러내기에 아주 좋은 수단이 됐다. 예를 들어, 라파엘로의 〈수태고지〉에서처럼 르네상스의 많은 그림들은 건축물을 통해 심도를 나타내고 있다(그림 9).

풍경도 많은 경우에 심도를 나타내는 데 사용된다. 행동하는 인물을 전경에 내세우고 배경으로 풍경을 재현함으로써 인물 뒤로 심도가 있음을 나타내고자 했다. 모나리자의 뒤로 표현된 풍경의 경우 평면적으로 보일 수 있는 초상화에 심도를 제공한 대표적 사례라고 할 수 있다. 이런 관습은 최근까지도 사라지지 않고 남아서 사진관에서 인물사진을 촬영할 때 풍경을 그린 배경을 이용하기도 했다.

3) 장내와 장외

영상의 공간은 현실 공간과는 달리 틀에 의해 한정된 공간이다. 영상의 틀은 장면 안에 있는 것(장내)과 장면 밖에 있는 것(장외)을 구분한다. 장외에는 두 가지 종류가 있다. 하나는 현실로 존재하는 장외다. 그림이 걸려 있는 벽, 텔레비전이 놓인 거실 등은 현실에 존재하는 장외다. 우리가 영상을 지각하는 환경에서는 눈으로 지각되는 틀 안의 영상이 장내고 영상이 위치한 현실 공간이 장외다.

다음은 기호학적 의미 공간으로서 존재하는 장외가 있다. 이것은 실제로 우리 눈에 보이지는 않지만 거기에 있을 것이라고 여겨지는 공간이다. 영상의 의미가 생산되는 과정에서 장외는 영상의 장내와 연결돼 있다고 간주되면서 실제로는 지각되지 않지만 존재할 것으로 상상되는 공간이다. 우리는 영상의 장내만을 볼 수 있지만 항상 장외를 의식하면서 장내의 의미를 발견하고자 한다.

어떤 영상들은 장외를 전혀 암시하지 않은 채 장내만으로 완결된 의미를 전달하기도 한다. 하지만 많은 영상들이 장외와의 관계 속에서 영상의 의미를 만들어낸다. 영상제작자들은 장외 공간을 암시하는 장치들을 영상 안에 배치함으로써 명시적으로 장외를 영상의 의미 생산 과정에 불러들이기도 한다.

영상에서 눈에 보이는 것만이 의미를 발생시키는 것이 아니다. 그림, 만화, 사진, 영화, 텔레비전 영상 등은 영상의 의미 생산과정에서 암시된 장외를 적절히 이용한다. 장외를 적절히 이용하면 영상을 통해 직접 재현하지 않으면서도 단지 암시를 통해 특정한 의미를 생산해 낼 수 있다.

장외를 암시하는 장치들은 다음과 같은 것들이 있다.

- 인물의 시선 : 장외를 향하는 인물의 시선은 영상의 틀 밖에 특정한 공간이 있다는 것을 알려주는 기능을 한다. 인물은 틀의 위, 아래, 왼쪽, 오른쪽을 바라볼 수 있고 정면이나 뒤를 바라볼 수도 있다. 인물이 정면을 바라 볼 경우, 영상 앞의 공간이 장외가 된다. 이 경우, 장외는 영상이 재현하는 사건과 관련된 공간일 뿐만 아니라 관객이 있는 현실 공간이 될 수도 있다.

- 장식 : 영상에 재현된 사진에 반쯤 열린 문이나 창문, 거울 등은 장내에는 보이지 않는 다른 공간이 장외에 있음을 알려준다. 이런 장식적 요소를 통해 영상은 옆이나 앞뿐만이 아니라 뒤에도 공간이 있음을 암시할 수 있다. 장내 공간 뒤로 연결돼 있는 것으로 간주되는 장외는 재현 공간의 심도를 강화하는 기능을 하기도 한다.

〈그림 30〉 벨라스케스, 시녀들, 1656–1657

그림이나 만화, 영화를 보면 거울 등을 장내 공간 안에 배치함으로써 틀 앞에 있는 장외 공간을 영상의 이야기 속으로 끌어들이려는 시도를 자주 볼 수 있다. 이 경우 관객이 위치한 공간이 틀 안으로 편입되면서 영상 속 인물의 주관적 시선을 관객이 동일시하게 된다. 이것은 결국 관객이 영상의 이야기 안으로 들어가도록 하는 기능을 한다.

• 단절 : 일반적으로 영상은 대상의 온전한 모습을 재현한다. 하지만 의도적으로 대상의 일부분을 틀로 잘라내 재현하기도 한다. 팔이나 손 또는 몸통이 일부분만 영상 안에 재현될 경우, 보이지 않는 나머지 부분은 장외에 있는 것으로 간주된다.

예를 들어, 벨라스케스(Velázquez)의 〈시녀들〉은 인물의 시선과 장식을 통해 장외를 암시한다(그림 30). 그림에서는 정면을 바라보는 화가와 공주가 재현돼 있다. 그들이 앞에 있는 누군가를 바라보기 때문에 그림 앞의 관객은 그림 앞의 장외 공간을 상상할 수밖에 없다. 현실의 장외 공간에는 관객이 서 있지만 그림 속 인물들이 바라보는 것은 상상 속 장외 공간의 인물이다. 그림 뒤쪽에 있는 벽에는 거울이 걸려 있고 거울에는 두 인물이 비춰져 있다. 그들은 아마도 화가와 공주가 바라보는 장외 공간에 있는 인물들로 왕과 왕비일 것이다. 관객은 잠시 왕과 왕비의 자리에 서서 그들이 봤을 그림 속 공간을 본다. 거울 옆에는 문이 있고 누군가가 문지방에 걸쳐 서 있다. 그는 나가는 중이거나 들어오는 중이다. 그것을 통해 그림의 공간 뒤쪽에 있을 또 다른 장외 공간이 상상된다. 이런 몇 가지 요소들을 통해 이 그림은 관객을 그림 공간 안에 끌어들이면서 기묘한 느낌을 주는 긴장감 넘치는 영상이 된다.

4) 장내의 구성

틀 안의 공간은 현실공간과 동일한 공간은 아니지만 현실공간과 동일한 특성을 가진 공간으로 인식된다. 예외적인 경우도 있지만 일반적으로 하나의 틀 안에는 하나의 시간과 하나의 공간이 재현된다. 하나의 틀은 다른 틀과 구분되는 고유한 시공간을 갖고 있다고 간주된다. 여러 개의 틀로 이뤄진 만화의 경우, 하나의 틀이 주위에 있는 다른 틀과는 구분되는 개별성을 보장받기 때문에 동일한 인물이 여러 틀에서 연속적으로 등장할 때, 그것은 혼란을 주는 것이 아니라 연속된 시공간 속에서 진행되는 이야기가 전달되는 것으로 이해될 수 있다. 이와 같은 틀의 특성이 깨지게 되면 영상의 장내 공간은 시적인 공간이 되거나 이해 불가능한 공간이 된다.

하나의 틀 안에 있는 장내 공간에서 조형적 요소들이 구성되는 방식은 크게 두 가지가 있다.

- 단 하나의 도상적 요소만이 존재 : 보통 인물을 재현하는 초상화나 초상사진 등에서 사용하는 방법이다. 최근에는 상품 카탈로그나 광고 영상에서도 자주 사용된다. 이것은 인물이나 상품 같은 대상 하나만을 장내에 배치하는 방식이다. 대상을 제외한 나머지 부분은 여백으로 남겨두거나 단색으로 처리한다. 즉, 대상만이 영상에 재현되고 배경은 도상성을 갖지 않은 색이나 형태들을 이용해 아주 단순하게 처리된다. 배경을 단순하게 처리하고 대상만을 재현한 영상은 유일한 도상적 요소인 대상에만 집중하게 만드는 효과를 갖는다.
- 다양한 도상적 요소들의 배치 : 장내 공간 안에 여러 도상적 요소들이 배치돼 있는 경우다. 도상적 요소들 사이의 관계를 통해 원근감이 표현되기도 하고 사건이나 이야기가 드러나기도 한다. 일반적으로 도상적 요소들의

배치는 우리의 일상적 경험을 통해 인지하는 시각적 환경의 배치와 유사한 방식으로 이뤄진다. 이를 통해 장내 공간은 현실 공간을 재현한다는 느낌을 준다. 하지만 때로는 도상적 요소들의 배치가 우리의 일상적 경험과는 다른 방식으로 이뤄지기도 한다. 예를 들어, 거실에 물고기가 떠다니거나 머리가 천장에 닿는 거대한 쥐 한 마리가 거실 전체를 가득 채우고 있는 그림을 생각해 보라. 일상적 경험으로는 이해 불가능한 이러한 요소들의 배치는 영상의 의미를 새롭게 해석하도록 만든다.

장내 공간에 재현된 대상이 틀과 비교해 갖는 크기는 관객과 장면 사이의 거리를 지시하는 기능을 한다. 대상의 크기가 클수록 관객은 대상에 가깝게 위치하고 있는 것으로 간주된다. 영상이 제공하는 관객과 대상 사이의 공간적 거리감은 심리적 거리감으로 쉽게 전환될 수 있다. 영화와 같이 카메라를 이용해 제작되는 영상의 경우, 이 거리는 카메라와 인물 사이의 관계를 기준으로 일반적으로 다음과 같이 구분될 수 있다.

- 클로즈업(close-up) : 얼굴, 손, 입, 눈 등, 인물의 일부분만을 재현하는 영상. 인물의 감정을 표현하는 기능을 한다. 인물과의 거리가 가깝다고 느끼게 만든다.
- 미디엄숏(medium shot) : 인물의 상반신이나 하반신을 재현하는 영상. 인물의 행동을 구체적으로 보여주는 기능을 한다. 인물의 행동에 연루돼 있다는 느낌을 갖게 만든다.
- 풀숏(full shot) : 인물의 전신을 재현하는 영상. 인물의 전체적 모습을 보여주는 기능을 한다. 인물과 일정한 거리를 유지하면서 인물을 관찰하는 느낌을 준다.
- 롱숏(long shot) : 인물이 있는 환경을 재현하는 영상. 멀리 떨어져서 인물

롱숏에서 클로즈업으로 갈수록 관객과 대상 사이의 공간적 거리가 가까워진다. 이와 함께 관객이 대상에 대해 느끼는 심리적 거리감도 작아진다. 공포영화 같은 경우에는 이런 특성을 이용해 살인자나 귀신이 등장하는 장면을 롱숏의 영상에서 클로즈업의 영상으로 단계적으로 혹은 갑자기 변하는 방식으로 편집하면서 관객에게 공포감이나 심리적 충격을 주려고 시도한다.

제7장
영상의 시간

1

시간의 공간적 구성

영화가 발명되기 전까지 영상은 아주 오랜 세월 동안 공간을 표현하거나 재현하는 미디어로 머물렀다. 영화는 현실의 시간과 공간을 기록한 최초의 미디어다. 영화는 변화하는 시간과 공간 안에서 벌어지는 이야기를 최초로 재현해 낸 영상이었다. 영화 이후에 등장한 새로운 영상미디어들에서 시간의 재현은 당연한 것이 됐다.

영화를 비롯한 다양한 동영상미디어에 익숙해진 우리는 영화 이전의 영상미디어에서는 시간이 재현되지 않았을 것이라 생각하는 경향이 있다. 하지만 그림이나 사진과 같은 정지 영상도 나름대로의 방식으로 시간을 재현할 수 있다.

그림이나 사진과 같은 정지 영상은 일반적으로 긴 시간이 아니라 한 순간을 재현한다고 여겨진다. 영상에서 재현되는 순간은 공간의 시간적 단면이며 시간의 공간적 구성이다. 왜냐하면 시간의 연속된 흐름 안에 공간이 존재하는데 그 시간의 흐름을 잘라서 한 순간을 재현한다는 것은 그 순간에 존재하는 공간의 모습을 재현하는 일이기 때문이다. 예를 들어, 지금 카메라로 촬영한 나의 얼굴은 촬영 순간에 내 얼굴이 어떻게 공간적으로 구성돼 있었는지를 보여준다. 내 얼굴은 시간 속에서 계속 변해간다. 촬영 순간에 내 얼굴이 그렇게 구성돼 있었다는 것을 보여주는 것은 시간 속에서 변하는 공간을 잘라내 단면을 보여주는 것이다. 한 마디로 카메라로 촬영된 영상은 촬영 순간에 공간이 그렇게 구성돼 있었음을 보여준다.

영화와 같은 동영상은 순간을 재현하기보다는 비교적 긴 시간을 재현한다. 우리가 영화를 보면서 시간이 재현되고 있다는 사실을 알 수 있는 것은 영화 안에서 재현되는 공간이 계속 변하기 때문이다. 만약 전혀 변하지 않는 대상을 계속 촬영한 후에 재현하는 영화가 있다면 우리는 그 영화를 사진과 같은 정지 영상으로 이해할 가능성이 크다. 따라서 영화와 같은 동영상에서도 시간은 영상 안에서 재현되는 공간의 구성을 통해 재현된다.

영상이 재현하는 시간에는 다음과 같이 두 종류가 있다.

- 통시적(diachronic) 시간 : 과거에서 현재를 지나 미래로 흐르는 시간이다. 하나의 장소에서 벌어지는 하나의 사건을 영상이 재현할 경우, 이 시간의 재현은 일반적으로 통시적 시간의 축을 따라 진행된다.
- 공시적(synchronic) 시간: 여러 장소에서 동시에 흐르는 시간은 공시적 시간이다. 여러 장소에서 서로 다른 사건들이 동일한 시간대에 진행될 경우, 우리는 이 사건들을 공시적 시간의 축에 배열돼 있다고 말할 수 있다. 공시적 시간의 축에 있는 사건들은 문학적 언어에서는 "한편"이란 말로 연결된다.

2
단일 틀을 가진 영상 안의 시간

영화와 같은 동영상이 아니라 그림, 만화, 사진과 같이 하나의 틀만을 가진 정지 영상에서도 시간은 재현될 수 있다. 물론, 정지 영상이 시간을 재현하는 방식은 동영상이 시간을 재현하는 방식과는 매우 다르다. 동영상은 기본적으로 움직임의 재현을 통해 연속적으로 흐르는 시간 자체를 그대로 재현한다. 예를 들어, 동영상은 3분 동안 흐른 시간 안에서 일어난 움직임을 그대로 기록해서 3분 동안 재현해 낼 수 있다. 하지만 정지 영상은 그런 방식으로 시간을 재현할

〈그림 31〉 멤링, 그리스도의 유혹, 1470–1471

수 없다.

　정지 영상은 동영상처럼 시간의 흐름 자체를 재현할 수는 없기 때문에 시간 속에서 진행된 사건을 한 틀의 영상 안에 풀어냄으로써 시간을 재현하게 된다. 즉, 하나의 사건을 구성하는 여러 순간들을 하나의 틀 안에 담아냄으로써 사건 이 진행되는 과정을 재현하면서 시간을 재현한다. 멤링(Hans Memling)이 그린 〈그리스도의 유혹〉은 하나의 틀 안에 예수가 재판을 받고 십자가에 매달려 죽 은 후에 부활하는 순간들을 재현함으로써 이야기가 담긴 긴 시간을 재현한다 (그림 31). 마솔리노(Masolino da Panicale)가 그린 〈불구자를 고친 성 베드로와 타비타의 소생〉(1424–1425년)에서도 성 베드로가 두 번 등장해서 시간의 흐름 속에서 진행된 그의 행적을 재현하고 있다.

　선원근법 체계를 충실히 따르면서 하나의 관점에서 사건의 한 순간만을 재 현해야 할 때도 움직임을 포함하는 시간을 재현하려는 시도가 있다. 흐르는 시 간 안에서 이루어지는 연속된 행동들을 하나의 그림 안에서 재현하고자 한 것이다. 예를 들어, 독일의 화가 알트도르퍼 (Albrecht Altdorfer)의 〈성 세바스찬의 전설〉과 같은 그림은 성 세바스찬에게 화살을 쏘는 궁수의 모습들을 시간 순으로 배열해 보여준다(그림 32). 맨 끝의 궁수는 활시위를 당기고 두 번째 궁수는 화살을 걸고 세 번째 궁수는 화살을 겨냥하고 네 번째 궁수는 화살을 쏜 뒤의 모습을 보여준다. 브뤼헐(Pieter Brueghel the Elder)이 그린 〈장님들의 행진〉도 마찬가지로 길을 걷다 넘어지는 장님들의 모습을 각각의 장님

〈그림 32〉 알트도르퍼, 성 세바스찬의 전설, 1518

들의 자세를 통해 묘사함으로써 시간을 재현하고자 하는 시도를 보여준다(그림 33).

선원근법을 따르면서도 동일한 공간 안에 두 개의 다른 시간을 재현하려

〈그림 33〉 브뤼헐, 장님들의 행진, 1568

〈그림 34〉 프란체스카, 채찍질 당하는 그리스도, 1444

는 시도도 있었다. 피에로 델라 프란체스카(Piero della Francesca)의 〈채찍질 당하는 그리스도〉를 보면 그림 왼쪽에 위치한 원경에는 그리스도가 채찍질을 당하고 있고 그림 오른쪽의 전경에는 화려한 옷을 입은 귀족들이 대화를 나누고 있다(그림 34). 전경에 위치한 세 인물은 그리스도와는 직접적 연관이 없는 인물들이며 시기적으로도 그리스도가 살던 시기보다는 후대의 사람들이다. 따라서 이 그림은 하나의 틀 안에서 원경에는 과거의 사건을 재현하고 전경에는 그보다는 현재

〈그림 35〉 랭부르, 베리 공작의 풍요로운 시절, 1410년경

의 사건을 재현한다.

이와 같은 영상들이 하나의 틀 안에서 통시적 시간을 재현하고자 한 것이라면 공시적 시간을 재현하고자 한 정지 영상들도 있다. 어떤 그림들은 동일한 시간대에 다른 장소에서 벌어지는 사건을 하나의 틀 안에 재현함으로써 '한편'의 의미를 가진 공시적 시간을 재현한다. 예를 들어, 신윤복의 〈단오풍정〉은 머리를 감는 여인들, 그네를 타는 여인들, 훔쳐보는 중들, 보따리를 이고 가는 여인과 같이 다른 사건들을 하나의 틀 안에 재현함으로써 공시적 시간의 이야기를 전달한다. 랭부르(Limbourg) 형제가 그린 〈베리 공작의 풍요로운 시절〉의 풍경화도 눈이 온 어느 날 집 안과 밖에서 일어나는 일들을 묘사하면서 공시적 시간을 재현한다(그림 35).

우리는 만화나 사진과 같은 다른 종류의 정지 영상들에서도 이와 유사한 방식으로 시간을 재현하는 것을 관찰할 수 있다. 예를 들어, 사진은 다중 노출을 통해 한 틀의 사진 안에서 연속된 움직임을 기록함으로써 시간을 재현한다(그림 36). 또한 동일 인물이 한 틀 안에서 여러 다른 사건들을 일으키는 것을 묘사함

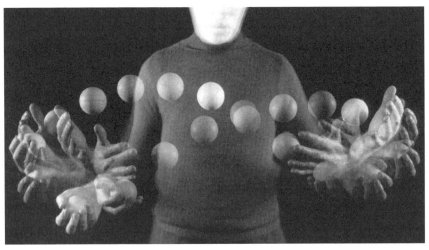

〈그림 36〉 JB, DeWitt, 저글러, 2012

으로써 시간을 재현하기도 한다.

3
복수 틀을 가진 영상 안의 시간

    다칸 만화, 만화책, 사진소설 등과 같은 여러 개의 틀로 구성된 영상은 단일한 시공간을 가진 틀들을 연속적으로 배열함으로써 이야기를 담은 시간을 재현한다. 틀 하나가 하나의 공간과 시간을 담고 있기 때문에 여러 틀이 순서대로 병렬돼 있거나 일정한 관계를 유지하면서 배치돼 있을 때 관객은 각 틀 안에 재현된 시공간의 사건을 연결하면서 하나의 이야기를 유추해낼 수 있다. 예를 들어, 네덜란드 화가 메취(Gabriël Metsu)의 〈편지 쓰는 남자〉(그림 37)와 〈편지 읽는 여자〉(그림 38)가 나란히 배열돼 있을 경우, 관객은 두 그림을 연결하면서 하나의 이야기를 떠올릴 수 있다.

    연속 만화의 경우, 틀은 훨씬 분명한 방식으로 지각된다. 각 틀은 다른 틀과는 완전히 구분된 시간과 공간을 재현한다. 그렇지만 각 틀에서 반복적으로 등장하는 동일 인물이나 동일 배경은 각 틀이 서로 연결돼 있음을 알려주는 역할을 한다. 이 인물과 배경은 자신이 재현돼 있는 틀을 벗어나서 옆에 있는 틀 안에 개입해서는 안 된다. 이러한 분리를 기반으로 한 연결의 원칙이 고의적으로 훼손될 경우, 틀 사이의 유기적 연결 관계는 깨지고 일관성 있는 이야기를 전달하지 못하게 된다. 이런 만화는 비현실적이거나 풍자적인 것으로 이해된다. 예를 들어, 한 틀에서 재현된 인물이 틀을 깨고 옆 틀로 들어가는 경우를 생각해보라. 한 틀에 동일한 인물이 두 번 재현됨으로써 이야기의 단일성이 깨진다.

〈그림 37〉 메추, 편지 쓰는 남자, 1662-1665　　　　　　〈그림 38〉 메추, 편지 읽는 여자, 1662-1665

최근의 인터넷을 통해 제공되는 웹툰의 경우는 확실히 드러나는 틀을 사용하지 않는 경우도 있다. 하지만 이 경우에도 틀 대신 빈 공간이 틀의 역할을 하며 뒤섞임으로 인한 혼란이 일어나지 않도록 한다.

만화책과 같은 방식으로 사진을 배열하고 말풍선을 달아 이야기를 전달하는 사진소설이나 여러 장의 사진으로 하나의 주제나 사건에 대한 정보를 전달하는 포토스토리 같은 영상에서도 이와 같은 분리를 기반으로 한 연결의 원칙이 적용된다.

만화에서 틀의 배열은 단순히 시간 안에서 진행되는 이야기를 전달하는 데 그치지 않는다. 틀을 어떤 크기와 어떤 방식으로 배열하느냐에 따라 빠르게 흐르는 시간을 재현할 수도 있고 느리게 흐르는 시간을 재현할 수도 있다. 즉, 사건이 전개되는 속도를 정하고 시간의 흐름에 일정한 리듬을 부여하는 것이다. 불규칙한 형태의 작은 틀들을 연속적으로 배열하는 것은 이야기 전개에 있어서 긴박감, 불안감, 긴장 등을 불러일으키는 반면에 직사각형의 큰 틀들을 배열하는 것은 느리고 안정된 느낌을 주는 시간의 흐름을 재현한다.

만화 〈슬램 덩크〉 마지막 화에서 북산고와 산왕공고 농구팀 사이에 경기 종료 9초를 남기고 1점 차이가 나는 박빙의 승부가 진행된다. 이 승부의 긴박함과 속도를 표현하기 위해 틀은 작게 쪼개져 배열되고 직사각형이 아닌 사선으로 된 사각형의 형태를 갖는다. 그리고 강백호의 마지막 슛이 성공하고 1점 차로 북산고가 승리했을 때 틀은 다시 크고 반듯한 직사각형의 형태를 갖는다. 작고 불안정한 형태의 틀들이 연속적으로 배열돼 있는 모습을 보는 것만으로도 독자는 긴장이 고조되는 것을 느낄 수 있다. 이렇게 틀이 배열되다가 승부가 결정되는 장면에서는 크고 안정된 틀을 사용함으로써 일순간 시간이 정지된 듯한 느낌을 주는 동시에 그 장면이 매우 중요하다는 것을 보여준다. 그리고 승부가 결정된 후에는 안정된 느낌을 주는 방식으로 틀이 배열되는 것을 확인할 수 있다.

한편, 미국 만화가 크리스 웨어(Chris Ware)는 틀들을 화살표를 이용해 다이어그램 식으로 배열하면서 과거에서 현재로 이어지는 복잡한 사건의 시간을 한 페이지의 공간 안에 재현하는 기법을 사용한다. 틀들은 화살표를 통해 복잡하게 얽히면서 다른 시간과 다른 공간에서 벌어지는 사건들이 어떻게 연결돼 진행되는지를 보여준다. 이런 틀의 배열은 순차적이고 단선적으로 흐르는 시간이 아니라 때로는 동시에 일어나고 때로는 과거로 회귀하는 비연속적이고 비순차적인 시간의 흐름을 재현한다.

4
동영상 안의 시간

1) 영화가 재현하는 시간

정지 영상은 틀 안의 장내 공간을 인위적으로 구성하고 틀들을 배열하는 방식을 통해 시간을 재현한다. 반면에 동영상은 시간의 흐름 자체를 재현해 낼 수 있다. 관객의 입장에서 보면, 정지 영상 앞에서는 관객이 자유로운 시간 동안 영상을 감상할 수 있지만, 동영상 앞에서는 동영상이 전개되는 시간 동안만 영상을 감상할 수 있다. 즉, 동영상은 일정한 시간 자체를 영상 안에 포함하고 있기 때문에 영상에 내포된 시간을 따르도록 관객을 강제할 수 있다.

가장 기본적인 형태의 동영상은 한 번의 촬영을 통해 일정한 길이의 시간을 기록한 동영상이다. 이처럼 일정 시간 동안 끊이지 않고 연속된 동영상을 일반적으로 숏(shot)이라고 한다. 그런데 이 숏의 길이는 제한될 수밖에 없다. 카메라가 가진 저장 장치의 한계로 인해 무한히 길게 시간을 기록하는 것은 불가능하기 때문이다.

숏은 연속된 틀이 모여서 형성된 단위의 영상이다. 좀 더 긴 시간과 이야기를 구성하고 싶다면 이 숏들을 이어 붙여야 한다. 숏을 이어 붙여 만든 영상 단위를 씬(scene)이라고 한다. 씬은 하나의 공간 안에서 벌어진 하나의 사건을 재현하는 영상 단위다. 즉, 씬을 구성하는 숏들은 단일 공간과 단일 사건을 공유하고 재현한다는 공통점을 갖는다.

동영상이 재현하는 사건이 작은 사건들이 뒤얽힌 좀 더 복잡한 사건이라면 그 사건을 재현하기 위해서는 서로 다른 씬들을 이어 붙여야 한다. 이렇게 여러 씬들로 구성되는 영상 단위를 시퀀스(sequence)라고 한다. 시퀀스는 동일한 주제를 가진 씬들을 연결해 제공함으로써 작은 이야기 단락을 만들어낸다. 일반적으로 이야기가 기승전결을 갖고 있다고 할 때, 이 이야기는 각각 기, 승, 전, 결에 해당하는 시퀀스로 구성돼 있다고 할 수 있다.

이 시퀀스들이 모여 하나의 완결된 이야기를 제공할 때 우리는 그것을 동영상 작품, 즉 넓은 의미의 영화(film)라고 할 수 있다.

영화가 재현하는 시간은 크게 세 가지로 구분된다.

- 상영 시간 : 영화가 상영되는 물리적 시간이다. 2시간의 상영시간을 가진 영화는 정확히 2시간이라는 물리적 시간 동안 사건을 재현한다.
- 서사 시간 : 영화가 가진 서사 구조에 의해 만들어진 시간이다. 영화 〈태극기 휘날리며(2004)〉는 반나절의 시간 동안 한 노인이 한국 전쟁 당시 약 1년 여 동안 벌어진 사건을 회상하는 서사 구조를 갖고 있다. 한국전쟁 중 일어난 사건은 그 사건이 발생한 지 50년 후에 진행되는 사건(유골의 발견과 확인) 사이에서 플래시 백 형태로 구성돼 재현된다. 실제로는 반나절 정도가 소요된 현재의 시간 안에 1년이 넘는 회상 시간이 포함돼 있는 것이다. 이것은 자연적인 상태로는 존재할 수 없는 시간이지만 관객은 영화를 보면서 영화의 서사에 의해 이 시간들이 재현되는 것을 경험한다.
- 이야기된 시간 : 이것은 관객이 영화를 보고 이야기를 재구성하는 과정에서 인지하는 시간이다. 〈태극기 휘날리며〉는 우애 깊은 형제가 한국 전쟁이라는 비극적 사건을 경험하면서 어떤 운명을 맞이하게 됐고 현재 어떻게 살고 있는지를 이야기한다. 관객은 이 영화를 보면서 한국 전쟁 이후 60여 년의 시간이 흐르는 동안 주인공이 살아남았음을 인지한다. 따라서 이 영화는 1950년부터 현재까지의 시간을 재현한다.

영화의 상영 시간과 서사 시간, 이야기된 시간이 정확히 일치하는 경우는 드물지만 그 시간들을 일치시키려는 시도는 간혹 있다. 예를 들어, 미국 TV드라마 〈24〉에서는 24시간 동안 벌어진 일을 각 1시간 분량의 24개 에피소드로 재현했다. 상영 시간과 이야기된 시간이 일치하는 방식으로 영상을 제작한 것이다. 상영 시간이 서사 시간이나 이야기된 시간보다 길 수도 있다. 예를 들어, 30분 동안 일어난 일을 2시간 길이의 영화를 통해 재현할 수 있다. 하지만 대개는 상영 시간보다는 서사 시간이나 이야기된 시간이 더 길다. 예를 들어, 한 사람의 일생을 재현한 영화의 경우, 이야기된 시간은 수십 년이 된다.

2) 편집

영화의 상영 시간과 서사 시간, 이야기된 시간이 일치하든, 일치하지 않든, 대부분의 경우, 한 편의 영화는 수많은 숏들을 이어 붙이는 방식으로 제작된다. 왜냐하면 우선적으로 카메라의 저장 장치가 가진 물리적 한계로 인해 상영 시간 전체를 하나의 숏으로 촬영하기는 어렵기 때문이다. 상영 시간이 짧다면 하나의 숏으로 한 편의 영화를 제작할 수 있다. 실제로, 발명 초기의 영화들은 하나의 숏으로 된 영화들(One shot film)이었다. 현재도 우리가 일상적으로 촬영해서 저장하거나 인터넷 미디어에 올리는 동영상들은 대부분 단일 숏 영상들이다.

하지만 하나의 장면을 단순히 재현하는 것이 아니라 긴 이야기를 전달하고자 한다면 서로 연관된 장면들을 재현한 숏들을 이어 붙일 필요가 있다. 결국, 카메라가 가진 기술적 한계와 이야기 전달의 필요성 때문에 여러 숏들을 이어 붙이는 일은 사실상 필수적이다. 숏을 이어 붙여 긴 동영상을 만드는 작업을 편집이라고 한다.

영화에서 편집은 숏(shot)을 선택, 연결, 정렬하는 작업이다. 편집이 없다면 긴 이야기를 영화에 담아내는 것이 불가능하다. 편집은 영화 자체라고 할 수 있을 정도로 영화에서 필수불가결하고 가장 의미 있는 기법이다. 영화는 편집을 통해서 완성된다고 할 수 있기 때문에 영화는 편집의 예술이라고 할 수 있다.

편집은 다음과 같은 기능을 한다.

- 연속성(continuity)의 창출 : 편집은 숏으로 파편화된 시공간을 연결시켜 영화 속의 이야기가 시공간적인 단절 없이 연속적으로 진행된다는 인상을 준다. 관객이 영화가 전달하는 이야기에 몰입할 수 있기 위해서는 인위적 편집의 흔적이 드러나지 않고 영화에 재현된 시공간이 자연스럽게 연속돼 있는 것처럼 지각돼야 한다. 따라서 가장 이상적인 편집은 보이지 않는 편집(invisible editing)이다.
- 극적 강조점의 창출 : 편집을 통해 영화의 장면 중에서 관객의 관심을 집중시킬만한 인물이나 부분을 부각시킬 수 있다.
- 리듬의 창출 : 편집 방식에 따라 영화의 리듬이 결정된다. 편집은 영화의 이야기가 진행되는 속도를 빠르게 만들 수도 있고 느리게 만들 수도 있다.
- 서사의 완성 : 편집은 이야기가 구성되는 방식을 결정함으로써 이야기의 독창성을 만들어낸다.

초기 영화에서는 편집을 사용하지 않았지만 이야기가 있는 픽션 영화가 제작되면서 상영 시간이 길어지자 자연스럽게 편집이 필요하게 됐다. 많은 시행착오를 겪으면서 여러 편집 기법들이 개발됐다. 대표적인 편집 기법으로는 다음과 같은 것이 있다.

- 연대기적 편집 : 이야기가 진행되는 순서에 따라 숏과 숏을 이어붙이는 방식이다. 하나의 사건을 재현한 숏들을 전개 과정에 따라 시간 순으로 배열

하는 방식이다. 일반적으로 가장 많이 쓰이는 편집 기법이다. 영화 〈메멘토(2000)〉처럼 사건이 진행된 시간의 역순으로 숏들을 편집한 경우도 있다.

- 교차편집 : 동일한 시간대에 다른 장소에서 벌어지는 연관된 사건들을 촬영한 숏들을 교대로 보여주는 방식의 편집이다. 극적 긴장감을 높이고 관객의 몰입을 촉진시키는 기능을 한다. 영화 〈대부(Godfather, 1972)〉에서 어린 아이의 세례식 장면의 숏들과 적들을 암살하는 장면의 숏들을 교차편집함으로써 삶과 죽음, 성스러움과 악함의 대비를 보여준 것이 대표적 사례다.

- 플래시백(flashback) : 교차편집과 유사한 형태를 갖고 있다. 차이는 과거의 사건(혹은 상상)을 현재의 사건과 교대로 보여주는 방식의 편집이라는 것이다. 엄밀히 말하면 편집기법이라기보다는 시나리오작법에 가깝지만 짧은 숏들로 된 플래시백들이 현재 사건의 숏들과 교대로 빠르게 제시되는 경우에는 편집의 특성을 보여준다. 로베르 엔리코(Robert Enrico)의 영화 〈부엉이 다리에서 생긴 일(La Rivière du hibou, 1962)〉은 플래시백 기법을 이용해 핵심적 서사를 완성했다.

- 몽타주(montage) : 두 개의 다른 사건을 촬영한 숏들을 병행 편집함으로써 새로운 의미를 생산하는 편집 기법이다. 1920년대 옛 소련의 영화인들에 의해 개발됐다. 에이젠슈테인(Eigenstein)의 1925년 영화 〈파업〉에서 노동자들의 파업에 대한 군대의 진압 장면과 소의 도살 장면을 병행 편집함으로써 두 개의 전혀 다른 숏의 충돌을 통해 새로운 의미가 생산되도록 한 것이 대표적 사례다.

3) 이야기와 서사

동영상의 시간은 영상의 움직임이 시간 자체를 재현하는 과정보다는 이야기의 형태로 사건의 흐름을 재현하는 과정에서 좀 더 명확히 인지된다. 따라서 동영상이 시간을 재현하는 과정에는 어떻게 이야기를 구성해 전달하는가하는 문제가 깊이 연루돼 있다.

일반적으로 이야기(story)는 환경, 지속시간, 등장인물, 행동, 상호작용, 사건 등을 포함하는 의미 있는 구조를 총칭하는 용어다. 이야기의 구조는 일정한 계획을 실현하는 형태를 갖는다. 이야기는 일정한 시간 동안 최초 상황을 여러 중간 단계들을 거치면서 마지막 상황으로 변환시키는 구조를 갖는다. 이 때 중간 단계들은 이야기의 시퀀스가 된다.

이야기가 영화와 같은 완결된 형태를 가진 단일한 동영상을 통해 제시되는 경우, 우리는 여러 종류의 이야기들을 구분할 수 있다.

- 이야기 : 좁은 의미의 이야기는 동영상의 내용을 일컫는다. 우리가 "그 영화 내용이 어떻게 되니?"라고 물을 때 우리는 사실 영화의 이야기를 알고자 하는 것이다. 이 질문에 대해 친구는 아마 이런 식으로 대답할 것이다. "그 영화는 고대 그리스의 도시국가 스파르타의 정예병사 300명이 페르시아 대군을 맞아 싸우다 모두 전사하는 이야기야". 이것이 이야기다. 결국 이야기는 우리가 동영상을 한편 다 본 후에 머릿속으로 정리한 내용이다.
- 디에게시스(diegesis) : 우리가 영화를 보는 과정에서 인지하는 허구의 이야기를 일컫는다. 우리는 영화를 볼 때 어떤 이야기가 진행되고 있음을 안다. 영화는 허구의 공간과 시간을 재현하면서 이야기를 전달한다. 예를 들어, 영화에서 남자와 여자가 결혼식을 올리는 장면이 나오고 그 다음 장면에 같은 남자와 여자가 갓난아이를 바라보며 웃고 있다면, 우리는 이 두 사

람이 결혼한 후에 아이를 낳았다고 생각한다. 실제로 이 두 사람이 결혼하거나 출산을 한 것은 전혀 아니지만 단지 두 장면만을 보면서 우리는 결혼에서 출산에 이르는 허구의 이야기를 인지한다.

- 서술(récit), 혹은 서사(narrative) : 특정한 구조를 갖고서 구체적 형태로 드러나는 이야기를 일컫는다. 영화에서 이야기는 편집을 통해서만 구체적인 형태로 드러날 수 있다. 시나리오의 구조나 편집의 방식에 따라 동일한 이야기가 여러 다른 형태로 구체화될 수 있다. 예를 들어, 〈태극기 휘날리며〉는 반나절의 시간 동안 한 노인이 과거를 회상하는 거대한 플래시백 서사 구조를 갖고 있다. 현재에서 과거로 갔다가 다시 현재로 돌아오는 서사 구조를 가진 것이다. 이 동일한 이야기를 우리는 과거에서 현재로 시간 순으로 배열된 연대기적 구조를 가진 서사로 표현할 수도 있다.

제8장
퍼스 기호학과 영상

1
퍼스 기호학의 개요

퍼스는 소쉬르와 거의 같은 시기에 기호에 대해 연구한 사람이다. 하지만 두 사람은 사는 곳도 달랐고 학문 영역도 달랐기 때문에 서로 어떤 영향도 주고받지 않은 채 독자적인 이론 체계를 만들었다. 소쉬르는 언어학자였지만 퍼스는 철학자였다. 따라서 소쉬르가 언어를 중심으로 의미가 만들어지고 전달되는 체계에 대해 관심을 기울였다면 퍼스는 사유의 수단으로서 기호가 어떻게 존재하는지에 대한 관심이 많았다. 그는 인간은 기호 없이 생각할 수 없다고 주장했다. 퍼스는 문자와 같은 추상적인 표현 수단만을 기호로 본 것이 아니라 존재하는 모든 것이 기호가 될 수 있다고 봤다. 자기 자신이 아닌 다른 것을 지시한다면 모든 것은 기호라는 것이다. 나무나 동물 같은 것에서부터 몸짓, 그림, 문자에 이르기까지 세상의 모든 것이 기호가 될 수 있다.

소쉬르가 기호에 대해 기표와 기의 사이의 관계라는 내적 구조의 관점에서 접근한 것과는 달리, 퍼스는 기호를 사람들 사이의 사회적 관계의 관점에서 바라봤다. 그가 보기에, 인간은 기호 없이 생각할 수 없다. 다시 말해 우리가 생각을 하기 위해서는 우리가 세계와 맺고 있는 관계들을 통해 형성된 기호들을 갖고 있어야 한다. 기호들은 타인들이 사용하는 것이고 내가 살면서 배우고 익힌 것이다. 따라서 나는 타인들, 그들이 하는 말, 내 몸이 외부 세계와 맺는 관계들을 통해 자기에 대해 성찰할 수 있고 세상을 이해할 수 있다.

퍼스가 보기에, 기호는 단지 기호 내부의 관계에 의해 의미를 발생시키는 것이 아니라 기호를 사용하는 사람들과의 관계 속에서 의미를 발생시킨다. 기호는 단순히 자신이 아닌 다른 것을 지시하는 기능을 하는 것이 아니라 누군가를 위해 자신이 아닌 다른 것을 지시하는 기능을 한다. 기호를 해석하고 사용하는 사람의 활동을 기호의 의미관계 안에 포함시킴으로써 퍼스는 기호의 기능을 의미론의 차원에서 화용론의 차원으로 확장시킨다.

2
존재 양식의 삼원성

퍼스는 세상의 만물이 어떤 방식으로 존재하는지, 그리고 그것이 기호로 기능한다면 어떤 속성을 보이는지를 설명하기 위해 사물의 존재 체계를 규정하고 기호들을 분류했다. 퍼스가 보기에, 우리가 지각할 수 있는 세상 만물의 존재양식은 일차성, 이차성, 삼차성이라는 세 가지 범주로 구분될 수 있다.

- 일차성(firstness) : 혼자 있는 상태. 잠재적 성질로만 존재하는 양식.
- 이차성(secondness) : 다른 것과의 관계 속에 있는 상태. 존재가 실제적으로 드러나는 양식.
- 삼차성(thirdness) : 법칙, 관습과 같은 제3의 요소에 의해 존재하는 상태. 사회적, 문화적으로 인정되는 방식으로 존재하는 양식.

예를 들어, '조용함'이란 상태가 어떤 방식으로 존재하는지 살펴보자. 조용함은 그 자체로는 잠재적으로 존재하고 있는 성질일 뿐이다. 잠재적으로 존재하는 성질일 뿐이지 아직 실제로 조용하다는 것은 드러나지 않은 상태, 이것이 일차성이다. 그런데 갑자기 어디에선가 사이렌 소리가 들린다고 하자. 그러면 우리는 순간 시끄럽다고 느끼며 그전까지 조용했었다는 것을 깨닫는다. 다른 것과의 관계 속에서 '조용하다'는 잠재적 관념이 실재의 상태로 확인되는 것이다. 이것이 이차성이다. 그런데 '조용하다'는 것은 물리적 상태일 수도 있고 감정적 상태일수도 있다. 소음 측정기에 의해 측정될 수도 있고 단순히 방문을 닫음으로써 얻어질 수도 있다. '조용하다'는 평가를 얻기 위해 개입하는 모든 요소는 법칙이나 습관의 차원에 있는 것들이다. 이런 제3의 요소들의 개입에 의해 '조용하다'와 '시끄럽다' 사이의 관계가 맺어지는 것, 이것이 바로 삼차성이다. 정리하자면 아직 현실화되지 않은 잠재적인 '조용한 상태'가 일차성, 다른 요소의 개입으로 현실로 느껴진 '조용한 상태'는 이차성, 조용하다는 것을 판단하는데 기준이 되는 습관이나 법칙의 개입으로 평가된 '조용한 상태'가 삼차성이다.

제 2장에서 살펴봤듯이, 퍼스는 기호를 표상체, 대상체, 해석체의 삼원적 관계를 통해 이해했다. 일차성, 이차성, 삼차성은 표상체, 대상체, 해석체라는 개념과 연결될 수 있다. 기호 자체로서 표상체는 그 혼자서는 그저 잠재적인 기호일 뿐이다. 그런데 대상체가 등장하면 비로소 현실적인 기호가 된다. 그리고 그 기호가 의미를 갖게 되려면, 다시 말해 표상체와 대상체의 관계가 규정되려면 해석체가 필요하다.

일차성, 이차성, 삼차성으로 구분되는 사물의 존재양식, 그리고 표상체, 대상체, 해석체로 구분되는 기호 관계에서 나타나는 삼원적 관계는 퍼스가 주창한 기호학을 구성하는 기본 생각이다.

기호의 유형

존재가 가진 일차성, 이차성, 삼차성의 세 범주와 기호를 구성하는 표상체, 대상체, 해석체의 세 구성요소가 만나면 〈표 1〉과 같은 교차표가 만들어진다.

〈표 1〉 퍼스의 기호 관계표

	일차성	이차성	삼차성
표상체	품질기호(Qualisign)	개별기호(Sinsign)	법칙기호(Legisign)
대상체	도상(Icon)	지표(Index)	상징(Symbol)
해석체	형식부여기호(Rheme)	속성부여기호(Dicisign)	추론기호(Argument)

하나의 기호는 세 가지 구성요소를 가지고 있기 내문에 이러한 교차표를 통해 도출될 수 있는 기호의 수는 품질기호이면서 도상이고 형식부여기호인 기호에서부터 법칙기호이면서 상징이고 추론기호인 기호에 이르기까지 모두 27개(3×3×3)다. 이 중에서 그 특성이 중복되지 않고 논리적인 내적 모순이 없으며 독자적 존재가치가 있는 것으로 최종 분류되는 기호는 10개다. 이런 식의 분류에 재미를 붙였는지 나중에 퍼스는 기호의 구성요소를 더욱 분화시키며 기호를 세분한다. 새로운 분류표에 의해 도출되는 기호의 수는 59,049개에 이르고 이 중 유효한 것으로 인정된 기호이 수는 66개다. 이 표에 제시된 기호들을 영상기호를 중심으로 설명하면 아래와 같이 정리될 수 있다.

품질기호, 개별기호, 법칙기호는 표상체와의 관계 안에서 규정되기 때문에 문법적 차원에서 분류되는 기호다.

- 품질기호 : 기호가 될 가능성을 가진 특질이다. 흰 종이 위에 그려져 있는 어떤 색은 그 자체로는 품질기호다.
- 개별기호 : 토큰(token)이라고도 한다. 품질기호가 개별적으로 기호로서 실현된 상태다. 흰 종이 위에 그려진 색이 꽃이라는 의미를 갖게 될 때 개별기호가 된다.
- 법칙기호 : 타입(type)이라고도 한다. 기호로서 존재하는 어떤 규칙이나 법칙이다. 그림을 그리는 데 사용되는 관습이나 문자 체계는 법칙기호다.

도상, 지표, 상징은 대상체와의 관계 안에서 규정되기 때문에 실존적 차원에서 분류되는 기호다.

- 도상 : 대상과의 유사성 때문에 대상을 지시하는 기호다. 대부분의 구상화가 이에 속한다.
- 지표 : 대상과의 인접성, 인과성을 통해 대상을 지시하는 기호다. 지문, 발자국, 사진 등이 대표적이다.
- 상징 : 법칙이나 관습을 통해 대상을 지시하는 기호다. 출입금지 표지판의 부호 같은 것이 대표적이다.

형식부여기호, 속성부여기호, 추론기호는 해석체와의 관계 안에서 규정되기 때문에 논리적 차원에서 분류되는 기호다.

- 형식부여기호 : 해석체에게 기호가 될 수 있는 특질만을 보여주는 가능성의 기호다. 대상에 대한 어떤 설명도 제공하지 않아 아직 참이나 거짓 명제로 확정되지 않은 명제형식이다. 어떤 것에 대한 표현으로서 제시된 그림은 형식부여기호다. 이 단계에서는 그렇게 표현된 것이 무엇인지 아직 확정할 수 없다.
- 속성부여기호 : 해석체에게 대상에 대한 정보를 제공하는 실제적 존재 기

호다. 제목이나 설명문이 붙어 있는 그림은 속성부여기호다.

- 추론기호 : 해석체와의 관계에서 추론을 통해 의미를 확정할 수 있는 기호
다. 미끄럼 표지판과 속도제한 표지판이 함께 있을 경우, 이들은 추론기호
다. 이 추론기호는 도로가 미끄럽기 때문에 속도를 50km이하로 줄이라는
의미를 생산한다.

퍼스의 기호학은 논리학에 기반해 기호의 유형을 매우 세세하게 구분하고 있기 때문에 쉽게 이해하기 어려운 면이 있다. 위에서 정리된 각각의 기호들은 분석의 편의를 위해 논리적으로 구분된 것이다. 현실에서는 어떤 기호가 단 한 가지 유형으로만 존재하는 것은 아니다. 이 기호 개념들 중에서 영상과 관련해서 가장 많이 사용되는 것은 도상, 지표, 상징 개념이다. 이 세 개념에 대해 좀 더 자세히 알아보도록 하자.

4
도상, 지표, 상징

도상, 지표, 상징은 대상체와의 관계에 따라 구분되는 세 가지 기호 개념이다. 간단히 정리하면, 도상은 일차성의 기호, 즉 잠재적인 질적 속성을 갖는 기호, 지표는 이차성의 기호, 즉 다른 것과의 연결을 통해 존재하는 기호, 상징은 삼차성의 기호, 즉 법칙이나 습관이 개입하는 기호다.

1) 도상

도상은 일차성의 기호이기 때문에 대상과 무관하게 홀로 존재하는 기호다. 대상이 실제로 존재하느냐 하지 않느냐는 도상이 기호로 기능하는 데 있어서 별로 중요하지 않다. 도상은 대상과의 유사성을 통해 대상을 지시하는데 이때 유사성은 도상 자신이 가진 속성이다. 도상 자체가 가진 속성이 대상과 닮았다고 간주되면 도상은 대상을 지시하는 기호로서 작동한다.

도상과 대상 사이의 유사성은 형태적 유사성일 수도 있고 논리적 유사성일 수도 있다. 물론 영상이 지시하는 대상이 반드시 존재해야 할 필요도 없다.

영상의 경우, 사물의 형태를 유사하게 재현하는 그림이나 사진은 도상이라 할 수 있다. 개나 고양이의 소리를 흉내 낸 의성어도 도상이다. 다이어그램은 생각의 논리적 흐름을 유사하게 재현한다는 점에서 논리적 유사성을 가진 도상이라 할 수 있다. 직선이라는 기하학적 개념은 사물의 형태로 존재하지 않지만, 연필로 똑바로 그린 선은 똑바름이라는 속성을 기하학적 직선 개념과 공유하기 때문에 도상이라 할 수 있다.

2) 지표

지표는 대상에 의해 실제로 영향을 받았다는 사실에 기초해서 대상을 지시하는 기호다. 지표는 대상에 의해 실제로 영향을 받았기 때문에 필연적으로 대상과 어떤 성질을 공유할 수밖에 없다. 지표는 대상과 공유하는 성질을 통해 대상을 지시한다. 예를 들어, 유리잔에 남아 있는 지문은 지표가 될 수 있다. 누군가가 유리잔을 손으로 만졌기 때문에 지문이 생긴 것이다. 유리잔의 지문은 어떤 사람의 손이 실제적으로 거기에 있었기 때문에 그 영향을 받아 생긴 것이다. 그리고 유리잔의 지문은 그 사람의 손과 어떤 성질을 공유한다. 즉, 그 사람의 손가락에 있는 지문의 모양과 유리잔에 남겨진 지문의 모양은 똑같다. 이런 특성을 통해 지문은 어떤 사람 혹은 그 사람의 손을 지시하는 지표로 기능한다. 따라서 지표는 도상을 포함하고 있다.

도상의 상위 개념으로서 지표는 대상과의 단순한 유사성이 아니라 대상에 의해 실제적 영향을 받았다는 사실에 의해 대상을 지시하는 기호로 작동한다. 그런데 지표는 대상에 대해서 아무 것도 확언하지 않는다. 지표는 단지 여기에 그것이 있다 혹은 그것이 있었다는 것을 의미할 뿐이다. 지표는 자신이 지시하는 대상을 보도록 강제할 뿐이다. 예를 들어, 이것, 저것이라는 지시대명사나 어떤 것을 가리키는 손가락은 지표다. 내가 손가락으로 어떤 것을 가리키면서 '저것을 보라'라고 말할 때, 사람들은 내 손가락이나 저것이란 말이 아니라 그것들이 지시하는 대상을 보도록 유도된다. 손가락이나 저것이란 말은 단지 어떤 대상과의 물리적 연결선상에서 대상을 가리키는 지표일 뿐이다.

지표는 대상으로부터 실제적 영향을 받는다는 점에서 대상을 원인으로 갖는 일종의 결과일 수도 있다. 멀리에서 피어오르는 연기는 그곳에 불이 났음을 알려주는 지표다. 연기는 화재라는 사건으로부터 실제적 영향을 받아 발생한 것이며 화재의 결과로 나타나는 현상이다. 마찬가지로 천둥소리는 번개의 결과이며 해변의 발자국은 사람이 걸어간 행위의 결과다.

지표는 대상의 실제적 영향으로 발생하는 결과라는 점에서 지표가 지시하는 대상은 항상 특수한 개체다. 유리잔 위의 지문이나 해변 위의 발자국은 그 흔적을 남긴 딘 한 명의 개인을 지시한다. 손가락이 가리키는 대상도 실제로 존재하는 특수한 개체다. 연기나 천둥소리도 실제로 발생한 하나의 화재, 하나의 번개를 지시한다.

정리하자면, 지표는 물리적 연속성이나 실제적 관계맺음, 인과관계를 통해 대상을 지시하는 기호다. 지표는 대상에 의해 실제로 영향을 받은 기호일 수 있으며 대상의 한 부분일 수도 있다.

영상 중에서 카메라로 촬영된 영상은 지표로 분류될 수 있다. 예를 들어, 사진은 대표적 지표다. 사진은 실제로 존재하는 대상으로부터 오는 빛을 기록한 영상이다. 따라서 사진은 대상으로부터 실제적 영향을 받아 만들어진다. 사진은 대상의 형태를 매우 유사하게 재현하기 때문에 도상의 속성을 갖고 있지만 사진의 특수성은 대상이 남긴 빛의 흔적이란 점에서 발견된다. 대상이 존재하지 않는다면 그 대상을 지시하는 사진도 존재할 수 없다. 또한 사진이 지시하는 대상은 항상 특수한 개체다. 예를 들어, 호랑이 사진은 보편적인 호랑이를 지시하는 것이 아니라 실제로 존재한 한 마리의 특수한 호랑이를 지시한다. 또한 사진은 대상에 대해 어떤 것도 확언하지 않는다. 예를 들어, UFO 사진은 하늘에 떠 있던 어떤 물체를 지시할 뿐 그 대상이 외계인의 것이라는 것을 확언하지는 않는다.

3) 상징

상징은 법칙이나 관습을 통해 대상을 지시하는 기호다. 상징이 대상을 지시하는 과정에 대상과의 유사성이나 실제적 연결이 있어야 할 필요가 없다. 상징은 대상과 아무런 연결 고리를 갖고 있지 않아도 단지 상징이 대상을 지시한다고 인정하는 사회적 약속이 있다면 기호로 기능할 수 있다. 가장 대표적인 상징은 바로 우리가 사용하는 일상 언어다. 의성어나 지시대명사와 같은 특수한 경우를 제외하고 모든 언어는 대상과 아무런 유사성이나 실제적 연결 관계를 갖고 있지 않다. 단지 언어 사용과 관련된 관습과 법칙이 언어의 단어들을 특정한 대상과 결부시킨다.

상징은 대상과 사실상 아무런 관련도 없지만 관습적으로 또는 약속에 의해 대상을 지시하게 된다. '개'라는 말은 어떤 방식으로도 그것이 지시하는 대상과 연결돼 있지 않다. 단지 한국어를 사용하는 사회의 약속에 의해 특정 대상을 지시하는 기능을 갖게 된 것이다. 모든 기호는 일정 부분 사회적 관습이나 법칙에 의해 작동한다는 점에서 상징은 도상과 지표를 포함하는 상위 개념이다.

도상, 지표, 상징 개념을 간단히 요약 정리하면 다음과 같다. 도상은 대상이 존재하지 않더라도 유사성이라는 속성을 갖는다면 기호로 기능한다. 예를 들어, 점이라는 기하학적 개념은 실제로는 존재하지 않지만 종이 위에 연필로 그린 점은 점을 지시하는 기호로 기능한다. 지표는 대상이 사라지면 기호로서의 속성을 잃어버리지만 해석체가 없더라도 기호로서의 속성은 유지한다. 예를 들어, 해변에 있는 사람 발자국은 사람이 그곳에 없었다면 존재할 수 없다. 하지만 그 발자국을 사람의 것으로 해석하는지 여부와는 관계없이 발자국은 존재한다. 반면에, 상징이 기호로 기능하려면 대상과는 무관하게 관습과 같은 해석체의 역할이 중요하다. 빨간색 하트 영상이 사랑을 지시하거나 흰 비둘기 영상이 평화를 지시하는 것은 영상과 대상 사이에 유사성이나 인접성, 인과성이 있기 때문이 아니라 관습적으로 그 둘이 연결돼 있다고 인정하기 때문이다.

5
은유와 환유

유사성을 기반으로 하는 기호인 도상은 수사학적으로 보면 은유로 기능할 수 있다. 퍼스는 도상 중에서 삼차성의 속성을 가진 것을 은유라는 하위도상(hypoicon)으로 분류했다. 은유는 일차성의 기호인 도상에 속하면서도 삼차성의 요소를 갖고 있다는 점에서 삼차성의 기호인 상징과 연결될 수 있다.

은유는 두 개의 대상을 유사성을 통해 연결하는 비유법이다. 'A는 B와 같다' 또는 'A는 B다'와 같이 두 개의 대상을 결부시키면 둘 사이에 어떤 유사성이 있는 것으로 간주된다. 예를 들어, '여자의 마음은 갈대다'라는 표현을 들은 사람들이 바람에 잘 흔들리는 갈대와 여자의 마음 사이에서 유사성을 발견한다면 이 문장은 의미를 갖게 된다.

상징은 삼차성의 기호로서 법칙이나 습관에 의존해서 작동한다. 하지만 은유는 일차성의 기호이기 때문에 법칙이나 관습에 의존하지 않는다. 은유는 어떤 법칙이나 관습에 의존하지 않고 서로 관계가 없는 두 개의 대상을 결부시킴으로써 사람들로 하여금 둘 사이의 유사성을 발견하게 만든다. 따라서 은유는 존재하지 않았던 새로운 의미를 창조하는 기능을 할 수 있다. 시에서 은유가 많이 사용되는 것은 은유가 가진 창조적 기능 때문이다. 예를 들어, 안도현의 시 〈너에게 묻는다〉에 나오는 "연탄재 함부로 발로 차지 마라, 너는 누구에게 한 번이라도 뜨거운 사람이었느냐"는 문장은 연탄재와 사람을 결부시키면서 둘 사이의 유사성을 찾도록 만든다. 그전까지는 인지되지 않던 연탄재와 사람 사이의 유사성이 발견되면서 새로운 의미가 창조된다.

영상에서도 은유가 자주 사용된다. 예를 들어, 러시아 영화감독 에이젠슈타인(Eisenstein)이 사용했던 몽타주 기법의 영화는 은유를 통해 새로운 의미를 창출했다. 에이젠슈타인의 영화 〈파업〉의 경우, 노동자들의 파업을 경찰이 진압하는 장면과 소를 도축하는 장면을 번갈아 가면서 보여준다. 파업 진압과 도축이라는 두 개의 사건이 번갈아 제시됨에 따라 관객은 두 사건 사이의 유사성을 발견하도록 유도되며 결국 두 사건을 번갈아 재현하는 영상들의 충돌에 의해 새로운 의미가 창출되는 것을 본다.

한편, 대상의 실제적 영향이나 물리적 인접, 인과 관계 등에 의해 대상을 지시하는 지표는 수사학적으로 보면 환유로 기능할 수 있다. 지표는 대상의 일부가 가진 특수하고 구체적인 속성에 영향을 받기 때문에 그 속성을 대상과 공유한다. 그래서 지표는 실제적이며 물리적인 속성을 갖는다. 지표는 지시대상을 직접 가리키는 것(지시대명사, 사물을 가리키는 손가락 등)이거나, 지시대상과 실제적으로 연결돼 있는 것(발자국, 연기 등)이다. 지표는 대상의 일부분이다. 예를 들어, 불을 지시하는 연기는 화재라는 전체적인 사건의 한 부분이다.

환유는 어떤 대상의 일부분으로 대상 전체를 의미하거나 대상 전체로 일부분을 의미하는 비유법이다. 다시 말해, 환유 관계에 있는 두 개의 대상은 실제적, 물리적으로 인접해 있다. 예를 들어, '펜은 칼보다 강하다', '청와대가 입장을 발표했다', '오늘은 모차르트를 듣고 싶다'등의 표현은 이런 환유의 특성을 잘 보여준다.

영상은 항상 특수하고 구체적인 대상의 일부분을 재현하기 때문에 의미 생산 과정에서 우선적으로 환유로서 기능한다. 7살의 모차르트를 재현한 초상화는 모차르트의 특수하고 구체적인 한 모습만을 재현하지만 동시에 음악 신동으로 활동하는 모차르트를 의미하기도 하고 나아가 모차르트라는 사람 전체를 의미할 수도 있다. 1980년 광주 민주화 운동 당시에 촬영된 사진과 동영상들은 구체적인 인물이나 사건의 한 장면을 재현하지만 광주 민주화 운동 전체를 의미할 수도 있고 나아가 한국에서 전개된 민주화 운동 전체를 지시할 수도 있다.

영상의 환유 기능은 영화나 TV드라마, 광고 등에서 자주 이용된다. 예를 들어, 다음과 같은 환유들이 있다. 힘없이 바닥에 떨어지는 손을 재현하는 영상은 인물의 죽음을 의미한다. 이마를 타고 흘러내리는 땀방울을 클로즈업 한 영상은 매우 위험한 상황을 의미한다. 인물이 눈물을 흘리며 바라보는 십자가의 영상은 교회와 구원을 의미한다. 주인공 남자와 여자 사이의 키스를 재현하는 영상은 둘 사이의 사랑을 의미한다. 얇게 자른 토마토를 케첩 병 모양으로 쌓아 올린 광고 영상이나 물방울이 맺힌 상태로 하얀 거품이 흘러내리는 맥주잔을 보여주는 광고 영상도 대표적 환유다.

6

영상 분석 사례

〈그림 39〉는 실제 상품의 광고가 아니라 허구의 상품에 대한 광고다. 빅 카후나 버거(Big Kahuna burger)는 타란티노의 영화 〈펄프 픽션(Pulp fiction)〉에 등장하는 하와이 버거 프랜차이즈 레스토랑이다. 물론 이 레스토랑은 실제로 존재하지 않는 허구의 회사다. 〈그림 39〉의 광고는 그 영화에서 영감을 받아 제작된 팬픽(fan fiction) 작품이다. 이 광고는 일반적인 상업 광고의 관습을 충실히 따르고 있기 때문에 상업광고의 전형을 보여준다.

〈그림 39〉 Big Kahuna Burger 광고. https://www.flickr.com/photos/12832008@N04/2803305450

이 광고 영상은 우선 도상이다. 우리는 유사성을 기반으로 해서 이 영상이 해변에 누워 있는 여성과 햄버거를 지시한다는 것을 인지할 수 있다. 또한 이 영상은 사진으로 지각되기 때문에 대상과의 실제적 인접성을 가진 지표다. 우리는 영상 속의 여성과 햄버거가 실제로 존재하고 있거나 존재했던 것이란 것을 안다. 광고 영상 중간을 가로지르는 언어기호는 관습적 의미를 영상에 부여하면서 영상을 상징으로 기능하게 만든다. '열정은 오직 큰 것만이 만족시킬 수 있는 굶주림(갈망)이다(Passion is a hunger only a big one can satisfy)'는 문장은 이 영상을 열정과 굶주림(갈망)이란 개념과 결부시키면서 성적인 의미를 영상에 부여한다. 여성의 자세도 관습적으로 성적인 상황에서 발견되는 자세이기 때문에 성적 관습의 해석체가 기호의 의미작용에 쉽게 개입할 수 있다.

수사학적 관점에서 보면, 이 영상은 여성과 햄버거를 병치시킴으로써 둘 사이에서 유사성을 발견하도록 유도한다. 이 여성의 몸과 하늘을 비롯한 영상의 모든 부분의 색이 전체적으로 햄버거의 패티 색과 유사한 갈색으로 처리돼 있으며 여성은 패티와 동일하게 가로로 누워 있다. 이런 도상적 유사성은 여성과 햄버거 사이의 유사성을 발견하도록 더욱 부추기는 역할을 한다. 여성과 햄버거 사이에 놓인 문장은 이 은유를 확정시킨다. 즉, 여성은 굶주림을 해소시키는 맛있는 햄버거와 같다. 이렇게 해서 여성과의 열정적 사랑이 우리를 만족시키듯이 빅 카후나 버거는 우리의 굶주림을 해소시킨다는 의미가 만들어진다.

또한 이 영상은 환유로서도 기능한다. 해변과 멀리 보이는 섬, 그리고 영상 하단에 있는 로고에 나타난 서핑하는 남성의 그림은 하와이를 지시하는 환유로 기능한다. 하와이 해변에서 불타는 태양 아래 누워 있는 비키니 차림의 젊은 여성은 휴양지의 열정적 삶을 지시하는 환유의 영상이다. 영상에서 하늘 위에 떠 있는 버거 좌측 상단에는 태양이 빛나고 있다. 햇빛이 버거의 번(bun) 일부분을 잠식할 정도로 태양은 버거와 물리적으로 인접해 있다. 이 물리적 인접성은 태양과 버거 사이의 환유적 관계를 만들어낸다. 태양과 버거는 연결돼서 함께 다니는 것처럼 제시되기 때문에 버거는 태양이 작용하는 과정의 일부가 된다. 이를 통해 버거는 사람들을 눈부시게 한다는 의미를 갖게 된다.

제9장
바르트 기호학과 영상

1

구조주의 기호학과 바르트

1950년대와 60년대에 프랑스에서는 소쉬르의 언어학 이론에 기반을 둔 구조주의 기호학이 발전했다. 당시 구조주의(structuralism)는 언어학, 문학, 심리학, 사회학 등 인문사회과학 전반에 걸쳐 나타난 사조였다. 구조주의에 따르면, 모든 현상에는 그 현상을 나타나게 만드는 기본 토대가 되는 구조가 있는데, 이 구조를 이루는 요소들을 발견하고 그 요소들 사이의 관계를 알아내면 현상을 과학적으로 설명하는 것이 가능하다.

소쉬르는 모든 언어는 현상적으로는 다른 모습을 띠고 있지만 의미를 발생시키는 동일한 구조를 갖고 있다고 주장했다. 언어를 이해하는데 있어서 중요한 것은 언어가 발현되는 형태가 아니라 언어 체계를 구성하는 요소들 사이의 관계다. 예를 들어, '나'라는 단어가 어떤 의미를 갖는 것은 '나'라는 단어와 '너'라는 단어 사이의 차이가 존재하기 때문이다. '나'라는 단어가 언어적 가치를 갖는 것은 그 단어 자체가 내재적으로 어떤 의미를 갖고 있어서가 아니다. '나'라는 단어는 소리와 문자 형태에 있어서 '너'라는 단어와 구별되기 때문에 언어적 가치를 갖는다. '나'는 모음 하나가 다른 '너'와의 관계 속에서 언어적 가치를 갖게 된다. 결국, 의미는 단어 자체에 내재하는 것이 아니라 언어를 구성하는 요소들 사이의 차이에 의해 만들어지는 것이라 할 수 있다. 소쉬르는 구조라는 단어를 사용하지는 않지만 체계 속 구성요소들의 관계를 분석함으로써 언어 현상을 과학적으로 설명할 수 있다고 본 그의 생각은 언어학을 넘어서 인문사회과학 분야의 여러 학자들에게 영향을 미쳤다.

소쉬르의 언어학적 개념들은 야콥슨(Roman Jacobson), 마르티네(André Martinet), 방브니스트(Émile Benveniste), 옐름슬레브(Louis Hjelmslev), 그레마

스(Algirdas Julien Greimas) 등의 언어학자들에 의해 계승, 발전되면서 언어학뿐만 아니라 기호학으로 영역을 넓혀간다. 특히, 그레마스는 1966년 〈구조 의미론(Sémantique structurale)〉을 출판하면서 구조주의 기호학을 언어학은 물론 인문학의 전 영역을 아우를 수 있는 엄밀한 과학으로 내세우고자 했다.

바르트(Roland Barthes, 1915–1980)는 언어학자는 아니었지만 소쉬르, 야콥슨, 옐름스레브 등이 고안한 개념들을 가져와 문화적 생산물들에 대한 기호학적 분석을 시도했다. 적어도 1960년대 중반까지 바르트는 구조주의 기호학의 개념들을 이용해 과학적이고 객관적으로 문화 현상을 분석하고 내면에 있는 숨겨진 의미를 밝힐 수 있다고 믿었다. 하지만 1960년대 중반 이후 바르트는 구조주의 기호학이 갖는 방법론적 유용성에 대해 회의를 느끼기 시작한다. 그는 점차 자신이 만들어낸 기호학의 엄격한 틀이 현상을 설명하기보다는 오히려 현상을 압도하고 새로운 경직된 이데올로기를 만들어내는 것이 아닌가 의심하며 기호학에서 등을 돌렸다.

2

바르트의 기호분석 개념들

바르트는 1964년 발표한 〈기호학의 요소들(Eléments de sémiologie)〉에서 기호학의 개념들을 다음과 같이 정리한다.

1) 랑그와 파롤

소쉬르는 랑그(langue)와 파롤(parole)을 구분했다. 이 개념들은 구조주의의 기본이 되는 개념들이기도 하다. 랑그와 파롤은 둘 다 언어 혹은 말이란 뜻을 갖고 있기 때문에 한국어로는 명확히 구분해 번역하기 어렵다. 소쉬르의 구분에 따르자면, 랑그는 말을 가능하게 만드는 규칙이자 제도이며 시스템이다. 이것은 사회적으로 형성된 것이라 개인의 노력으로 쉽게 바꿀 수 있는 것이 아니다. 반면, 파롤은 사람들이 실제로 말을 하면서 만들어낸 다양한 표현들이다. 파롤은 사람마다 지역마다 상황마다 달라진다.

사람들이 말(파롤)을 할 수 있으려면 그 말의 규칙이나 문법 체계를 머릿속에 갖고 있어야 한다. 예를 들어, 한국말을 자유롭게 할 수 있는 사람은 한국어 문법 체계를 머릿속에 갖고 있다고 할 수 있다. 실제로는 사람들마다 한국말을 하는 방식이나 사용하는 단어들이 다르다고 해도 그들 모두는 동일한 한국어 체계를 공유한다. 만약 같은 한국어 체계를 공유하고 있지 않다면 그들은 한국말을 통해 서로 의사소통하지 못할 것이다. 500년 전에 살던 조선 사람과 지금의 한국 사람이 한국말을 할 때 사용하는 단어나 표현 방식은 아마 다를 수 있을 것이다. 하지만 그들이 갖고 있는 한국어 체계는 동일하다고 할 수 있다. 파롤은 상황에 따라, 말을 하는 사람에 따라 달라질 수 있지만 그 파롤을 가능하게 만드는 랑그는 동일하다. 파롤이 현상이라면 랑그는 그 현상을 가능하게 만드는 구조다. 따라서 우리가 랑그를 안다면 겉으로는 다양해 보이는 파롤들의 의미를 파악할 수 있다.

2) 통합체와 계열체

바르트가 사용하는 또 다른 주요 기호학 개념은 통합체(syntagme)와 계열체(paradigme)다. 통합체란 시간 순서로, 또는 공간 순서로 차례로 배열돼야 비로소 의미가 만들어지는 단위다. 예를 들어, '나는 학생이다'는 문장이 의미를 가지려면 시간에 따라 차례로 각각의 단어들이 발음되거나 공간에 따라 일렬로 단어들이 배치돼야 한다. 마찬가지로 복장이 제대로 갖춰지기 위해서는 모자, 목도리, 상의, 하의, 속옷, 양말, 신발 등이 각각의 공간에 순서대로 자리를 잡아야 한다. 이렇게 기호들이 순서대로 배열된 상태에서 발생하는 의미를 통합체적 의미라고 한다.

계열체란 공통된 속성을 가진 단위들의 집합이다. '나는 학생이다'는 문장은 여러 다른 계열체들에 속하는 단어들의 통합체적 구성이다. 즉, 나, 우리, 너, 그, 그녀 같은 단어들은 공통된 속성을 가진 단어들로 하나의 계열체에 속한다. 은, 는, 이, 가 같은 단어들도 또 하나의 계열체에 속한다. 이처럼 서로 다른 계열체에 속하는 단어늘이 하나씩 선택돼 순서대로 배열될 경우 우리는 온전한 의미를 전달하는 완성된 문장을 만날 수 있다.

〈표 2〉 통합체와 계열체

	계열체1	계열체2	계열체3	계열체4
통합체1	나	는	학생	이다
통합체2	우리	는	한국인	입니다
통합체3	그녀	가	교사	입니까
통합체4	당신	이	남자	인가

복장도 마찬가지다. 외출하기 전에 어떤 모자를 쓸 것인가, 웃옷은 무엇을 입을 것인가 고민하는 것은 바로 외출복이라는 통합체를 완성하기 위해 각각의 계열체에서 하나의 요소를 선택하는 과정이다. 하나의 계열체에 속하는 요소들은 통합체 구조 안에서 동일한 장소에 위치할 수 없다. 그것들은 오직 대체될 수 있을 뿐이다. 예를 들어, '나'는 '우리'를 대체할 수 있고 청바지는 면바지를 대체할 수 있다.

음식도 계열체와 통합체의 관점에서 이해될 수 있다. 서양식의 경우, 전채요리, 빵, 수프, 생선 요리, 고기 요리, 디저트, 커피 등 일정한 순서에 따라 요리들이 통합체의 형식으로 나온다. 우리는 주문 과정에서 각 단계의 계열체에서 원하는 요리를 선택한다. 한국 음식의 경우에도 밥, 국, 찌개, 반찬 등이 통합체를 구성하면서 식탁의 공간에 배열된다. 서양 음식에서 나오는 순서가 바뀌면 안 되듯이, 한국 음식에서도 찌개가 있을 곳에 밥이 있어서는 안 된다.

3) 표현과 내용

앞에서 설명했듯이, 소쉬르는 기호를 기표와 기의의 결합 관계로 설명했다. 옐름슬레브에 따르면, 기표는 표현의 층위고 기의는 내용의 층위다. 이것들은

〈표 3〉 표현의 층위와 내용의 층위

다시 각각 형태(form)와 실질(substance)이라는 두 개의 요소로 구성돼 있다. 이를 정리하자면, 기표는 표현의 형태와 표현의 실질이라는 요소로 이뤄져 있고 기의는 내용의 형태와 내용의 실질이라는 요소로 이뤄져 있는 셈이다. 표현의 실질은 영상이나 소리 등과 같은 표현의 물질적 기반을 말한다. 표현의 형태는 영상이나 소리가 구성되는 형식이나 양식을 지칭한다. 내용의 실질은 기호에 개입하는 감정적, 이데올로기적 부분, 즉 사실상의 의미다. 내용의 형태는 의미를 생산하기 위한 기의들 사이의 조직이나 구성이다.

　이런 구분은 사실 실제로 존재한다기보다는 논리적으로 추론하는 것일 뿐이지만 이런 구분이 기호현상을 연구할 때 도움이 될 수 있다. 실질과 형태의 구분은 일상적 물건처럼 본래의 기능이 있는 것들이 기호로서 사용될 때 그것의 의미작용을 분석하는 데 유용한 도구가 될 수 있다. 예를 들어, 모피코트는 추위를 막는 의복의 기능을 하는 물건이다. 하지만 상황에 따라 그것은 다른 내용을 지시하는 기호가 된다. 이 경우 표현의 실질은 동물의 털이고 표현의 형태는 모피가 디자인된 형식이다. 내용의 형태는 모피코트가 어떤 장소에서 무슨 일을 하면서 착용되고 있는가하는 것이고 내용의 실질은 부, 화려함, 사치 등의 이데올로기적 관념이 된다. 하지만 모피코트라는 동일한 표현의 실질과 형태가 다른 내용의 형태와 만나면 모피코트의 의미가 달라진다. 모피코트는 상황에 따라서 잔인함을 의미할 수도 있고 단지 따뜻함을 의미할 수도 있다. 화려한 파티장에서 귀부인이 손에 들고 있는 모피코트와 동물학대 반대시위 현장에서 길

〈그림 40〉 독일, 모피 사용 반대 시위, 2014

바닥에 널려 있는 모피코트는 표현의 형태와 실질은 동일할 수 있지만 내용의
형태와 실질은 서로 완전히 다르다(그림 40).

4) 메타언어 관계

기표와 기의가 만나 기호의 의미작용(signification)이 일어나는 과정을 소쉬
르는 기표와 기의 사이의 일대 일의 자의적 만남으로 이해했다. 그런데 옐름슬
레브는 의미작용을 표현(E)과 내용(C) 사이의 관계(R)로 파악하면서 다음과 같
이 좀 더 관계지향적인 도식을 만들어냈다.

E R C

하나의 기호는 다른 기호 안에서 표현이나 내용이 될 수 있다. 이 경우 도식은 각각 다음과 같이 분화된다.

- 한 기호가 다른 기호의 내용이 되는 경우 : E R (E R C)
- 한 기호가 다른 기호의 표현이 되는 경우 : (E R C) R C

다른 기호를 자신의 내용이나 표현으로 갖는 기호를 상위 기호라고 하고 상위 기호의 내용이나 표현이 되는 기호를 하위 기호라고 하자.

E R (E R C)는 하위 기호가 상위 기호에서 내용이 되는 경우다. 어떤 기호가 하위 기호를 내용으로 갖는다는 것은 그 기호가 하위 기호의 의미작용을 표현한다는 말이다. 쉽게 말한다면, 상위 기호는 하위 기호를 설명하는 기능을 한다. 이처럼 하위 기호에 대해 설명하는 상위 기호를 메타언어(metalanguage)라고 한다. 따라서 E R (E R C)는 메타언어 관계를 가진 기호다.

메타언어란 언어에 대해 설명하는 언어다. 다시 말하면, 기호에 대해 설명하는 기호다. 예를 들어, 형이상학을 영어로 메타피직스(metaphysics)라고 한다. 이 단어의 어원을 따져 보자면 물리(physics)를 가능하게 하는 원리를 설명하는 학문이다. 즉, 삼라만상의 존재가 갖는 근원적 문제에 대해 연구하는 학문이라는 뜻이다.

E R (E R C)는 하위 기호에 대해 설명하는 메타기호의 관계를 나타낸다. 예를 들면, 영화잡지 같은 것이 이에 해당한다. 영화잡지를 표현의 층위와 내용의 층위로 구분해 보자. 표현의 층위를 구성하는 것은 다양한 글과 영상들이다. 영화잡지의 글과 영상들은 영화에 대해 설명하는 내용을 갖는다. 따라서 영화잡지에서 표현의 층위는 글과 영상들이고 내용의 층위는 영화라고 할 수 있다. 그런데 영화는 그 자체로 표현의 층위와 내용의 층위를 가진 독립된 기호다. 영화잡지는 영화라는 기호를 설명하는 기호, 즉 영화에 대한 메타언어다. 영화잡지의

E R (E R C) 관계를 좀 더 시각적인 표로 구성한다면 〈표 4〉와 같다.

〈표 4〉 메타언어 관계

	기표/E (영화잡지의 글과 영상)	기의/C(영화)	
영화잡지			
영화		기표/E(영화필름)	기의/C (영화의 의미)

5) 함축의미 관계

(E R C) R C는 하위 기호가 상위 기호의 표현이 되는 경우다. 이 경우, 상위 기호는 하위 기호에 의해 생산되는 파생적 의미를 내용으로 갖게 된다. 하위 기호의 의미작용으로 드러나는 것이 지시의미라면 하위 기호를 표현의 층위에 둔 상위 기호의 의미작용으로 드러나는 것은 함축의미다. 하위 기호는 그 자체의 표현과 내용의 관계에 의해 의미를 생산한다. 이 의미는 표현과 내용 사이의 일 대 일 대응 관계에 의해 직접적이고 명시적으로 드러나는 의미라는 점에서 지시의미라고 할 수 있다. 반면에 상위 기호의 의미는 지시의미를 포함한 기호관계를 바탕으로 파생된 의미라는 점에서 함축의미라고 할 수 있다. 지시의미가 기호 안에서 표현과 내용 사이의 직접 대응 관계에 의해 발생하는 반면에 함축의미는 사회문화적 맥락에 의해 해석되는 파생적 의미다.

(E R C) R C는 지시의미와 함축의미의 관계가 드러나는 의미작용을 표시한다. 예를 들어, '개'라는 기호는 그 자체로 특정 동물을 지시한다. 그런데 특정 동물을 지시하는 '개'라는 기호가 다시 사회문화적 맥락에 따라 충성심이라는 의미로 해석될 수 있다. 이 경우에 (E R C) R C의 관계가 성립된다. 이 관계를 표로 표현하면 〈표 5〉와 같다.

〈표 5〉 함축의미 관계

함축의미	기표/E (개)		기의/C (충성심)
지시의미	기표/E ('개'라는 소리)	기의/C (동물 '개')	

E R C라는 의미작용 관계를 통해 드러나는 메타언어 관계와 함축의미 관계는 개별적으로 분리된 독립적인 것이라기보다는 서로 연결된 관계다. 메타언어 관계와 함축의미 관계의 연속을 통해 E R C 관계는 일상적인 사물이 어떻게 사회문화적 맥락에서 해석되는 함축의미를 가진 기호가 될 수 있는지를 보여준다.

예를 들어. 우리가 입는 옷은 일상생활에서 유용하게 사용되는 기능적 도구다. 그런데 이 옷에 대해 이러쿵저러쿵 설명하는 패션잡지가 있다. 이 패션 잡지는 옷에 대한 메타언어로 기능한다. 그리고 패션 잡지는 전체적으로 패션이란 사회문화적 의미를 가진 기호현상을 만들어내면서 옷이 단순히 추위와 외부자극으로부터 몸을 보호하는 기능성 물건이 아니라 부, 지위, 아름다움 등의 의미를 가진 기호로 해석된다는 것을 보여준다. 이와 같이 기호의 의미작용에 의해 만들어지는 다층적 의미관계를 표로 구성하면 다음과 같다(표 6).

〈표 6〉 기호의 다층적 의미관계

함축의미	기표/E (패션)		기의/C (부, 지위)
지시의미/메타언어	기표/E (패션잡지의 글과 사진)	기의/C (의상)	
실제사물		기표/E (옷의 재질, 형태) / 기의/C (몸의 보호)	

6) 신화

함축의미는 쉽게 해석될 수 있지만 때로는 쉽게 파악할 수 없게 은폐돼 있을 수도 있다. 함축의미를 가진 상위 기호 단계에서 표현의 층위를 구성하는 하위 기호는 하나일수도 있고 여러 개일 수도 있다. 예를 들어, 패션 잡지는 의상을 묘사하는 많은 단어와 영상들로 구성돼 있다. 이 단어와 영상들이 가진 지시의미들이 모여서 패션에 대한 사회문화적 함축의미를 만들어낸다. 함축의미를 갖고 있는 상위 기호의 의미작용은 그 기호가 생산되고 사용되는 사회의 문화, 역사 등과 밀접히 연관돼 있다.

상위 기호 단계에서 발생한 의미작용이 하나의 기호처럼 작동하는 것을 바르트는 신화(myth)라고 불렀다. 바르트는 신화 개념을 설명하면서 신화의 기호학적 의미작용을 세 층위로 정리한다. 의미작용의 첫 번째 층위는 지시의미의 단계다. 두 번째 층위는 함축의미의 단계다. 세 번째 층위는 두 번째 층위의 기표와 기의가 하나의 기호로 연결됨으로써 발생한다. 이것을 바르트는 신화라고 한다. 이것을 도식화하자면 〈표 7〉과 같다.

〈표 7〉 신화의 의미작용에 관련된 기호학적 체계

기호(신화)		
기표		기의
기표	기의	

바르트가 생각한 신화는 기호가 전달하는 문화적 의미라고 할 수 있다. 바르트는 이 신화를 부르주아 사회의 지배 이데올로기를 정당하고 자연스러운 것으로 만드는 의미작용이라고 주장했다. 바르트에 따르면, 신화는 부르주아 사회의 속성들을 상징하는 것도 아니고 사람들을 속이기 위해 그 속성들에 대한 알

리바이를 제공하는 것도 아니다. 신화는 부르주아 사회의 속성을 자연스러운 것으로 만드는 일을 한다. 다시 말하면, 우리가 신화를 이데올로기적 상징이나 선전수단으로 인지한다면, 그것은 이미 신화가 아니다. 신화는 그 자체로 너무나 자연스럽고 당연한 것으로 여겨지며, 조작된 기호가 아니라 존재하는 사실처럼 인식된다.

바르트는 첫 번째 층위와 두 번째 층위를 언어학적 체계에 속하는 것으로 이해했다. 다시 말해 이 두 층위의 의미는 언어학적 체계에 의해 결정된다는 것이다. 그 의미는 논리적이며 문법적이며 관습화된 체계에 의해 고정된다. 그렇기 때문에 이 두 층위의 의미에 대해서는 기호학자가 개입할 필요가 없다. 기호학자의 개입은 두 번째 층위의 기표와 기의 사이의 상관관계가 제공하는 의미작용을 파악하는 과정에서 이뤄진다. 신화는 관습적인 체계에 의해 결정된 의미가 아니라 아주 자연스럽고 당연한 것으로 나에게 제시되는 것이다. 신화를 파악하기 위해서는 신화가 만들어지는 사회로부터, 신화를 소비하는 사람들로부터 떨어져 나와야 하며 그들이 자연스럽고 당연한 것으로 알고 있는 것을 완전히 파괴해야 한다.

3
영상분석 사례

1) 경례하는 흑인 병사

프랑스국기에 경례하는 흑인병사의 사진은 1956년 출간한 책 '신화학

(Mythologies)'에서 바르트가 신화 개념을 설명하면서 분석한 사례다. 그것은 프랑스 주간지 〈파리−마치〉의 표지사진이었다(그림 41). 우리에게 이 사진은 프랑스 군복을 입은 젊은 흑인 남성이 (아마도 프랑스국기를 향해) 거수경례를 하는 모습을 담은 사진으로 보인다. 바로 이것이 이 사진의 지시의미다. 이 흑인 병사의 사진은 '프랑스에 충성하는 군인'이라는 함축의미를 갖는다. 함축의미의 층위에서의 의미작용이 하나의 기호로서 작동할 때 비로소 신화가 나타난다. 바르트가 발견한 이 사진의 신화는 '프랑스는 위대한 제국이며 피

〈그림 41〉 경례하는 흑인 병사

부색에 관계없이 모든 국민이 충성을 바치는 국가로 식민지에 대한 억압은 없다'이다.

　바르트가 이 사진을 분석하던 1956년은 한창 북아프리카의 알제리가 프랑스로부터 독립하기 위해 전쟁을 벌이던 시기였다. 프랑스 제국주의의 문제가 알제리 독립전쟁을 통해 아주 날카롭게 드러나던 시기에 이 사진이 대중적인 주간지의 표지사진으로 등장했다는 것이 갖는 정치적 의미는 매우 크다. 지배계급의 입장에서 본다면, 정치적으로 혼란한 시기에 프랑스인들이 '프랑스는 위대한 제국'이라는 신화를 자연스러운 것으로 받아들일 필요가 있었다. 이 사진이 출간된 후로 이미 오랜 시간이 흘렀지만, 이민 2세대의 사회적 통합 문제가 중요한 사회 문제로 대두되고 있는 현재 프랑스 사회에서 이 사진은 또 다른 신화를 전달하는 기호로서 기능할 수 있을 것이다.

2) 판자니 광고

1964년에 발표한 〈영상의 수사학(Rhétorique de l'image)〉에서 바르트는 판자니 광고사진을 간단한 기호학적 모델을 이용해 체계적인 방식으로 분석했다(그림 42). 이 분석은 사진영상, 특히 광고사진 분석에 있어서 획기적인 출발점이 됐다는 평가를 받는다.

바르트는 이 광고를 분석하기 위해 네 가지 층위를 구분한다. 언어기호의 지시의미 층위, 언어기호의 함축의미 층위, 영상의 지시의미 층위, 영상의 함축의미 층위가 그것이다.

바르트가 가장 먼저 주목한 것은 이 광고에 문자가 포함돼 있다는 것이다. 이 광고에 나타나는 문자는 영상 오른쪽 아래에 흰 색으로 표기된 'pâtes sauce parmesan à l'italienne de luxe'와 물건 포장 위에 표기된 상표 'Panzani'다. 'pâtes sauce parmesan à l'italienne de luxe'는 프랑스어다. 해석하자면 '고급 이탈리아식 파르메산 소스 국수'라는 뜻이다. 파르메산은 이탈리아 파르마에서 생산되는 치즈다. 이 치즈는 단단하고 모래처럼 잘 부스러지는 특징을 지니고 있다. 스파게티에 뿌려 먹는 가루 치즈가 바로 이 파르마 치즈를 부스러뜨려 만든 것이다. 이것이 언어기호가 갖는 지시의미다.

언어기호가 갖는 함축의미는 상표 이름인 '판자니'에서 발생한다. '판자니'는 단순한 상표 이름이지만 묘한 어감을 갖고 있다. 그것은 이탈리아어의 독특한 성격을 보여준다. '이탈리아노', '아르마니'등의 단어처럼 '판자니'는 어감 상 이탈리아의 것이라는 인상을 준다. 이것이 '판자니'가 갖는 함축의미이다. 그러나 사실 '판자니'는 프랑스 회사다.

영상의 지시의미는 관객이 영상을 보고서 일상적 경험과 지식을 통해 파악할 수 있는 의미다. 판자니 광고사진에서 우리가 파악할 수 있는 것은 빨간색 공간, 흰색 끈으로 만들어진 바구니, 그리고 바구니 안에 담긴 판자니 스파게티

163

면과 통조림, 치즈 가루, 토마토, 피망, 양파, 버섯들이다. 이 사진은 시장에서 물건을 사고 돌아와 바구니를 대충 내려놓은 듯이 바구니가 느슨히 열려 있고 바구니 안 물건들이 자연스럽게 쏟아져 있는 모습을 보여주고 있다. 이것이 영상의 지시의미다.

영상의 함축의미를 파악하려면 이 영상이 제작된 사회의 문화에 대한 지식이 필요하다. 우선 영상의 지시의미로부터 우리는 판자니 스파게티가 시장에서 막 사온 싱싱한 야채로 만들어진 매우 가정적인 음식처럼 소개된다는 것을 알아낼 수 있다. 이러한 의미는 판자니 스파게티가 실제로는

〈그림 42〉 판자니 광고

공업적으로 대량생산된 상품이라는 사실을 은폐한다. 게다가 영상에서 야채들이 배열되고 제시된 형태는 유럽문화 속에 깊이 뿌리 내린 정물화를 연상시킨다. 이를 통해 정물화와 관련된 아주 풍부한 문화적 의미, 즉 부르주아의 풍요로운 삶을 향유하는 것과 같은 의미가 발생된다. 그리고 사진은 흰색(면, 양파), 초록색(판자니 상표, 피망과 토마토의 꼭지), 빨간색(배경, 토마토, 피망)을 중심으로 구성된다. 이것은 이탈리아 국기의 세 가지 색과 동일한 것이다. 결국 이탈리아적인 것이라는 의미가 영상을 통해서도 다시 생산된다.

판자니 광고는 언어와 영상이 전달하는 지시의미를 바탕으로 결국 판자니 스파게티는 이탈리아에서 온 건강한 자연의 음식이라는 함축의미를 전달한다. 오늘날 우리 주변에서 흔히 볼 수 있는 광고영상들의 의미는 이와 같은 분석 방법을 통해 비교적 쉽게 파악될 수 있다.

3) 빅 카후나 버거 광고

〈그림 39〉의 빅 카후나 버거 광고를 이번에는 바르트의 기호학 방법을 이용해 분석해보자. 해변에 비키니를 입은 여성이 누워 있고 그 위에 햄버거가 위치하고 있다는 것이 이 영상의 지시의미다. 해변에 누워 있는 여성의 자세는 성적인 함축의미를 갖는다. 여성의 몸이 햄버거 패티와 유사한 갈색으로 재현돼 있기 때문에 성적인 자세를 취하고 자신의 몸을 관객에게 드러내는 여성과 역시 적나라하게 모습을 드러낸 버거는 동일시될 수 있다. 그리고 여성과 버거 사이에 있는 문장에 대한 해석을 통해 관객은 이 버거가 비키니를 입은 여성처럼 굶주림을 채워주는 매력적인 것이란 함축의미를 발견하게 된다.

여성의 매력적인 몸과 상품을 동일시하도록 만드는 이런 종류의 영상은 많은 상품 광고들에서 계속 반복된다. 이런 광고들은 좋은 상품을 소비하는 것은 매력적인 젊은 여성의 몸을 경험하는 것과 같은 즐거움을 준다는 생각, 즉 소비문화 안에서의 여성의 성상품화를 당연하고 자연스러운 신화로 만들어낸다. 이를 표로 구성하면 〈표 8〉과 같다.

〈표 8〉 빅 카후나 버거 광고의 의미

신화	좋은 상품과 매력적인 젊은 여성의 몸은 즐거움과 만족을 주는 대상이다		
함축의미	해변에 누워 있는 비키니 입은 여성과 햄버거		비키니를 입은 여성이 만족을 주듯이 빅 카후나 버거는 굶주림을 채워주는 맛있는 음식이다
지시의미	광고의 영상과 글	해변에 비키니 입은 여성과 햄버거가 있다	

제10장
그레마스의 서사 분석과 영상

1

그레마스 기호학의 기초

그레마스(Greimas, 1917–1992)는 리튜아니아 사람인데 후에 프랑스에 정착해 기호학 분야에서 독보적인 연구업적을 남기고 파리 기호학파라 불리는 기호학의 조류를 만든 인물이다. 그레마스는 단일한 기호의 의미작용을 연구한 것이 아니라 텍스트 안에서 이야기가 의미를 만들어내는 구조를 밝히려 했다.

그레마스가 보기에 모든 텍스트는 다음과 같이 크게 네 가지 단계로 구분될 수 있다.

- 텍스트의 표면 : 우리 눈에 보이는 그대로의 텍스트 상태다. 어떤 글이나 영상을 볼 때 별다른 분석 작업 없이 우리가 접하는 것이 바로 이 텍스트의 표면이다. 텍스트의 표면을 읽으면서 우리는 감동을 느낄 수도 있고 일정한 의미를 파악할 수 있다.
- 담론 : 텍스트를 구성하는 말, 문장, 영상 등의 기호들의 외적 형태를 구분하고 분류하는 단계다. 이 단계에서부터 우리는 점차 텍스트를 구성하는 의미의 단위들을 구분하기 시작한다. 수사학의 기본이 되는 문채(figure)가 여기에서 주요 분석단위가 된다. 일반적으로 중고등학교 국어 시간에 시나 소설 등과 같은 텍스트에 대해 배우는 내용이 이 담론 단계의 분석에 속한다.
- 서사 : 텍스트의 수사학적 구성을 파악하는 단계를 넘어서서 텍스트 안에서 이야기를 구성하는 기본 요소들을 분류해 내고 그것들 사이의 관계를 파악하는 단계다. 여기에서는 이야기를 구성하는 행위소(actant)나 기능(fonction)을 구분하고 이들 사이의 관계를 분석하게 된다.

• 심층 : 텍스트의 가장 깊은 곳에서 의미를 발생시키는 기본적 구조를 밝히
는 단계다. 이것은 의미를 만들어내는 최소단위들 사이의 논리적 관계로
구성된 단계다. 의미의 최소단위를 의소(sème)라고 하며 이 의소를 기반으
로 기호사각형이 도출된다.

그레마스는 자신의 방법을 과학적 방법이라고 규정하면서 주관적 요인들을
텍스트로부터 제거해야 한다고 주장했다. 그레마스의 방법은 연구자 개인의 사
회문화적 속성의 영향에서 최대한 벗어나 기호들 사이의 관계에 대한 분석을
바탕으로 텍스트의 심층적 의미를 발견하기 위해 사용되는 방법이다. 이 방법
을 통해 그는 텍스트 해석을 연구자 개인의 관점에 의해 구성되는 주관적 해석
이 아니라 기호들 사이의 관계로부터 도출되는 객관적 해석으로 만들려 했다.

그레마스는 텍스트의 의미가 텍스트 외부에서 주어지는 것이 아니라 텍스트
내부 요소들 사이의 관계에 의해 생성된다고 봤다. 그레마스의 이런 생각은 소
쉬르의 언어학 개념들을 기반으로 한 구조주의의 관점에 충실한 것이다. 소쉬
르로부터 시작해 구조주의 사상을 관통해 흐르는 기본적 생각은 두 가지다.

첫 번째, 어떤 기호(단어 혹은 텍스트)의 의미는 기호 체계 안에 있는 요소들의
관계에 의해 발생한다. 보다 정확히 말하면 요소들 사이의 차이에 의해 발생한
다. 앞에서 설명했듯이, '나'라는 단어가 특정한 의미 가치를 갖는 것은 그것이
다른 단어, 예를 들어 '너'라는 단어와 발음이나 형태에 있어서 차이가 있기 때
문이지 '나'라는 소리나 형태 자체에 어떤 의미가 내재해 있어서가 아니다. 이
차이는 기본적으로 서로 구분되는 두 요소들 사이의 차이라는 점에서 이항적
속성(binary)을 갖는다.

두 번째, 기호의 체계는 표면에서 심층까지 여러 단계로 구분될 수 있는 층위
를 갖는다. 표면에 드러나는 의미들은 심층에 있는 기본적 요소들의 관계에 의
해 파생된다. 표면의 의미들이 아무리 복잡하고 다양해 보여도 그것들을 파생

시키는 심층의 관계, 즉 구조는 단순한 도식으로 환원될 수 있다. 표면의 의미는 우발적이고 상황종속적일 수 있지만 심층의 구조는 추상적이고 체계적이기 때문에 과학적으로 접근가능하다. 표층의 의미는 여러 요소들의 선형적 배열을 통한 통합체 구조(syntagmatic structure)에 의해 드러나지만, 통합체 구조 자체는 심층에 있는 기본 요소들의 계열체 구조(paradigmatic structure)에 의해 발생한다.

텍스트 구조 분석을 위해 주로 이용되는 그레마스의 기호학 방법은 6개의 행위소(actant) 사이의 관계를 파악하는 행위소 모델(modèle actantiel)과 기호사각형(carré sémiotique) 분석이다. 이 두 분석방법에 대해 좀 더 자세히 알아보도록 하자.

2
기호사각형

기호사각형은 구조주의의 기본이 되는 한 생각에서 출발한다. 그것은 인간은 기본적으로 이분법적 틀에 의해 세상을 지각한다는 것이다. 우리는 주위에서 접하는 것들을 낮과 밤, 선과 악, 날 것과 익힌 것, 뜨거운 것과 차가운 것, 삶과 죽음, 남자와 여자, 영웅과 악당, 동양과 서양 등, 이항대립 관계로 보는 경향을 갖고 있다. 사회와 문화에 관계없이 이런 이항대립 관계를 바탕으로 의미가 만들어진다는 것이 구조주의의 기본 생각이다. 그레마스는 의미를 만들어내는 이항 대립의 기본구조를 도식으로 표현하려 했다. 그 결과 만들어진 것이 기호사각형이다.

출발은 단순하다. "네가 그 친구를 좋아하는 이유가 뭐냐?"라는 질문에 대한 답은 다음과 같은 것들이 있을 수 있다. "그는 착해요.", "그는 의리가 있어요.", "그는 유머가 있어요.", "그 친구는 못되지 않았어요.", "그는 친구를 배신하지 않아요.", "그는 따분하지 않아요." 자세히 보면 이 답변들에는 크게 두 가지 유형이 있다. "A이다"라는 유형의 답변과 "B가 아니다"라는 유형의 답변이 있다. 즉, 내가 친구를 좋아하는 이유에 대한 답변은 크게 보면 긍정적인 점을 확인하는 답변과 나쁜 점을 부정하는 답변으로 나뉜다. 예를 들어, "착함"과 "못되지 않음"은 내가 친구를 좋아하는 동일한 이유에 대한 다른 표현이라고 할 수 있다.

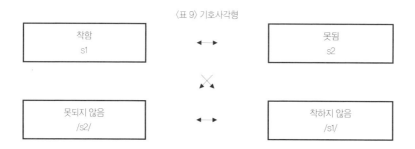

〈표 9〉 기호사각형

|착함 s1| |못됨 s2|
|못되지 않음 /s2/| |착하지 않음 /s1/|

내가 친구를 좋아하는 이유를 말하기 위해 나는 우선 착함과 못됨이라는 두 개의 대립하는 항을 만들고 그 중 하나를 긍정하거나(착해요) 다른 하나를 부정(못되지 않았어요)하는 방법을 사용한다. 착한 것과 못되지 않은 것은 내가 좋아하는 친구의 속성이다. 그렇다면 못된 것과 착하지 않은 것은 내 친구의 속성이 아닐 것이다. 이것을 도식으로 정리하면 〈표 9〉와 같은 시각형 모양의 도식으로 정리된다. 착함과 못되지 않음은 내 친구의 속성이고 못됨과 착하지 않음은 내 친구의 속성이 아니다.

이때 착함과 못됨은 서로 대립하는 의소(sème)다. 착함을 s1, 못됨을 s2라고 하자. s1과 s2의 관계는 서로 반대되는 관계이다. 그리고 s1과 /s1/의 관계는 서로 모순되는 관계이다. s1과 s2가 반대되는 관계라는 것은 쉽게 이해할 것이다. 그렇다면 s1과 /s1/이 모순되는 관계라는 것은 무슨 말인가? s1과 /s1/이 모순된다는 것은 그 둘이 서로 양립할 수 없다는 말이다. s1과 /s1/은 논리적으로 전혀 중복되는 부분이 없이 완벽하게 서로를 배제하는 것이다. 경계가 확실히 나뉘는 것이다. 논리적으로 s1이면서 동시에 s1이 아닌 것은 존재할 수 없다. 따라서 착함과 착하지 않음은 서로 겹칠 수 없는 모순의 관계에 있다.

반면에 s1과 s2는 서로 반대되는 관계지만 완벽하게 서로를 배제하는 관계는 아니다. 즉, s1이면서 동시에 s2이기도 한 것이 존재할 수 있다는 말이다. 예를 들어, 검은색과 흰색은 서로 반대되는 것이지만 관점에 따라서는 검은색이기도 하고 흰색이기도 한 것이 존재한다. 회색은 흰색에 비해선 검은색이지만 검은색에 비해선 흰색이다.

모순의 관계는 논리적으로 만들어진 관계이기 때문에 s1에 대한 모순된 항은 non s1의 형태로만 존재한다. 반면에 반대 개념은 여러 가지가 있을 수 있다. 예를 들어, 사랑의 모순 개념은 사랑이 아님이지만, 사랑의 반대 개념은 증오가 될 수도 있고 냉담이 될 수도 있다.

우리가 일상생활에서 자연스럽게 사용하는 두 개의 대립항이 각각 자신의 모순 개념을 발생시키고 그렇게 생긴 모순 개념들이 다시 반대 개념과 결합함으로써 기호사각형이 완성된다. 그레마스는 원래 언어의 의미생성 구조를 분석하는 과정에서 이 사각형을 만들었지만 이것이 언어뿐만 아니라 인간의 모든 행동과 생각, 인간이 만들어낸 모든 종류의 텍스트에도 적용될 수 있다고 믿었다. 기호사각형이 모든 기호의 의미생성 구조를 밝힐 수 있는 보편적인 도구가 될 것이라고 본 것이다.

정리하자면, 기호사각형은 서로 대립하는 두 요소들 사이의 차이를 기반으로 성립한다. s1과 s2라는 의소의 대립항이 결합함으로써 S라는 의미단위(의미소)가 만들어진다. s1과 s2의 논리적 모순항인 /s1/과 /s2/도 서로 대립하는 의소이며 역시 결합을 통해 /S/라는 의미단위를 구성한다. /s2/는 s1을 내포하는 관계이고 /s1/는 s2를 내포하는 관계로 각각 S1과 S2라는 의미단위를 구성한다.

예를 들어, 그레마스는 존재(être)와 겉모습(paraître)이란 의소들을 기반으로 만들어진 기호사각형을 통해 진실(vérité), 허위(fausseté), 비밀(secret), 기만(mensonge)과 같은 의미단위들이 어떻게 발생될 수 있는지를 〈표 10〉과 같이 제시한다.

〈표 10〉 존재의 기호사각형

3
행위소 모델

기호사각형은 계열체 구조로서 또 다른 계열체 구조인 행위소 모델을 가능하게 만드는 기본적 구조다. 행위소 모델 자체가 서로 대립하는 요소들 사이의 관계에 의해 만들어지기 때문이다.

그레마스의 행위소 모델은 1966년 발표한 〈구조의미론(Sémantique structurale)〉에서 제시된 것이다. 간단히 설명하자면, 모든 이야기에는 몇 개의 행위소 사이의 관계에 의해 의미가 발생되는 공통된 구조가 있다는 것이 그레마스의 생각이다. 이것은 물론 그의 독창적 생각은 아니다. 그 전에 프로프(Propp, 1895-1970)와 같은 연구자들이 설화나 민담의 서사구조를 분석했다. 예를 들어, 프로프는 러시아의 민담들을 수집해서 분석한 결과 모든 민담은 31개의 기능소로 구성돼 있고 이 기능소들은 다시 7개의 역할들로 분류될 수 있다고 주장했다.

그레마스는 이야기를 구성하는 6개의 행위소를 구분하고 그 관계를 〈표 11〉과 같이 정리했다. 행위소는 이러한 관계망 속에서 존재하는 통합체적 요소다.

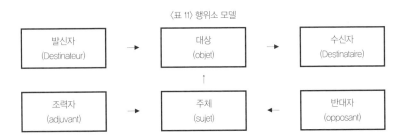

〈표 11〉 행위소 모델

누군가(발신자)가 주인공(수신자)에게 할 일(대상)을 알려주면 주인공(주체)은 다른 사람(조력자)의 도움을 얻어 적(반대자)을 물리치고 그 일을 성취한다는 것이 모든 이야기의 기본 뼈대라는 것이다. 각각의 행위소가 구체적 이야기 속에서 어떤 행위자(acteur)를 통해 나타나는가하는 것은 분석의 관점에 따라 다를 수도 있다. 여러 행위자가 하나의 행위소가 될 수도 있고 한 행위자가 여러 개의 행위소가 될 수도 있다. 그리고 발신자나 조력자 등 몇몇 행위소는 빠진 이야기도 있을 수 있다.

행위소 모델은 주체, 대상, 발신자, 수신자, 조력자, 반대자라는 6개 행위소들의 관계를 통해 텍스트의 서사구조를 드러낸다. 행위소 모델은 주체와 대상, 발신자와 수신자, 조력자와 반대자라는 이항대립적 행위소들로 구성돼 있다.

하나의 행위소는 다른 행위소와의 차이에 의해 의미를 갖는다. 예를 들어, 주체는 대상과의 관계 속에서만 주체로 기능한다.

행위소는 선형적 텍스트의 구체적 행위자들이 서사 속 기능에 따라 계열별로 분류된 결과로 나타난다. 텍스트 안에서 행위자들은 구체적 상태로 존재하거나 특수한 행위들을 하는데, 그들의 상태나 행위가 서사에서 행하는 기능에 따라 적합한 행위소로 분류된다. 행위소는 비선형적 계열체의 요소기 때문에 선형적 통합체의 관점에서 행위소 모델에 접근하면 잘못된 행위소 모델을 도출하게 된다. 예를 들어, 텍스트 안에서 어떤 행위자가 어떤 것을 원한다고 해서 주체-행위소로 분류될 수 있는 것은 아니다. 어떤 행위자가 주체-행위소로 분류되는 것은 그가 어떤 것을 원하거나 얻고자 해서가 아니라 여러 통합체 구조 안에서 반복되는 그의 상태나 행위가 대상-행위소나 반대자-행위소 등의 기능과 대립하는 주체-행위소의 기능을 하기 때문이다.

일반적으로 영웅서사는 한 영웅이 임무를 부여받고 여러 자격들을 획득한 후 시련을 겪으면서 임무를 완수하고 보상을 받는 구조를 갖는다. 즉, 하나의 상태가 영웅의 행동에 의해 다른 상태로 변하는 이야기다. 영웅 서사는 주체(S)가 대상(O)을 잃은 상태에서 대상을 획득한 상태로 전환되는 과정을 보여주는 것이라고 할 수 있다. 결핍과 불균형의 상태에서 충족과 안정의 상태로 가는 과정을 보여주는 것이다. 이를 수식으로 표현하면 $(S \cup O) \rightarrow (S \cap O)$이다. 따라서 이야기의 구조를 이루는 가장 핵심적인 요소는 바로 주체와 대상이다. 주체와 대상 사이의 관계는 가장 기본적인 서사적 관계라고 할 수 있다. 그레마스의 행위소 모델은 바로 이 기본전제에서 출발한다.

그레마스의 방법이 구조주의로 분류되는 이유는 주체와 대상이 이미 주어져 있는 고정된 실체로서 이해되는 것이 아니라 상대방의 존재에 의해 의미를 갖게 되는 관계적 요소로 이해되기 때문이다. 주체는 대상이 있을 때만 의미를 가지며 대상도 주체가 있을 때만 의미를 갖는다. 대상 없이는 주체가 있을 수 없고 주체가 없이는 대상도 있을 수 없다. 하나의 이야기 안에서 주체는 대상이 주어질 때 비로소 형성된다. 다시 말해, 어떤 계기에 의해 대상이 주어지고 이로 인해 주체가 형성되면서 비로소 영웅서사가 시작된다. 이때 대상을 주는 것이 바로 발신자다. 다른 식으로 말하자면, 발신자가 준 대상을 주체가 대상으로 인식하고 욕망하게 될 때 이야기가 시작된다.

이야기에 등장하는 모든 행위자들은 무엇인가를 욕망하지만 그렇다고 그들이 모두 주체-행위소가 되는 것은 아니다. 그들의 욕망과 행위가 이야기 속에서 어떤 기능을 하는가에 따라 행위자들은 여섯 개의 행위소로 구분된다. 이야기가 시작해서 끝이 나는 과정을 기본적 기능들 사이의 관계로 환원시킨 것이 바로 주체, 대상, 발신자, 수신자, 조력자, 반대자라는 6개의 행위소로 구성된 행위소 모델이다.

행위소 모델을 다시 말로 풀어 본다면 이렇게 된다. 주체는 발신자가 제시한 대상을 욕망하게 되고 그것을 얻기 위해 행동한다. 이 과정에서 주체의 행동을 돕는 조력자와 방해하는 반대자가 나타난다. 결국 주체가 대상을 획득하게 되면 그 행동으로 인해 혜택을 받는 수신자가 발생한다.

4
영상 분석 사례

2013년 말 미국에서 제작돼 한국에서 천만 명의 관객을 동원할 정도로 큰 성공을 거둔 애니메이션 〈겨울왕국〉의 이야기를 행위소 모델과 기호사각형을 이용해 분석해 보자. 분석을 위해서는 우선 핵심적 주체-대상 관계를 밝혀내야 한다. 〈겨울왕국〉에서 주체의 기능을 할 만한 주요 행위자는 네 명이다. 안나, 엘사, 한스, 크리스토프가 그들이다. 이들 중 이야기를 시작시키고 끝내는 주체-행위소가 있다. 각각의 행위자들이 이야기 안에서 무엇을 욕망하는지를 열거해 보자. 먼저 안나가 욕망하는 것은 엘사와의 관계 회복, 한스와의 결혼, 집 나간 엘사의 귀환, 아렌델의 해빙, 진정한 사랑의 키스 등이다. 엘사가 욕망하는 것은 마법 능력의 제어, 모범적 여왕 직에서의 해방 등이다. 한스가 욕망하는 것은 아렌델의 왕위다. 크리스토프가 욕망하는 것은 안나와의 사랑이다. 이들 중 한스와 크리스토프는 주체가 될 수 없다. 한스는 대상을 얻는데 실패하고 크리스토프도 자신의 행동으로 대상을 획득하는 것이 아니라 다른 행동의 부수적 산물로서 얻게 되기 때문이다.

결국, 안나와 엘사만이 주체로 고려될 수 있다. 먼저 안나를 살펴보자. 안나가 욕망하는 것들을 살펴보면 어떤 공통점을 갖고 있다. 그것은 사랑이라고 부를 수 있는 것이다. 엘사와의 관계회복이나 엘사의 귀환을 바라는 것, 한스와 결혼하고자 하는 것, 아렌델을 해빙시키고자 하는 것은 모두 사랑의 감정에 기반을 두고 있다. 안나가 원하는 것을 한 마디로 규정하면 바로 사랑이다. 실제로 안나는 텍스트 안에서 계속 진정한 사랑을 원한다고 말한다. 한편, 엘사가 원하는 것은 자유라는 말로 요약할 수 있다. 마법능력을 제어하고자 하는 것은 마음대로 마법을 펼칠 수 있는 자유를 얻고자 하는 것이다. 틀에 박힌 모범적 여왕의 신분에서 벗어나고자 하는 것도 자유에 대한 갈망 때문이다.

안나와 사랑, 엘사와 자유는 모두 이야기의 중심적인 주체-대상 관계가 될 수 있다. 그렇다면 어떤 것이 이야기를 이끌어 가는 주체-대상 관계인가? 이것에 답하기 위해서는 먼저 이야기를 시작시키는 최초의 결핍, 혹은 최초의 금지가 무엇인지를 알아야 한다. 왜냐하면 최초의 결핍이나 금지로부터 대상에 대한 욕망이 발생하기 때문이다.

〈겨울왕국〉 이야기에서 최초의 결핍과 금지는 무엇인가? 결핍과 금지를 유발하는 최초의 사건은 무엇인가? 이야기에 나타나는 최초의 사건은 어린 시절 안나와 놀던 엘사가 실수로 마법의 힘으로 안나의 머리를 맞춘 일이다. 의식을 잃은 안나를 치료해 준 트롤은 엘사가 마법을 쓴다는 사실을 안나가 기억하지 못하도록 한다. 그리고 엘사에게 두려움이 그녀의 가장 큰 적이 될 것이라고 경고한다. 이 사건 때문에 엘사의 부모가 왕궁의 문을 폐쇄하고 마법을 쓰는 것을 금지하면서 엘사는 안나와의 만남을 피한 채 홀로 생활하게 된다. 어린 시절 엘사와 놀던 행복한 기억을 가진 안나는 냉랭해진 왕궁의 분위기와 단절된 엘사와의 관계 때문에 외로움을 느끼고 사랑을 갈구하게 된다. 따라서 이 최초의 사건으로 인해 안나는 사랑을 잃고 엘사는 자유를 잃게 됐다고 할 수 있다. 이것이 이야기가 시작되도록 만드는 최초의 결핍이다. 따라서 여기까지는 아직 안나와 엘사 중 누가 핵심적 주체-대상 관계의 행위소가 될지 드러나지 않는다.

최초의 결핍에 의해 발생했지만 아직 잠재돼 있던 대상이 확실히 드러나면서 주체의 행동을 촉발시키게 되는 결정적 사건은 엘사의 대관식 날 발생한다. 한스와 결혼하겠다는 안나와 말다툼을 하던 엘사가 마법을 억제하지 못하고 사용한 후 아렌델을 떠난 것이다. 이것은 최초의 금지가 위반된 사건으로 본격적인 영웅서사가 시작되는 계기가 된다. 이 사건은 안나와 엘사의 서사적 지위에 근본적 차이를 가져온다. 아렌델을 떠난 엘사는 산에서 그토록 갈구하던 자유를 얻는다. 엘사는 모습을 바꾸고 자신의 성을 건설한 뒤 자유를 얻은 것에 만족한다. 이후 엘사는 자유를 위협하는 타인의 행위에 수동적으로 반응할 뿐 어떤 능동적 행위도 하지 않는다. 엘사는 자신이 욕망하던 것을 얻었기 때문에 행위의 추동력을 잃은 것이다.

반면, 안나는 엘사가 떠난 사건을 계기로 자신의 결핍을 확인하고 결핍을 메우기 위해 길을 떠난다. 안나가 대상에 대한 욕망을 자신의 것으로 인식하고 주체로 형성되는 것이다. 이로부터 본격적인 이야기가 시작된다. 이후 일어나는 모든 사건들은 안나가 사랑을 얻기 위해 겪어야 하는 시련들로 이해될 수 있다.

결국, 안나가 자신을 희생하는 궁극적 행위를 통해 사랑을 얻는데 성공함으로써 모든 이의 행복을 보상으로 얻고 이야기는 끝이 난다.

이와 같은 분석을 통해 도출된 행위소 모델의 주체−대상 관계는 바로 안나와 사랑의 관계다. 안나가 주체 기능을 하는 행위소 모델이 전체 서사구조를 보여주는 모델인 것이다. 〈겨울왕국〉의 행위소 모델은 〈표 12〉와 같이 구성될 수 있다. 〈겨울왕국〉은 엘사가 아니라 안나의 영웅서사다. 그것은 사랑의 결핍을 간직한 안나가 엘사의 갑작스러운 가출로 인해 생기는 문제를 해결하기 위해 길을 떠나 시련을 겪은 후 사랑을 획득하면서 문제를 해결하고 모두를 행복하게 만드는 영웅서사다. 이 영웅서사의 줄거리는 다음과 같다. 어린 시절 불행했던 사건의 기억이 트롤에 의해 지워지게 된 안나는 이해할 수 없는 엘사의 냉대 속에서 사랑의 결핍을 느끼며 성장한다. 하지만 행복했던 어린 시절의 기억 때문에 안나는 끊임없이 엘사와의 관계 회복을 추구한다. 갑작스러운 사건으로 엘사가 떠난 후 그녀를 찾아 나선 안나는 크리스토프, 눈사람 울라프, 순록 스벤의 도움을 받으면서 엘사를 다시 찾고 사랑을 얻고자 하지민 한스의 방해와 엘사의 저항에 부딪쳐 어려움을 겪다가 엘사를 위해 자신을 희생하는 진정한 사랑의 행위를 통해 사랑을 획득하고 모든 문제를 해결한다.

그런데 이야기 안에서 안나가 경험하는 사랑은 세 가지다. 엘사와의 사랑, 한스와의 사랑, 크리스토프와의 사랑이 그것이다. 한스와의 사랑은 진정한 사랑인 줄 알았으나 거짓된 것으로 밝혀지는 사랑이고 크리스토프와의 사랑은 사랑인지 몰랐으나 나중에 사랑이란 것을 알게 되는 것이다. 엘사와의 사랑은 원래

〈표 12〉〈겨울왕국〉의 행위소 모델

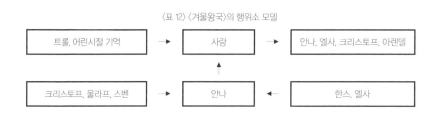

갖고 있었으나 억압돼 잠재적인 사랑으로 머물던 것이다. 이 세 사랑의 정체는 이야기의 마지막 시퀀스에서 갈등이 최고조에 달했을 때 한꺼번에 폭로된다. 한스의 사랑이 거짓이란 것이 폭로되면서 안나는 크리스토프와의 사랑을 깨닫지만 엘사를 구하기 위해 자신의 생명을 희생하고 애초에 억압됐던 사랑을 해방시킨다. 안나의 마지막 자기희생 행위는 엘사로 하여금 자신의 자유를 포기하고 다시 아렌델로 돌아와 모범적 여왕이 되도록 만든다. 결국, 안나는 모든 사랑의 정체를 밝힘으로써 아렌델을 평온한 상태로 되돌리는데 성공하며 그 보상으로 자신의 생명을 되찾고 엘사와 크리스토프의 사랑을 누리게 된다.

따라서 〈겨울왕국〉의 심층 의미를 구성하는 의소는 사랑이다. 이 사랑은 이야기 전반에 걸쳐 여러 이항대립 관계들을 통해 반복적으로 나타난다. 밝은 안나 vs 냉담한 엘사, 여름 vs 겨울, 따뜻함 vs 차가움, 태양 vs 눈, 물 vs 얼음 등의 이항대립이 계속 나타나는데 이 이항대립을 중개하면서 이 대립이 해소될 수 있음을 보여주는 캐릭터가 바로 울라프다. 울라프는 눈사람이면서도 여름과 태양, 따뜻함을 갈망하는 모순된 태도를 보여준다. 그는 안나가 엘사를 찾아가는 시련의 과정에서 만나는 캐릭터로 사랑과 냉담 사이의 이항대립을 중개하면서 안나와 엘사가 함께 할 수 있음을 보여주는 상징으로 기능한다. 그는 애초부터 안나와 엘사가 어린 시절에 함께 만들어 놀던 눈사람이었다. 그는 사랑의 현존을 상징한다. 반면, 한스는 거짓된 사랑으로 안나를 기만하고 사랑에는 무관심하며 안나와 엘사를 모두 죽이려 하는 인물로 울라프의 대척점에 서있다. 그는 사랑의 부재를 상징한다.

이런 분석을 바탕으로 〈겨울왕국〉의 기호사각형을 〈표 13〉과 같이 구성하는 것이 가능해진다. 기호사각형을 구성하는 핵심 의소는 사랑이며 사랑과 냉담의 이항대립을 극복하는 것이 〈겨울왕국〉의 심층 의미다. 〈겨울왕국〉은 기본적으로 안나와 엘사 사이의 긴장 관계를 이야기의 중심축으로 삼고 있다. 사랑을 적극적으로 추구하는 안나와 냉담하게 자신의 마법능력을 해방시키는 것에 집중

하는 엘사가 대립하는 과정에서 안나가 엘사에게 사랑이 모든 문제의 해결책이란 것을 깨닫게 해주는 것이 핵심 내용이다. 따라서 기호사각형의 서로 대립하는 좌우는 안나와 엘사에 의해 표상된다.

한편, 기호사각형의 상하 범주는 울라프와 한스에 의해 표상된다. 따뜻함과 차가움이란 감정을 바보스러울 정도로 순수하게 표현하는 울라프의 대척점에는 진실한 감정 없이 오직 가짜 감정들만을 표현하는 한스가 있다. 눈사람이면서도 여름을 갈망하는 가장 긍정적 캐릭터인 울라프는 진실한 감정의 충만함을 표상하고 사랑에는 완전히 무관심하고 오직 권력만을 추구하는 가장 부정적 캐릭터인 한스는 진실한 감정의 부재를 표상한다.

〈표 13〉 〈겨울왕국〉의 기호사각형

이렇게 도출된 기호사각형에 따르면 〈겨울왕국〉의 서사는 다음과 같다. 안나와 엘사는 어린 시절에는 사랑을 경험하고 있었으나 어떤 사건을 계기로 사랑을 억압하게 된다. 결국 엘사는 완전히 냉담한 상태로 자유를 찾아 집을 떠난다. 기호사각형의 사랑→비사랑→냉담의 서사행로가 이야기의 전반부에서 펼쳐진다. 그리고 이야기의 후반부에서는 이 연쇄에 반대되는 두 번째 연쇄, 즉 냉담→비냉담→사랑의 서사행로가 펼쳐진다. 이때 결말부의 안나는 온갖 시련을 겪은 후 진정한 사랑을 깨달은 영웅이기에 최초의 출발점인 사랑과 마지막 도착점인 사랑은 동일한 사랑이 아니다. 이야기의 종착점은 과거로의 단순한 회귀가 아닌 것이다.

〈겨울왕국〉은 안나의 영웅서사다. 그것은 안나의 성공으로 끝이 나는 전형적인 해피엔딩의 이야기다. 서사구조 안에서 안나와 엘사는 서로 대립하는 요소들이기 때문에 안나의 성공은 사실상 엘사의 실패다. 엘사는 모범적인 여왕이란 구속에서 벗어나 자신의 능력을 마음껏 발휘할 수 있는 자유를 꿈꿨고 그것을 이룬 것처럼 보였다. 그러나 안나에게 있어서 엘사의 자유는 문제로 인식됐고 결국 엘사를 제자리로 되돌림으로써 문제를 해결한다. 마지막에 엘사가 마법의 궁극적 제어력을 획득하게 된 것은 엘사 자신의 행위에 의한 것이 아니라 안나의 행위에 의해 주어진 것이다. 안나는 자기희생이란 '진정한 사랑의 행위'를 통해 엘사를 착한 마녀로 만듦으로써 엘사가 거부했던 모범적 여왕의 자리에 다시 그녀를 앉힌다. 이제 엘사는 자신을 통제할 줄 아는 진정한 모범적 여왕이 된 것이다. 안나가 능동적으로 체제를 거부했던 엘사를 체제에 적합한 수동적 인물로 교정한 것이다.

그레마스의 서사구조 분석은 겉으로는 잘 보이지 않는 심층 의미를 밝혀냄으로써 이야기의 표면적 메시지와는 다른 숨겨진 메시지가 무엇인지 보이게 만든다. 약간 상투적인 표현을 쓰자면 메시지의 제작자가 전하고자 하는 이데올로기를 폭로하는 것이다. 여기에서 행한 서사구조 분석 결과에 따른다면, 〈겨울왕국〉은 남성지배적 담론에 저항하는 독립적이고 능동적인 여성의 모습을 보여줌으로써 젠더 재현에 있어서 전복적인 메시지를 전달하는 것이 아니다. 남성이 아니라 여성이 영웅서사의 주인공이란 점은 과거의 디즈니 애니메이션에 비해 진일보한 것이지만 이야기가 담고 있는 기본적 이데올로기는 변하지 않았다. 〈겨울왕국〉은 기존의 디즈니 애니메이션이 전달하는 체제순응적 가치를 재생산하고 있다. 〈겨울왕국〉은 가족 안에서의 사랑을 최고의 가치로 내세우면서 사람들에게 공동체가 부여한 역할을 받아들이는 것이 최선이라고 말하고 있다. 이것은 남성지배를 위협할 수 있는 마녀를 가족적 사랑의 힘으로 교화시키면서

극적으로 표현된다.

기존의 억압적 체제에서 벗어나 자신의 세계를 건설하려 했던 엘사는 결국 사랑의 힘에 굴복해 다시 체제 안의 역할에 순응하기로 한다. 더구나 여왕으로서 엘사는 여성에 대한 기존의 남성지배적 담론에 그대로 포섭된다. 왜냐하면 엘사는 이성에 대한 사랑을 추구하지 않는 자로 재현되기 때문이다. 남성지배적 담론에서 왕이 되는 남성은 권력뿐만 아니라 사랑을 획득하는 것이 당연하지만 여성은 권력을 얻거나 사랑을 추구하거나 둘 중 하나만을 선택해야 한다. 여성이 사랑과 권력을 동시에 향유하는 것은 인정되지 않으며 권력을 갖고 있으면서도 사랑을 추구하는 여성은 악녀거나 요부다. 훌륭한 군주로 칭송되는 엘리자베스 1세와 선덕여왕에 대한 처녀여왕의 신화, 그리고 사랑과 권력을 모두 추구했기에 악녀와 요부로 불린 수많은 여성 권력자들의 이야기를 생각해보라. 반면, 독일 바바리아의 루드비히 2세처럼 독신으로 지낸 왕은 비정상이거나 광인이라는 평가를 받는다.

엘사는 자유를 포기하는 대신 안전한 권력을 얻고 안나는 엘사를 귀환시킨 보상으로 사랑을 얻는다. 따라서 〈겨울왕국〉은 남성의 세계에서 벗어나 자유로운 주체성을 획득한 여성이라도 그 상태를 유지할 수는 없으며 결국은 다시 남성의 세계에 편입될 수밖에 없음을 보여주고 있다. 엘사는 치명적인 권력을 갖고 있지만 그 권력은 가족 안에서 길들여진 권력이란 점에서 남성이 인정할 수 있는 것이다. 서사구조 분석결과에만 기초한다면 엘사는 남성의 기대에 부응하는 안전한 처녀여왕이 됐고 안나는 사랑으로 가정을 유지하는 여성의 역할에 충실한 체제 순응자라고 할 수 있다.

제11장
도상해석학의 영상 분석

1

도상학과 도상해석학

독일출신의 미술사학자인 파노프스키(Panofsky, 1892~1968)는 도상학과 도상해석학을 구분했다. 그에 따르면, 도상학(iconography)은 도상(icon)에 대해 쓰는 것(graph)으로 영상을 기술하고 분류하는 학문인 반면에, 도상해석학(iconology)은 도상에 대한 사상(logos)으로 도상에 대한 단순한 기술이나 분류를 넘어 도상에 대한 종합적인 해석을 제시하는 것이다.

미술사학자로서 과거의 회화, 조각, 건축 등, 여러 미술작품들의 의미를 해석하는 작업을 하던 파노프스키는 단지 양식이나 모티프들의 구분만으로 미술작품들을 구분하는 것은 문제가 있다고 봤다. 그는 미술작품의 양식이나 모티프, 주제 등을 식별함으로써 미술작품을 분류하고 설명하는 것에서 벗어나 미술작품이 사회와 문화의 맥락과 맺는 관계를 고려해야한다고 주장했다. 즉, 미술작품은 그것이 생산된 시대와 사회의 종교, 사상, 철학 등을 응축해서 보여준다는 것이다.

파노프스키에 따르면, 도상학이 미술작품의 관습적 의미를 구성하는 여러 형태들을 정리하고 일련의 목록을 작성한다면 도상해석학은 미술작품이 만들어진 시대정신을 재발견한다. 도상해석학은 미술작품에 대한 의미 분석이 단순히 관습적 의미를 발견하는 것에서 멈추지 않고 역사적, 사회적 맥락을 고려하면서 영상의 내재적인 의미를 발견하는 것을 목적으로 한다. 이를 통해 미술작품의 분석은 단순히 도상의 관습적 의미를 묘사하는 것이 아니라 문학, 역사학, 사회학, 철학 등 다른 분야의 텍스트들과의 관계 속에서 영상의 내재적 의미를 발견하는 하나의 체계적 학문, 즉 도상해석학으로 자리 잡게 된다.

미술사에서 도상은 일정한 양식을 갖고 유형화된 영상을 지칭한다. 도상학은 원래 이처럼 유형화된 도상들의 의미와 그들 사이의 관계를 밝히는 학문이다. 도상학에서는 미술작품을 단순히 미적인 기능을 하는 것으로 보지 않고 어떤 메시지를 전달하는 것으로 간주한다. 그런데 이 메시지는 특정한 사회, 문화적 맥락 속에서 만들어진 것이다. 따라서 시간이 흘러 작품이 원래의 사회, 문화적 맥락에서 멀어지면 작품이 전달하는 메시지를 파악하기가 어려워진다. 도상학은 이렇게 세월이 너무 흘러 원래의 맥락에서 벗어났기 때문에 의미를 정확히 파악하기 어려운 미술작품의 원래 의미를 알아내기 위한 여러 노력들을 총칭해서 일컫는 용어다. 도상학은 그림이 제작된 시기에 있었던 다양한 텍스트들의 도움을 받아 그림의 의미를 밝힌다.

파노프스키는 이런 도상학의 연장선에서 도상해석학(iconology)이란 용어를 사용한다. 그렇기에 도상학과 도상해석학은 아주 다른 개념은 아니다. 이 둘은 어떤 경우에는 거의 같은 뜻으로 사용되기도 한다. 파노프스키 자신도 도상학과 도상해석학을 구분하지 않고 사용하기도 했다. 굳이 이 둘을 구분하자면 도상해석학은 도상학의 방법론을 포함하면서 기존의 도상학이 고려하지 않았던 사회적, 역사적, 철학적 맥락에서 발생하는 상징적 의미에 관심을 기울인다고 할 수 있다. 이러한 상징적 의미는 예술가가 작품을 만들 때는 의식하지 못했던 것일 수 있다.

2
도상의 유형

　도상학은 미술작품에서 나타나는 도상들의 유형을 구분하고 관습적으로 그것들에 부여된 의미를 발견하는 것을 목적으로 한다. 고대, 중세, 근대에 유럽에서 제작된 미술작품들을 보면 작품 속 인물의 얼굴, 몸짓, 의상 등이 모두 유형화돼 있고 작품이 재현하는 종교적, 역사적 사건 등도 일정한 형식으로 유형화돼 있는 것을 발견할 수 있다. 또 인물이나 사건을 상징하는 특정한 사물들이 반드시 작품 속에 재현되는 것을 볼 수 있다. 이것은 동양의 과거 미술작품들에서도 발견되는 현상이다.

　과거 미술작품에서 발견되는 유형화된 도상에는 다음과 같은 것들이 있다.

　• 유형화된 인물 : 신화나 종교 혹은 역사 속의 인물을 그림으로 재현할 경우, 시대나 화가의 차이에도 불구하고 그림 안에서 특정 인물에 대한 묘사가 동일한 방식으로 되풀이된다. 인물이 유형화되는 방식에 대한 지식을 바탕으로 우리는 쉽게 그림에 재현된 인물의 신분을 알아낼 수 있다.

　예를 들어, 기독교와 관련된 인물들 중 성 세바스찬(Saint Sebastian)은 유럽에서 꾸준히 그림으로 재현돼 왔다. 그는 3세기 말경 로마의 디오클레티아누스 황제가 기독교인들을 박해할 때 순교한 인물이다. 황제의 신임을 얻어 친위대 지휘관이 됐지만 기독교인들을 돕다 체포돼 궁수에게 화살을 맞아 사형을 당하는 벌에 처해진다. 사형 집행 후 죽지 않고 극적으로 살아나지만 다시 황제 앞에 나가 간언하다 죽음을 맞이한 인물이다. 성 세바스찬은 일반적으로 반라 상태로 묶인 채 몸에 화살이 꽂혀 있는 모습으로 재현된다. 따라서 서구의 그림

중에 어떤 남성이 묶인 채 몸에 화살이 꽂힌 상태로 재현된 그림이 있다면 그것은 성 세바스찬을 재현한 그림이라고 판단하면 된다.

• 유형화된 사건 : 특정한 사건도 서로 다른 시대와 화가들에 의해 동일한 방식으로 되풀이해 재현되는 경우가 많다. 특정 사건이 그림에서 어떤 방식으로 유형화돼 재현되는지를 안다면 그림의 의미를 파악하기 쉬워진다.

〈그림 43〉 루이니(Bernardino Luini), 세례 요한의 머리를 든 살로메, 16세기 초

예를 들어, 마리아가 처음으로 예수 잉태 사실을 전해 듣는 '수태고지'와 같은 일은 유럽 회화에서 수없이 재현된 대표적 사건이다. 여러 시대와 국가에서 수많은 화가들이 이 사건을 재현한 그림들을 그렸다. 그림들은 조형적으로는 매우 다른 형태를 갖고 있지만 동일한 방식으로 사건을 재현하기 때문에 그 사건이 '수태고지'란 것을 쉽게 알아차릴 수 있다. '수태고지' 그림에서는 관객이 보기에 화면 오른쪽에 앉아 있거나 서 있는 마리아에게 화면 왼쪽에 위치한 날개 달린 천사가 말을 건네는 모습이 재현된다. 이때, 화면 왼쪽 상단에 있는 하늘에 떠 있는 빛나는 물체나 인물로부터 빛이나 비둘기 등이 나와서 마리아에게 향하는 모습이 재현돼 있기도 하다. 이런 방식으로 재현된 그림은 '수태고지'를 재현하는 영상이라고 해석될 수 있다.

• 인물을 상징하는 물건의 유형화 : 어떤 인물이 특정한 사물과 함께 재현되

는 경우다. 인물의 모습이나 배경이 완전히 다른 그림이라 하더라도 동일한 사물이 인물과 함께 반복적으로 재현됨으로써 인물의 신분을 알려 주는 기능을 한다.

예를 들어, 헤롯의 의붓딸이자 헤로디아의 딸로서 헤롯의 생일축하연에서 어머니의 사주를 받아 세례자 요한의 목을 달라고 해 얻어낸 살로메는 항상 남자의 잘린 머리가 담긴 쟁반과 함께 재현된다. 쟁반 위의 머리는 세례자 요한의 것이다(그림 43).

유형화된 사물은 영상에 재현된 인물의 신분을 밝히는 데 있어서 결정적 역할을 한다. 서양미술에서 남자의 잘린 머리와 함께 재현되는 또 다른 여성은 유디트(Judith)다. 성경에 나오는 이야기에 따르면, 유디트는 자신의 고향 베툴리아를 공격한 앗시리아 군의 적장 홀로페르네스를 유혹해 술을 먹여 잠들게 한 후 그의 목을 잘라 자신의 민족을 위기에서 구해냈다. 남자의 잘린 머리와 함께 재현된다는 점에서 살로메와 유디트는 간혹 구분하기 어려울 정도로 비슷하게

표현된다. 일반적으로 유디트를 재현한 그림에서는 남자의 머리가 쟁반 위에 놓여 있지 않고 자루에 담겨 있거나 탁자 위에 방치돼 있다. 그런데 드물게 남자의 머리가 쟁반 위에 놓인 채 재현되기도 한다. 프란체스코 마페이(Francesco Maffei)의 그림이 대표적 사례다(그림 44). 이 경우, 유디트와 살로메를 구별 짓는 가장 유형화된 사물은 바로 칼이다. 일반적으로 유디트는 적장의 머리를 베는데 사용한 칼을 손에 들고 있는 모습으로 재현된다. 남자의

〈그림 44〉 마페이, 유디트, 1650–60

잘린 머리와 칼이 유디트를 상징하는 유형화된 사물인 것이다.

3
도상해석학의 방법

도상해석학의 방법에 대한 파노프스키의 생각을 압축해서 보여주는 글로 평가받는 〈도상해석학 연구〉의 서문에서 파노프스키는 도상해석학 방법을 다음과 같이 정리하고 있다. 그는 미술작품이 갖는 의미를 크게 세 개로 구분한다. 일차적(자연적) 의미, 이차적(관습적) 의미, 본래(내재적) 의미가 그것이다. 자연적 의미와 관습적 의미가 현상적인 것이라면 내재적 의미는 본질적인 것이다. 이 세 가지 의미, 혹은 주제라고 부를 수 있는 것은 각각 전–도상학적 기술, 도상학적 분석, 도상해석학적 해석을 통해 파악될 수 있다. 따라서 이 의미들은 각각 재현적 의미, 도상학적 의미, 도상해석학적 의미라고 부를 수도 있다.

- 일차적(자연적) 의미 : 재현적 의미
- 이차적(관습적) 의미 : 도상학적 의미
- 본래(내재적) 의미 : 도상해석학적 의미

이 세 의미들은 미술작품을 분석하는 과정에서 단계적으로 자연스럽게 드러난다. 작품의 해석과정에서 우리는 먼저 자연적 의미를 발견하고 관습적 의미를 분석한 다음 내재적 의미를 찾게 된다. 물론 이러한 단계들은 실제 분석에서는 서로 복잡하게 얽혀있으며 사실상 하나의 과정 속에 녹아있다. 따라서 해석

과정에서 실제로 세 가지 단계가 명확히 구분되는 것은 아니다. 이 구분은 실제적이라기보다는 이론적인 구분이라고 봐야 할 것이다. 각각의 의미들을 파악하는 방법은 다음과 같다.

- 일차적 의미, 자연적 의미 또는 재현적 의미를 파악하는 것은 우리의 일상적인 시지각 활동과 연관돼 있다. 미술작품에 나타난 형태들을 식별해 내는 작업이 바로 이 일차적 의미를 파악하는 작업이다. 우리는 미술작품을 보면서 자연스럽게 색, 선, 면 등을 구분해 내고 형태를 파악하게 된다. 이때 파악된 형태는 우리가 일상생활의 시지각 활동을 통해 얻게 된 경험적 지식에 근거해 구체적 대상의 이름을 부여받게 된다. 그리고 미술작품에 재현된 대상들 사이의 관계들도 하나의 사건으로 인지된다. 즉, 〈그림 43〉은 남자의 머리가 담긴 접시를 들고 있는 여자를 그린 것이라는 식으로 이해된다.

일반적으로 일차적 의미는 관객의 일상적 경험으로부터 축적된 지식에 근거해 파악된다. 하지만 때로는 미술작품 속의 특정한 형태가 아주 낯선 것이어서 관객의 일상적 경험을 통한 지식으로는 대상을 식별하기 어려운 경우가 있을 수도 있다. 특히 다른 시대, 다른 사회에서 제작되고 유통된 미술작품의 경우에 이런 일이 종종 발생한다. 이 경우에는 미술작품에 대한 양식사적 지식 등의 도움을 받아 정확한 의미를 파악할 수 있다. 예를 들어, 어떤 그림에 대해 '슬픈 표정의 여자를 위로하는 남자'를 재현하고 있다고 기술하는 것은 아주 단순해 보이지만 사실은 슬픈 표정, 여자, 위로, 남자라는 의미를 알기 위해서는 각각의 요소들이 그림으로 표현되는 양식에 대한 기본적인 이해를 하고 있어야 한다. 미술작품을 볼 때 우리는 단순히 우리의 일상적 경험에 근거해 그림을 파악하는 게 아니라 그림이 역사적으로 대상을 표현해 온 방식에 대한 지식을 바탕으로 그림의 일차적 의미를 파악한다. 파노프스키는 이처럼 미술작품에 등장한 요소들의 형태를 파악하고 양식사적 지식의 도움을 받아 그 형태들이 일차적으로 지시하는 것이 무엇인지를 알고 그 요소들의 의미를 열거하는 것을 전-도상학적(pre-iconographical) 기술이라고 했다.

- 이차적 의미는 미술작품이 생산되고 유통되는 사회에서 반복해 사용되면서 축적된 관습에 대한 지식을 바탕으로 파악되는 의미이다. 그래서 관습적 의미라고도 한다. 일차적 의미가 미술작품 안에 재현된 형상이 무엇인지를 아는 차원의 문제와 관련돼 있다면 이차적 의미는 재현된 형상이 나타내는 특정한 자세나 특정한 물건이 어떤 이야기나 우화 등에 등장하는 특정한 인물이나 사물, 사건을 지시한다는 것을 파악하는 작업과 관련돼 있다. 예를 들어, 벌거벗은 남자가 몸에 화살이 꽂힌 채 기둥에 묶여 있는 장면을 그린 그림이 있다고 하자. 몸에 화살이 꽂힌 남자가 기둥에 묶여 있다는 것을 아는 것이 그림의 일차적 의미를 아는 차원이라면 그림이 성 세바스찬을 재현한 그림이라는 것을 아는 것은 그림의 이차적 의미를 파악하는 차원이다.

이차적 의미를 파악하기 위해서는 미술작품 안에서 반복해서 생산되는 형상들의 유형에 대한 지식이 있어야 한다. 다시 말해, 이미 잘 알려진 다른 미술작품들이나 문학과 종교의 텍스트들에 대한 지식을 갖고 있어야 한다. 어떤 그림이 '최후의 만찬'을 그린 것이라는 것을 알려면 성경이라는 텍스트에 대한 지식과 '최후의 만찬'을 재현한 다른 그림들에 대한 지식이 있어야 한다. 특정한 시기에 특정한 사건과 인물은 특정한 방식으로 유사하게 재현되기 때문에 이차적 의미는 결국 여러 미술작품들을 통해 반복해 재생산되는 유형의 역사에 대한 지식을 통해 파악된다.

미술작품들 중에는 오랜 시간을 두고 같은 유형의 그림이 계속 재생산되고 널리 알려지기 때문에 특별한 지식 없이도 이차적 의미를 쉽게 파악할 수 있는 것도 있다. 이런 경우에 일차적 의미와 이차적 의미 사이의 구분이 모호해 질 수도 있다. 예를 들어, 가시면류관을 쓴 남자의 초상화를 보면 우리는 즉각적으로 예수의 초상화라고 생각한다. 하지만 현재는 더 이상 반복 재생산되지 않는 유형을 담고 있는 미술작품의 경우에는 이차적 의미를 쉽게 알기 어렵다. 이 경우에는 미술작품에 나타나는 유형의 역사에 대한 별도의 지식이 필요하다. 유형을 식별하고 그 유형의 의미를 파악하는 것은 도상학에서 하는 일이다. 따라서 미술작품에서 나타나는 유형을 파악하고 분류하는 것을 도상학적 분석이라고 한다.

- 본래(내재적) 의미는 어떤 시대나 사회, 계급, 종교, 철학 등이 갖고 있는 기본 이념과 관계가 있다. 이것은 미술작품이 가진 본질적 의미, 이데올로기적 의미다. 꼼꼼한 도상학적 분석은 이러한 의미를 밝히는데 큰 도움을 준다. 하지만 도상학적 분석에만 머물러서는 미술작품의 구성적이고 형식적인 특성만을 파악하는데 그치게 된다. 미술작품의 내재적 의미를 파악한다는 것은 미술작품을 사건이나 인물을 재현하는 것으로만 보지 않고 미술작품이 생산된 시대나 사회의 다양한 가치나 이념들을 드러내는 것으로 본다는 의미다. 따라서 미술작품의 내재적 의미를 파악하기 위해서는 도상학적 분석 외에도 미술작품이 갖고 있는 상징 가치에 주목해야 한다. 이 상징 가치는 미술작품의 모티브 선정과 표현 기법은 물론 이야기나 우화의 해석과 구성 기법을 통해 드러난다.

파노프스키는 상징 가치를 발견함으로써 내재적 의미를 밝히기 위해서는 우선적으로 종합직관(synthetic intuition)이라고 부를 수 있는 연구자의 정신적 자질이 필요하다고 본다. 종합직관은 개인이 가진 통찰력이기 때문에 개인의 심리나 세계관과 관계돼 있다. 즉, 많은 도상학적 지식을 갖춘 전문가보다는 오히려 재능을 가진 비전문가가 더 뛰어난 종합직관을 갖고 있을 수 있다. 하지만 내재적 의미의 파악이 종합직관에만 의존하는 것은 아니다. 종합직관에 의한 해석의 오류 가능성이 존재하기 때문이다. 종합직관에 의한 해석을 수정하고 검증하기 위해서는 문화적 징후 또는 상징의 역사라고 부를 수 있는 것에 대한 지식이 필요하다. 이 지식은 미술작품과 연결된 문학, 철학, 종교, 사회, 정치에 대한 다양한 텍스트들과 상황에 대한 연구를 통해 얻어진다.

일차적 의미는 일상적 경험을 토대로 파악할 수 있는 것이고 이차적 의미는 같은 주제를 다루는 동시대의 텍스트들에 대한 이해를 바탕으로 발견할 수 있다. 내재적 의미를 이해하기 위해 필요한 것은 이념과 사상의 일반적 역사에 대한 지식이다. 이것은 특정한 사회의 시대정신이 어떻게 작품의 제작에 영향을 미쳤는지를 파악할 수 있도록 해준다. 일차적 의미나 이차적 의미는 작가가 작품을 제작하면서 알고 있었던 것이고 표현에 대해 고려했던 것이다. 반면에 작가 개인의 독특한 속성이나 시대정신, 정치적, 사회적, 종교적 태도 등은 작가가 의식적으로 표현하려 했던 것이 아니다. 하지만 우리는 다양한 철학적, 문학적, 사회적 텍스트들의 분석을 통해 시대정신을 밝혀내고 이 시대정신이 작가의 작품 속에서 어떻게 나타나고 있는지를 파악할 수 있다. 이처럼 작품이 갖는 본질적 의미를 발견하는 것을 도상해석학적 해석이라고 한다.

이 세 가지 의미에 대한 구분을 정리하면 〈표 14〉와 같다.

〈표 14〉 도상해석학 방법의 구분

해석 대상	해석 행위	해석 도구	해석 교정 도구
일차적, 자연적 의미 : 예술적 모티브를 구성	전-도상학적 묘사	실제적 경험 : 사물이나 사건과의 친밀성	양식(style)의 역사 : 여러 역사적 상황 속에서 사물이나 사건이 형태적으로 표현되는 방식들에 대한 조사

해석 대상	해석 행위	해석 도구	해석 교정 도구
이차적, 관습적 의미 : 이미지, 이야기, 우화를 구성	도상학적 분석	문학적 자료들에 대한 지식 : 특정한 주제나 개념들과의 친밀성	유형의 역사 : 여러 역사적 상황 속에서 사물이나 사건이 특정한 주제나 개념들을 표현하는 방식들에 대한 조사
본래 의미, 내용 : 상징적 가치를 구성	도상해석학적 해석	종합직관 : 인간 정신의 본질적 경향들과의 친밀성	문화적 증후 또는 상징 일반의 역사 : 특정한 주제나 개념들이 인간 정신의 본질적 경향들을 표현하는 방식들에 대한 조사

4
영상 분석 사례

한국에서 21세기 전략사업의 하나로 추진되고 있는 관광사업과 관련해 한국관광공사는 외국인을 대상으로 매년 많은 예산을 들여 홍보포스터를 제작해 세계 각국에 배포하고 있다. 1962년에 한국관광공사가 설립돼 외국인 관광객 유치에 나섰고 외국인을 위한 한국 홍보포스터의 제작 역사도 40년이 넘었다. 외국인을 위한 한국 홍보포스터가 가진 의미를 도상해석학 방법을 이용해 분석해 보도록 하자.

1) 홍보포스터의 전−도상학적 기술

먼저 1995년에 제작된 홍보포스터를 보자(그림 45). 이 포스터는 한 장의 사진영상으로 이뤄져 있다. 사진 우측 상단에 'Korea'란 글자가 크게 표기돼 있고

〈그림 45〉 1995년 홍보포스터

좌측 하단에는 작은 글씨로 '한국관광공사'라는 제작자 명칭이 표기돼 있다. 결국 이 포스터는 문자 언어보다는 영상 언어를 통해 대부분의 메시지를 전달한다. 'Korea'란 문자는 명확히 국가명을 제시함으로써 혹시 있을지 모르는 혼돈을 방지하는 역할을 한다. 그렇다면 한국을 홍보하기 위한 메시지는 거의 전적으로 영상에 의해 제공된다고 할 수 있다.

포스터 영상의 조형적인 면을 기술해 보자. 사실 전─도상학적 기술의 단계에서 순수하게 조형적인 차원에서만 영상을 묘사하는 것은 불가능하다. 어떤 식으로든 해석자의 사회적 경험과 지식에 영향을 받은 묘사가 나타나기 때문이다. 특히 영상으로 재현된 대상에 대한 친밀함 정도는 전─도상학적 기술의 상세함이나 정확함의 정도에 큰 영향을 미친다. 즉, 한국을 알지 못하는 외국인으로서 이 포스터 영상을 기술하는 것과 한국에서 태어나 자란 사람으로서 이 영상을 기술하는 것은 엄청난 차이를 보일 수 있다. 외국인에게는 그저 빨간색, 노란색, 파란색으로 된 천일 뿐인 것이 한국인에게는 친숙한 전통혼례복이며 외국인에게 머리를 장식한 검은색의 네모난 모양의 통으로 보일 것이 한국인에게는 족두리라는 명칭의 특수한 기능을 가진 물건으로 인지된다. 외국인이 보기에는 단지 여자의 얼굴에 있는 빨간 동그라미들일 뿐인 것은 한국인에게는 곤지라는 이름으로 이해된다. 이런 조형적 요소들을 통해 한국인들은 이 영상에 재현된 것이 전통 혼례를 치르는 신부의 모습이라는 것을 쉽게 안다. 심지어는 영상에서 불분명하게 나타나는 배경도 전통 한옥의 모습이라는 것을 한국인이라면 어렵지 않게 알아차릴 수 있다.

따라서 우리는 이 영상이 한옥이 있는 마당에서 한국의 전통 혼례복을 입고 있는 여자를 재현하고 있다고 기술할 수 있다. 더 나아가 영상 속의 여자는 서 있는 상태이며 고개를 숙이고 있다 살짝 고개를 들어 앞에 있는(혹은 있다고 가정되는) 신랑을 바라보며 웃고 있다고 기술할 수 있다. 정리하자면, 이 영상은 한국의 전통적인 집의 마당에서 전통적인 방식의 혼례를 치르는 한 여자의 모습을 재현하고 있다고 말할 수 있다.

2) 도상학적 분석

도상학적 분석에서 주로 밝히는 것은 반복해서 드러나는 유형을 식별하고 그것에 부여돼 있는 의미를 발견하는 것이다. 〈그림 45〉에서 발견되는 유형은 우선 사진영상의 기술적 특성에서 비롯된다. 사진은 사진 장치가 갖는 기계적 속성과 빛의 조작이란 특성 때문에 특정한 형태의 영상들을 만들어낸다. 그리고 이런 영상들은 일종의 수사적 표현 기법으로 사용되면서 특수한 관습적 의미들을 부여받는다.

〈그림 45〉의 사진은 망원렌즈를 이용해 촬영된 것이다. 망원렌즈를 사용해 촬영하면 렌즈의 기술적 특성 상 피사계 심도가 얕아져서 배경이 흐리게 재현된다. 또 인물을 비롯한 전체 영상이 원근감이 별로 드러나지 않고 평면적으로 재현된다. 사진에서 망원렌즈를 사용하는 것은 대개의 경우 배경이 흐려지는 아웃포커스 효과를 통해 중심이 되는 대상의 모습이 부각되도록 하고 평면적인 화면을 구성함으로써 정적이고 부드러우며 낭만적인 분위기를 제공하기 위해서다. 인물사진을 촬영할 때 망원렌즈의 사용이 일반적으로 권장되는 것은 바로 이런 이유에서다. 〈그림 45〉도 망원렌즈를 사용한 전형적인 인물사진의 형태를 보여준다.

이 영상 속 인물의 자세도 전형적인 인물사진의 형태를 갖는다. 더구나 이 자세는 여성적인 매력을 강조하는 자세다. 영상 속의 인물은 머리를 좌측을 향해

〈그림 46〉 광고사진   〈그림 47〉 20세기 초 사진엽서

기울이고 있으며 약간 머리를 숙인 상태에서 눈은 조금 위를 바라보고 있다. 또 두 손을 모은 상태로 얼굴 왼쪽을 향해 들어 올린 상태로 장신구인 비녀를 살짝 만지고 있다. 이것은 현대의 영상들에서 다소곳하면서도 은근히 남자를 유혹하는 여자의 모습을 재현할 때 많이 보여주는 자세다. 많은 광고영상들이나 연예인의 홍보 영상들 또는 일반인의 인물사진이나 웨딩사진에서 자주 볼 수 있는 유형화된 자세다(그림 46, 그림 47).

마지막으로 우리가 주목하는 관습적 의미는 바로 족두리나 한복 등의 도상이 갖는 의미다. 족두리나 한복과 같은 요소들은 우리의 현대 생활에서 일상적으로 접할 수 있는 것이 아니며 현대의 영상들에서도 쉽게 접할 수 있는 것이 아니

〈그림 48〉 광고사진

다. 이 요소들은 특수한 상황에서 발생하는 특수한 사건과 행위를 의미할 때만 사용된다. 즉, 이것들은 명절, 전통 의례 등과 같은 특수한 사건들을 의미할 때 사용된다(그림 48). 그것들은 한국적인 것, 전통적인 것을 의미할 때 관습적으로 사용된다.

이상의 분석을 바탕으로 파악된 포스터 영상의 관습적 의미를 정리하면 다음과 같다. 이 영상은 적어도 20세기 초부터 반복 생산돼 온 인물사진의 유형을 충실히 따르고 있다.

특히 인물의 자세와 표정 등은 이것이 여자를 재현하는 전형적인 인물사진이라는 것을 말해준다. 영상에서 재현된 자세와 표정은 수줍음과 유혹이라는 여자의 이중적 속성을 의미한다. 그리고 족두리, 비녀, 댕기, 곤지, 혼례복 등의 시각적 요소들은 한국의 전통, 혹은 전통적 한국을 의미한다. 영상의 우측 상단에 표기된 'Korea'라는 문자가 영상의 관습적 의미를 명확하게 정박시킨다.

3) 도상해석학적 해석

한국과 한국인의 모습을 담은 최초의 사진들은 1860년대부터 등장했는데, 이것들은 모두 외국인들에 의해 촬영됐다. 1880년대에 들어와 황철, 지운영 등의 개화파 지식인들이 사진기자재를 들여와 사진을 촬영하기 시작했다. 이 한국 최초의 사진가들이 촬영한 사진들은 모두 대궐이나 관아, 한강변 경치 등의 풍경사진과 관리들의 초상사진들이었다. 이들의 사진은 비슷한 시기에 촬영된 외국인들의 사진과는 달랐다.

19세기 말에서 20세기 초 사이에 한국이 세계 여러 나라에 본격적으로 알려지기 시작할 무렵, 한국을 소개하는데 사용된 영상들이 모두 외국인들이 촬영한 사진 등을 바탕으로 했다는 것은 매우 중요한 결과를 초래했다. 한국의 경치, 풍물, 사람들에 대한 영상을 바탕으로 형성된 한국에 대한 표상이 특정한 방식으로 고정된 것이다. 그것은 우월한 권력을 가진 자의 눈으로 자신이 미개하거나 이상하다고 생각하는 자들을 바라보는 방식이었다.

19세기 말 한국을 방문한 서양인과 일본인들이 찍은 사진들 속에서 한국인은 대부분 전신을 다 보여주는 방식으로 나타난다. 이것은 특이한 대상의 외형적 특성을 잘 보여주기 위해 사진을 찍을 때 사용하는 방식이다. 사진 속의 한국인들은 아주 일상적인 장소에서, 거칠게 표현하자면 아무데서나 전신을 관찰하기 위한 대상처럼 촬영된다. 심지어는 더 세밀한 관찰을 위해 스튜디오 안에서 연출된 사진들도 눈에 띤다. 이런 인류학적 관찰의 시선은 지배와 통제를 목적으로 개인을 묘사하고 기록하는 근대의 시선이었다.

여행가, 외교관, 선교사 등의 신분으로 한국을 찾은 많은 서양인들은 귀국 후 출판한 그들의 여행기에서 지저분하고 게으르며 미개해 보이지만 어떤 면에서는 놀라울 정도의 지적 능력을 가진 것처럼 보이는 한국인이라는 동양의 타자에 대해 때

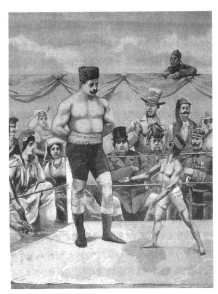

〈그림 49〉 프랑스 신문삽화. 러일전쟁

로는 동정심을 때로는 우월감을 나타냈다. 그들의 이런 감정은 사진을 통해 공공연하게 드러났다. 카메라는 한국인에 대한 그들의 우월한 위치를 확인시켜주는 도구였다. 서양은 능동적인 행위자로서 수동적인 반응자인 동양의 모든 측면에 관한 관찰자이자 재판관이고 배심원의 지위를 차지했다. 이 오리엔탈리즘(orientalism)은 사진과 사진 촬영 행위를 통해 구체적으로 드러났다.

오리엔탈리즘이 영상을 통해 시각적으로 드러난 대표적인 경우는 바로 동양이 여자로서 재현되는 것이다. 유럽과 미국을 중심으로 발전한 제국주의나 식민주의 담론 자체가 지배자에게는 남성성을, 피지배자에게는 여성성을 부여한다. 강한 자에게는 남성성을, 약한 자에게는 여성성을 부여하는 제국주의와 식민주의 담론이 오리엔탈리즘과 맞물리면서 영상을 통한 동양의 재현에 있어서 다양한 변형들을 만들어냈다. 이런 오리엔탈리즘은 보다 정확히 말하면 양가성(ambivalence)을 갖고 있었다. 즉, 동양은 에로틱하고 나약한 여성이거나 발육이 미약한 야만적인 남성으로 재현됐다. 예를 들어, 유럽인들이 보기에 일본은

게이샤로 상징되는 아름답고 신
비로운 나라이면서 동시에 조선
을 지배하고 청나라, 러시아와 전
쟁을 벌여 승리하는 왜소한 제국
주의 국가였다(그림 49). 일본이
동양과 서양의 사이에 선 채 근대
성을 획득하기 위해 매진하는 '놀
라운 작은 민족'이었다면 한국은

〈그림 50〉 프랑스 신문삽화. 일본에 겁탈당한 한국

전근대성의 표본이 되는 야만적인 나라로 유린의 대상이었다(그림 50).

19세기 말부터 20세기 중반에 이르기까지 유럽과 미국의 침탈은 물론, 일본
에 의한 식민 지배까지 받은 한국은 동양의 어리석은 야만국으로서, 식민지로
서 근대적 제국주의 국가들에 의해 타자로서 재현됐다. 이 시기, 한국을 재현하
는 데 주로 사용된 것이 바로 기생의 영상이다. 기생의 영상은 사진엽서, 신문,
잡지, 사진첩, 포스터, 박람회 등을 통해 유통됐다. 특히 사진엽서는 기생을 대
표적인 조선풍속의 하나로 소개했으며 광고나 포스터 등에서는 기생이 대표적
인 조선의 여성상으로 제시됐다.

서양인과 일본인들이 집중적으로 촬영해 유통시킨 인물사진이 기생의 사진
이었다는 사실은 일본을 포함한 당시의 서구 열강이 한국을 바라보는 시각을
잘 드러내 보여준다. 가슴을 드러낸 여자나 장옷을 입은 여자를 보여주는 사진
과 함께 기생의 사진은 동양이라는 전근대적인 타자를 여성화하는 제국주의적
시각을 잘 보여주는 사진이다(그림 51, 그림 52).

가슴을 드러낸 여자나 장옷을 입은 여자의 영상들이 19세기 말의 한국이 갖
는 야만성과 전근대성을 재현하는 영상으로 사용됐다면, 기생의 영상들은 일본
에 의해 식민지화된 20세기 초의 한국이 갖는 이국적 매력을 강조하기 위해 사
용됐다. 이런 영상들은 사진엽서의 형태로 인쇄돼 세계 각국에서 판매됨으로써

〈그림 51〉 가슴을 드러낸 여자

〈그림 52〉 장삼을 쓴 여자

한국의 이미지를 고착시켰다. 일본에 의한 한국지배가 공고하게 되면서 사진 엽서 등은 단순히 이국적인 풍물을 소개하는 것에서 벗어나 관광 홍보 목적으로 제작되기 시작했다. 이 과정에서 기생의 영상은 특히 매춘과 관련된 유흥 문화를 알리기 위해 적극적으로 사용되기 시작했다. 기생의 영상은 초기의 무표

〈그림 53〉 공진회 포스터

정한 표정으로 서있는 정면 모습을 촬영한 인류학적 관찰 사진에서 벗어나 점차 몸의 자세와 표정 등에 변화를 주는 인물 사진으로 변화했다. 일제 식민지배 기간 동안 많은 인기를 끌며 생산, 유통된 기생 사진엽서들에서 기생들은 항상 한복을 입은 모습으로 재현되면서 외국 남성에게 이국적인 성적 대상으로 소개됐다.

1915년 조선총독부 주최로 경복궁에서 열린 '조선물산공진회'라는 일종의 산업박람회를 홍보하기 위해 일본과 한국의 각 지역에 배포된 포스터는 기생의 영상이 단순한 전근대성의 재현 기능을 넘어

섰다는 것을 보여준다(그림 53). 이 포스터의 특징은 산업박람회 홍보를 위한 포스터임에도 산업제품이 아닌 기생의 영상을 전면에 부각시켰다는 것이다. 천연색으로 표현된 이 포스터의 배경은 크게 세부분으로 나뉘어져 있다. 맨 윗부분에는 황혼 무렵의 어두운 경회루의 풍경이 단풍에 둘러싸여 재현돼 있고 가운데 부분에는 밝은 대낮의 박람회의 풍경이 꽃으로 둘러싸여 재현돼 있다. 그리고 맨 아랫부분에는 검은색 바탕에 흰 글씨로 박람회에 대한 정보가 문자로 표기돼 있다. 전근대적 쇠락(경회루, 단풍, 황혼)과 근대적 부흥(박람회장, 꽃, 대낮)의 대조를 보여주는 가운데 화려한 복장에 족두리를 쓴 기생의 모습이 전면을 차지하고 있다.

이런 기생의 영상은 에로티시즘과 에그조티시즘(exoticism)이 결합한 형태로 일본 남성들의 성적 욕망을 자극해 한국으로의 이주와 관광을 유발하려는 유인책으로 사용됐다. 또한 한국인들에게도 박람회의 공개적인 장소에서 누구나 기생을 볼 수 있다는 기대를 갖게 함으로써 기생문화를 대중화했다. 결국 이 포스터는 기생을 당시 한국을 대표하는 영상으로 각인시키는 결정적 계기가 됐고 박람회의 꽃이 기생이라는 암시를 주게 된 것이다.

〈그림 54〉의 기생 영상은 1995년에 제작된 한국 홍보포스터의 신부 영상과 닮았다. 얼굴에 찍힌 곤지만이 포스터 속 여자가 기생이 아니라 신부라는 것을 알려줄 뿐이다. 박람회 포스터의 기생 영상은 일제 식민지배 기간 동안 사진엽서나 포스터, 홍보책자 등을 통해 꾸준히 생산된 기생 영상들 중에서 가장 자주 발견되는 형태의 것이다(그림 55). 당시 일본인과 외국인 관광객을 위해 만들어진 기생의 영상과 유사한 영상이 1995년에도 외국인을 위한 홍보포스터

〈그림 54〉 20세기 초 기생 사진

〈그림 55〉 20세기 초 기생 사진   〈그림 56〉 홍보포스터, 2012

에 사용됐다.

현재 한복을 입은 젊은 여자의 영상은 한국을 모르는 외국인에게 한국을 대표하는 상징으로 인식되고 있다. 이것은 1900년대 이후로 지속적으로 재생산돼 온 기생 영상이 여전히 한국의 상징으로 기능하고 있다는 것을 보여준다. 2000년대 이후 홍보포스터의 영상이 점차 다양화되고 있는 것은 사실이지만, 한복을 입은 여성의 영상은 여전히 국가의 홍보포스터로 사용된다(그림 56).

제12장
사회기호학과 영상

1
사회기호학의 특성

1970년대 호주에서 태동한 사회기호학(social semiotics)은 호주와 영국을 중심으로 발전하고 있다. 할리데이(Halliday), 오툴(O'Toole), 크레스(Kress), 반 리우벤(van Leeuwen) 등이 주요 학자들이다. 사회기호학은 퍼스나 소쉬르 등이 개발한 기호학적 개념을 바탕으로 발전한 기존 기호학들의 문제를 지적하면서 그 기호학들이 소홀히 다룬 기호 제작 과정에 개입하는 사회문화적 맥락과 기호제작자의 능동성을 부각시키고자 한다.

사회기호학의 관점에서 볼 때 기존의 기호학 방법들은 다음과 같은 문제를 갖고 있다.

- 통시적(diachronic) 분석을 소홀히 하고 공시적(synchronic) 분석에 집중한다. 통시적 분석이라는 것은 글자 그대로 시간을 통해 흐르는 변화에 대한 분석이다. 공시적 분석은 동일한 시간대에 발견되는 현상에 대한 분석이다. 일반적으로 기호학은 시간의 흐름에 따라 변하는 기호의 의미에 대한 분석에 소홀하고 어느 한 시점에 고정된 의미의 분석에 매달리는 경향이 있다. 이런 분석은 기호와 텍스트의 의미가 마치 시간과 공간의 변화와는 무관하게 고정돼 있다는 인상을 줄 수 있다.
- 기호의 의미를 기표와 기의 사이의 관계에서 발생하는 것으로 보고 기표와 기의의 관계가 하나의 약호 체계로 고정돼 있는 것으로 간주하는 경향이 있다. 체계로서의 랑그와 실천으로서의 파롤의 구분은 기호 사용 행위를 이미 존재하는 약호를 단순히 이용하는 활동으로 축소하는 결과를 초래할 위험이 있다.

- 텍스트의 의미가 텍스트를 구성하는 기호들 사이의 내적인 관계에 의해서만 생산된다고 보는 경향이 있다. 이 경우, 의미 생산 과정에서 개입하는 사회문화적 맥락이 무시될 수 있다.
- 기호가 사용되는 과정에 개입하는 사회문화적 맥락을 고려할 때도 기호가 사용되는 전반적 맥락을 고려할 뿐 기호 사용자가 가진 성, 인종, 계급, 연령 등의 속성에 의해 발생하는 권력 관계 등을 고려하지는 않는다. 기호 사용자의 성 차이, 인종 차이, 계급 차이 등에 의해 발생하는 의미의 전용과 변화를 고려하지 않는 문제가 있다.
- 기호의 물질적 기반이 되는 미디어가 가진 고유한 속성을 고려하지 않는 경향이 있다. 대표적으로 언어기호와 영상기호 사이의 차이를 고려하지 않고 동일한 개념으로 그 둘의 의미작용을 분석하려는 경향이 있다. 하지만 영상기호는 언어기호와는 다른 개념과 관점을 갖고 분석할 필요가 있다.

이런 문제의식들을 바탕으로 해서 사회기호학은 기호 사용자의 속성과 사회적 맥락을 모두 고려하면서 기호의 의미가 생산, 유통되는 과정을 분석하고자 한다. 사회기호학에서는 기호의 의미가 사회구성원의 사회 활동을 통해 만들어진다고 본다. 텍스트에 의해, 텍스트 안에만 존재하는 의미란 없다는 것이다. 모든 의미는 사회적이다. 사회구성원들이 기호와 미디어를 조작하는 사회적 실천을 통해 만들어내는 것이 바로 의미다. 의미를 분석하는 연구자 또한 사회구성원이라는 점에서 연구자의 분석틀도 가치중립적이거나 객관적인 것이 아니다.

기존의 기호학이 기호가 의미를 생산하는 체계에 대해 관심을 기울였다면 사회기호학은 사회 안에서 사회구성원들에 의해 만들어지는 사회적 의미의 생산 과정에 관심을 기울인다. 어떤 사회적 맥락 속에서, 어떤 문화적으로 의미 있는 행위에 의해 텍스트가 만들어지는가 하는 것이 사회기호학의 일차적 관심사다.

즉, 사회와 문화에 따라 달라지는 특수한 기호현상이 문제가 된다.

구조주의 기호학의 경우에는 텍스트의 의미를 만들어내는 약호를 발견하는 것이 중요하다. 약호는 의미를 만들어내는 규칙이기 때문에 규칙을 알면 의미를 쉽게 알아낼 수 있다. 사회적 맥락을 중요시하는 사회기호학의 경우에는 약호가 그리 중요한 고려의 대상이 아니다. 사회기호학에 따르면, 기호제작자들은 이미 만들어져 있는 약호에 의지하기보다는 스스로 필요한 기호들을 만들어내기 때문이다. 물론, 이 과정에서 사회문화적 맥락이나 관습 등에 의해 영향을 받지만 각각의 기호제작자들은 자신이 가진 개별적 속성에 따라 자신이 가장 적합하다고 판단하는 방식으로 기호를 만들어낸다. 사회기호학에서는 기호 자체보다는 기호를 만드는 사회적 과정(social process of sign-making)에 더 관심을 둔다.

2
사회기호학의 기본 개념들

1) 자원과 관심

사회기호학의 관점에서 보면, 기호의 의미는 기표와 기의 사이의 유사성이나 인과성 혹은 계약에 의해 결정되기보다는 기호를 만드는 사람의 능동적 활동에 의해 만들어진다. 기호 제작자는 이미 마련돼 있는 기호들을 사용하는 것이 아니라 자신이 전달하고자 하는 의미에 적합한 형태를 선택해 기호로 사용한다. 이 과정을 설명하는데 사용되는 두 가지 중요한 개념이 바로 자원(resource)과 관심(interest)이다. 자원과 관심은 다음과 같이 정의될 수 있다.

- 자원 : 특수한 사회적 맥락 안에서 특수한 개인이 이용 가능한 기호적 잠재력

- 관심 : 특수한 사회적 맥락 안에서 어떤 대상을 충분하고 적절하게 재현한다고 여겨지는 대상의 기준면을 선택하도록 이끄는 특수한 개인의 생각

기존 기호학에서는 일반적으로 동일한 약호를 공유하는 두 명 이상의 사람이 동일한 소리나 동일한 영상을 사용하면서 동일한 의미를 주고받는다고 본다. 즉, 모두가 공유하는 하나의 동일한 약호 체계가 미리 존재하고 있고 사람들은 단지 이 약호를 이용할 뿐이라고 보는 것이다. 사회기호학에서는 미리 존재하는 약호 체계에 별로 관심을 갖지 않는다. 기표와 기의 사이의 고정된 연결 고리가 미리 존재하고 있는 상황보다는 그렇지 않은 상황이 더 많다고 보기 때문이다. 우리가 기호를 사용할 때 우선은 서로 독립적으로 존재하는 일련의 기표들과 일련의 기의들이 있을 뿐이다. 기호제작자는 전달하고자 하는 의미가 있을 때 그것을 표현하기 위해 자신이 보기에 가장 적합한 기표를 선택한다. 또 이 과정에서 필요하다면 적절한 기표를 만들어낼 수도 있다. 즉, 의미가 전달되는 바로 그 순간에 기표와 기의가 만나게 되는 것이다.

예를 들어, 내가 자동차를 운전한다고 하자. 신호등이 없는 교차로에서 좌회전을 하려고 기다리는데 반대편에서 오던 차량이 양보를 한다. 나는 좌회전을 하면서 그 차의 운전자에게 감사의 뜻을 표현하고 싶어진다. 어떻게 할 것인가? 창문을 열고 고맙다고 소리칠 수 있다. 손바닥이 보이게 한 손을 들어 올릴 수도 있고 머리를 잠깐 숙여 인사를 할 수도 있다. 또는 두 손가락을 이마에 대며 윙크를 할 수도 있다. 나는 내가 사용할 수 있는 여러 기표들 중에서 감사의 뜻을 표하기에 가장 적합하다고 생각되는 것을 하나 골라 사용할 것이다. 한국

사회에서 대개 감사의 기의를 갖는 기표라고 인정돼 온 것들이나 인정될 것이라고 여겨지는 것 중에서 하나를 선택하는 것이다. 내가 가진 기표의 자원들 중에서 내가 보기에 가장 적절하다고 느끼는 것, 즉, 나의 관심을 끄는 기표를 선택함으로써 나의 기호 제작 과정은 완성된다.

나는 자원들 중에서 내가 보기에 적합하다고 생각하는 나만의 주관적인 자원들을 만들어 관리한다. 내가 한국어를 말한다고 해서 한국어의 모든 자원을 다 알고 사용할 수 있는 것은 아니다. 나는 내가 만들어낸 나만의 한국어 자원을 갖고 있다. 물론 이 자원은 내가 성장한 사회문화적 환경과 밀접히 연관돼 있다.

구조주의 기호학에서 랑그는 파롤을 가능하게 만드는 잠재적인 기호체계고 파롤은 랑그를 구체적으로 구현하는 행위다. 자원 개념은 랑그 개념과 유사하다. 기호제작자의 관심을 통한 기표 선택 행위는 파롤 개념과 유사하다. 랑그와 파롤은 명확히 구분되는 두 개의 다른 개념이다. 랑그는 상당히 추상적인 개념이다. 왜냐하면 우리는 랑그의 실체를 접할 수 없기 때문이다. 예를 들어, 한국어의 랑그는 추상적 개념이지 실제로 우리가 이용하는 구체적 사물은 아니다. 반면에, 자원은 구체적인 사회적 맥락에서 구체적인 개인이 사용할 수 있는 기호들이라는 점에서 덜 추상적이다. 또, 사회기호학에서는 사용가능한 자원과 실제 사용행위를 별개의 것으로 명확히 구분하지 않고 둘 사이의 상호작용 과정을 중요시한다.

영상기호의 사용은 자원과 관심을 통한 기호 제작 과정의 특성을 잘 보여준다. 물론, 영상기호의 경우에도 고정된 약호 체계에 따라 의미가 결정돼 있는 사례들이 있다. 교통 표지판 같은 것이 그렇다. 도로에서 흔히 볼 수 있는 교통 표지판은 대개 영상기호의 형태로 돼 있다. 각각의 표지판 영상기호는 모두 고정된 의미를 갖고 있다. 이 의미는 우리가 운전면허를 따는 과정을 통해 배우고 익힌 약호 체계에 의해 결정돼 있다. 하지만 일반적인 영상기호의 경우에는 기

〈그림 57〉 만 3세의 아이가 그린 얼굴 그림

표와 기의 사이의 관계는 명확히 고정돼 있지 않다.

〈그림 57〉은 만 세 살이 된 아이가 그린 것이다. 아이는 그림을 그리면서 아빠와 자기를 재현한 그림이라고 말한다. 아이가 그린 것은 얼굴이다. 오른쪽에 있는 것이 아빠 얼굴이고 왼쪽에 있는 것이 아이 자신의 얼굴이다. 아이가 눈이라고 말하는 것은 둥그렇게 그리려는 노력의 흔적이 남아있는 두 개의 형상이 있다. 그 아래에는 아이가 코라고 말한 보다 불규칙한 형상이 있다. 아이가 입이라고 말한 것은 긴 선의 모습을 띠고 있다. 오른쪽에 있는 아빠의 얼굴은 왼쪽에 있는 아이 자신의 얼굴보다 개별 형상이 좀 더 크고 간격이 넓어 전체적으로 더 크다는 인상을 준다.

이 그림에는 우리가 얼굴을 그릴 때 흔히 얼굴의 윤곽을 표현하기 위해 사용하는 동그라미 형상이 표현돼 있지 않다. 아이가 동그라미를 그리지 않았던 이유는 몇 가지로 생각해 볼 수 있다. 가장 일차적인 이유는 아마 아이가 눈, 코, 입을 감쌀 수 있는 커다란 원을 그릴 능력을 아직 갖지 못했기 때문일 것이다. 아이는 자신의 기호적 잠재력에 맞춰서 얼굴이라는 대상을 영상으로 재현하기 위해 가장 적절한 요소를 기표로 사용했다. 얼굴 윤곽선보다는 눈, 코, 입이라는 요소가 얼굴을 재현하는 중심 요소라고 생각한 것이다. 즉, 아이는 눈, 코,

입에 관심을 가진 것이다. 결국, 아이는 자신이 가진 기호적 잠재력이 허용하는 자원 안에서 자신이 보기에 얼굴을 구성하는 가장 핵심적인 요소들을 자신에게 가장 적절한 방식으로 표현함으로써 얼굴을 재현했다.

아이가 재현한 것은 대상의 전체 모습이 아니다. 아이가 보기에 얼굴을 재현하는데 필요한 핵심적인 요소들만 재현했다. 대상에서 표현할 핵심적 요소들을 선택하는 것은 바로 아이의 관심이다. 그리고 이 관심은 아이가 가진 사회적, 문화적, 심리적, 기술적 지식과 경험과 능력으로부터 나오는 복합적인 것이다. 이처럼 메시지를 전달하기 위해 기호를 만들어야 하는 상황이 생기면 기호제작자는 자신이 보기에, 즉 주관적으로 가장 적합하고 그럴듯한 형태를 자원으로부터 가져와 기표로 사용한다.

자원 안에서 관심 있는 기표를 가져 오는 것이 기호를 만드는 과정이다. 사회문화적으로 형성된 일정한 사고방식을 획득한 성인들은 기호제작 과정에서 이미 완성돼 있는 기호체계 속에서 기표를 선택하는 경우가 많다. 하지만 사회문화적으로 여전히 성장하고 있는 아이들은 끊임없이 스스로 기호를 만들어가는 과정에 있다. 이 과정에서 성인이 보기에 부적절하거나 부적합한 기호들이 제작돼 사용될 수도 있다. 기호의 사용이라는 측면에서 더 큰 권력을 갖고 있는 성인들은 어린이들의 부적합한 기호 사용에 개입하고 교정을 가한다.

아이가 성장하는 과정에서 그려내는 얼굴 그림의 형태는 계속 변한다. 아이는 성장하면서 새로운 관심을 통해 새로운 기표들을 만들어가고 자원을 풍부하게 구성하게 된다. 대상을 재현하기 위해 아이가 관심을 갖고 선택하는 특정한 형상들은 점점 다양해지고 구성도 치밀해진다. 기호제작을 위해 아이가 만들어내는 자원들이 많아지고 관심이 다양해지는 것은 단순히 제작되는 기호에만 영향을 주는 것은 아니다. 그것은 아이의 생각이나 신념, 태도가 변한다는 것을, 다시 말해 주체성이 변화한다는 것을 보여준다.

이미 사회화되고 자신이 속한 문화를 받아들인 성인의 경우, 기호제작은 사회적으로 이미 구성된 기호 자원들을 이용하면서 이뤄지는 경우가 대부분이다. 따라서 사회적 관습이나 구속이 기호제작에 개입하게 된다. 하지만 성인의 기호제작도 사회문화적 경험이나 현 상황에 대한 인식에 의해 발생하는 관심을 통해 주도된다. 성인도 관심을 토대로 기존의 기호 재료들을 새로운 방식으로 변형시켜 이용하기 때문에 기호제작 행위는 단순히 관습에 의존하는 기계적 행위로만 머물지는 않는다.

2) 사회적 맥락과 권력

사회기호학에서는 단지 특정한 기호의 형태가 특정한 사회적 맥락과 연관돼 있다고 주장하는 것이 아니다. 그보다는 특정한 기호의 형태는 특정한 사회적 맥락 안에서 특정한 사회적 행위자에 의해 생산된다고 주장한다. 즉, 기호와 사회적 맥락을 단순한 상관관계에 있는 것으로 보는 것이 아니라 결정관계에 있는 것으로 본다.

기호가 구체적이고 특정한 사회적 행위자에 의해 생산된다고 말하는 이유는 기호제작과 유통에 권력의 차이가 개입하기 때문이다. 사회적 커뮤니케이션에 참가하는 사람은 자신의 메시지가 특정한 맥락 속에서 최대한 잘 이해될 수 있도록 기호를 제작한다. 그런데 각각의 사회적 행위자마다 기호를 제작하는 능력에 있어서 차이가 있다. 예를 들어, 평균적인 성인과 평균적인 어린이의 경우 일반적으로 기호제작 능력에 있어서 큰 차이가 있다. 기호제작 능력이 큰 사람은 커뮤니케이션 과정에서 더 많은 권력을 행사하게 된다.

영상은 다른 기호처럼 우리 주변의 세계나 우리 안의 세계를 재현하는 기능을 한다. 또 우리가 다른 사람과 사회관계를 맺고 사회적 상호작용을 하는 과정에 개입한다. 내가 어떤 사회나 문화에 속해 있는가, 혹은 내가 어떤 기호 자원들을 보유하고 있고 어떤 관심을 갖고 있는가 하는 것은 결국 세계를 재현하거나 상호작용을 하는 과정에서 결정적인 영향을 미친다. 지배적인 사회집단에 속해 있거나 많은 기호 자원을 보유하고 있는 사람은 다양한 맥락 속에서 사용되는 다양한 기호 규칙들을 쉽게 깨고 새로운 규칙들을 만들어낼 수 있다. 작은 사회집단에 속하거나 하위문화에 속하는 사람들은 그 작은 영역 안에서는 비교적 자유롭게 기호를 제작할 수 있다. 하지만 그들의 기호제작은 그 작은 영역을 벗어나 확산되기 힘들다. 사회적 커뮤니케이션 과정에서 그들은 상대적으로 소수자로 머물고 권력을 가진 다수자가 만드는 규칙들을 따라야 한다.

3) 비상구 표지판의 문화적 의미

사회기호학은 사람들이 기호를 사용하는 과정에 개입하는 사회문화적 맥락에 주목한다. 사회기호학의 시각에 따르면 영미 문화권의 기호 사용과 동아시아 문화권의 기호 사용 행위는 다르다. 기호 사용자의 자원과 관심이 다르기 때문에 사용하는 영상도 다르고 영상을 만드는 방법도 다르다. 이것은 영상기호의 제작과 사용이 보편적이지 않고 문화적으로 특수하다는 것을 보여준다.

사회기호학에서는 서구 문화권과 동아시아 문화권 사이의 차이가 잘 드러나는 영상 사례들 중의 하나로 주변에서 흔히 볼 수 있는 비상구 표지판 사례를 든다. 영국과 일본에서 사용되는 비상구 표지판의 형태가 다르다는 것이다. 영미 문화권에서는 글을 왼쪽에서 오른쪽으로 쓴다. 그리고 동아시아 문화권, 특히 일본에서는 글을 오른쪽에서 왼쪽으로 쓴다. 두 문화권에서 서로 다르게 나타나는 이 방향성은 영상의 제작에도 영향을 미친다.

일본에서 발견되는 비상구 표지판에는 사람이 왼쪽 방향으로 뛰어가는 모습이지만(그림 58), 영국의 비상구 표지판에서는 사람이 오른쪽을 향해 뛰어가는

〈그림 58〉 한국과 일본의 비상구 표지

〈그림 59〉 영국의 비상구 표지

모습으로 표현된다(그림 59). 쉽게 말하면 어디에서 오는지와 어디로 가는지를 표현하는 방법이 두 문화권에서 다르다는 것이다. 이것은 왼쪽과 오른쪽에 대한 문화적 의미가 두 문화권에서 서로 다르다는 것으로도 받아들여질 수 있는 발견이다.

그렇다면 한국은 어떨까? 우리는 일본과는 달리 일반적으로 왼쪽에서 오른쪽으로 글을 읽고 쓴다. 하지만 한자를 읽고 쓰는 습관이 남아 있어 오른쪽에서 왼쪽으로 글을 쓰거나 읽는 것도 무리 없이 허용된다. 실제로 1990년대까지는 오른쪽에서 왼쪽으로 글을 읽어야 하는 신문 등이 남아 있었고 현재도 오른쪽에서 왼쪽으로 글을 쓰고 읽는 문화가 완전히 사라지지는 않았다. 한국의 비상구 표지판 그림은 일본의 것과 동일하다.

이것으로 비상구 표지판 그림과 관련해 문화적 맥락이 작용한다는 설명이 입증된 것일까? 그렇지는 않다. 그런 식으로 설명되지 않는 사례들이 존재하기 때문이다. 영국과 비슷한 문화적 맥락에 있는 프랑스를 비롯한 유럽의 여러 국가들에서 사용되는 비상구 표지판들 중에는 한국이나 일본의 비상구표지판에서와 같이 오른쪽에서 왼쪽으로 뛰는 사람의 모습이 재현된 것들이 있다(그림 60). 이것은 문화적 맥락으로는 설명할 수 없는 것이다. 한국에서도 오른쪽으로 뛰는 사람이 있는 표지판과 왼쪽으로 뛰는 사람이 있는 표지판을 모두 발견할 수 있다. 이런 비상구 표지판은 화살표를 함께 사용하는 경우가 많다. 이때 사람이 뛰는 방향은 화살표의 방향과 일치한다. 이런 표지판은 실제로 탈출구가 있는 방향을 알려 줘야 할 필요가 있을 때 사용된다. 실제로 빠져나가는 길이 있는 방향이 표지판의 사람 모습에 영향을 미친 것이다. 이 경우에는 문자사용에서 유래한 문화적 맥락보다는 현실의 실용성에 대한 고려가 비상구 표지판의 영상기호 제작에 더 크게 영향을 끼쳤다고 볼 수 있다. 따라서 영상기호의 제작과 사용은 사회문화적 맥락

〈그림 60〉 유럽연합의 비상구 표지

에 의해 영향을 받을 뿐만 아니라 기호가 사용되는 구체적 맥락에 의해서도 영향을 받는다.

3
영상기호의 의미

크레스와 반 리우벤은 〈영상 읽기(Reading Images: The Grammar of Visual Design)〉에서 영상이 갖는 의미를 세 가지로 구분한다. 재현의 의미(meaning of representation), 상호작용의 의미(meaning of interaction), 구성의 의미(meaning of composition)가 그것이다. 영상은 우선 현실의 모습이나 관계를 재현한다. 동시에 영상은 관객과의 일정한 상호작용을 통해 의미를 만들어낸다. 그리고 영상의 구성 방식이나 편집, 다른 텍스트와의 관계를 통해 특정한 의미가 전달된다.

영상과 관련해서 의미를 만드는 과정에는 다음과 같은 두 종류의 참가자(participant)가 있다.

- 상호작용 참가자(interactive participant) : 영상을 만들거나 보는 사람들. 이들은 영상을 통해 커뮤니케이션 행위를 하는 사람들이다.
- 재현된 참가자(represented participant) : 영상 안에 재현된 인물, 사물, 장소 등. 이들은 커뮤니케이션의 내용이 되는 일정한 의미를 담고 있다.

1) 재현의 의미

재현의 의미는 영상 안에 재현된 구체적이거나 추상적 요소들, 예를 들어 인물, 장소, 사물 등과 같은 재현된 참가자들이 전달하는 의미다. 영상에 재현된 참가자가 의미를 전달하는 유형은 다음과 같이 크게 두 가지다.

- 서사적 유형(narrative pattern) : 영상에서 어떤 행위를 하고 있는 중으로 표현되는 참가자들.
- 개념적 유형(conceptual pattern) : 영상에서 계급, 구조 등 일반적으로 계속 존재하는 어떤 속성을 가진 것으로 표현되는 참가자들.

(1) 서사적 유형이 만드는 의미

영상 안에 재현된 참가자들이 벡터(vector)에 의해 연결돼 있을 때 이들을 서사적 유형의 참가자라 부른다. 참가자들이 벡터에 의해 연결되면 그들은 누군가에게 또는 서로에게 어떤 행위를 하고 있는 것처럼 재현된다. 벡터는 대개 공간을 가로지르는 선이다. 화살표처럼 명시적이고 추상적인 도형의 벡터도 있고 사람의 팔이나 총, 칼, 길 같은 구체적인 사물의 벡터도 있다. 벡터의 출발점이 되는 참가자를 행위자(actor)라 한다. 행위자의 일부분이 벡터일수도 있고 행위자 자체가 벡터일 수도 있다. 예를 들어, 팔을 들어 어딘가를 가리키는 사람의 영상이 있다면 벡터는 팔이고 사람은 행위자다. 난류와 한류의 흐름을 각각 빨간색과 파란색의 화살표로 표시한 지도가 있다면 두 가지의 화살표는 벡터이자 행위자다. 벡터는 참가자의, 또는 참가자 사이의 능동적인 행위의 관계를 만들어낸다. 행위자에서 나온 벡터가 도달하는 참가자는 목적지(goal)다.

한 영상 안에는 여러 개의 벡터가 있을 수 있다. 따라서 행위자도 여럿이 있을 수 있다. 벡터는 능동적인 행위만을 나타내지는 않는다. 수동적인 행위를 만들어내는 벡터도 있다. 대표적인 것이 바로 시선이다. 시선은 참가자가 다른 참가자의 특정한 행위나 사건을 바라볼 때 발생한다. 시선은 그 자체가 능동적 행위라기보다는 행위에 대한 반응이다. 따라서 시선이라는 벡터의 출발점이 되는 참가자는 행위자라기보다는 반응자(reactor)라고 볼 수 있다. 반응자는 시선을 벡터로 가진 참가자다. 반응자는 행위자와 목적지 사이의 행위를 바라보는 참가자다. 이때 시선의 도달지를 현상(phenomenon)이라 한다.

행위자와 목적지(goal), 반응자와 현상이 영상에 모두 재현돼 있는 상태를 교류(transaction)라고 한다. 일반적인 벡터의 경우에는 대부분 행위자와 목적지가 모두 영상에 재현돼 있다. 즉, 교류가 있는 경우가 많다. 반면에 시선이 향하는 대상은 영상에 재현돼 있지 않는 경우가 많다.

벡터를 통한 서사적 유형의 분석은 행위를 주도하는 능동적 참가자와 행위의 대상이 되는 수동적 참가자, 시선을 주는 참가자와 받는 참가자를 구분함으로써 영상이 재현하는 사건이 누구를 중심으로 어떻게 진행되는지를 발견할 수 있게 해준다. 이를 통해 일정한 형태의 서사적 조작의 가능성을 발견할 수 있다.

캐나다 화가 크릭호프(Cornelius Krieghoff)가 그린 〈질투하는 남편〉을 보자(그림 61). 여기에서 행위자는 방안에 있는 군인이다. 그의 몸과 팔이 벡터로 기능한다. 목적지는 여성이다. 문밖에서는 이들의 교류 행위를 지켜보는 반응자

〈그림 61〉 크릭호프, 질투하는 남편, 1845

가 있다.

영상의 서사적 재현을 분석하기 위해 사용되는 개념들을 정리하면 다음과 같
다.

- 행위자(actor) : 행위를 하는 능동적 참가자. 벡터의 출발점이다.
- 목적지(goal) : 행위를 당하는 수동적 참가자. 벡터의 도착지다.
- 상호행위자(interactors) : 벡터의 출발점이면서 동시에 다른 벡터의 도착지
  가 되는 참가자. 즉, 행위자이면서 동시에 목적지가 되는 참가자.
- 반응자(reactor) : 행위자의 행위를 바라보는 능동적 참가자. 시선의 출발점

이다.

- 현상(phenomenon) : 반응자가 만드는 시선의 대상이 되는 수동적 참가자.
- 일방향적 교류 행위(unidirectional transactional action) : 한 행위자와 한 목적지가 벡터로 연결되는 것.
- 양방향적 교류 행위(bidirectional transactional action) : 상호행위자들이 벡터로 연결되는 것
- 비교류 행위(non-transactional action) : 행위자로부터 나온 벡터가 어떤 목적지도 갖고 있지 않는 것.
- 교류적 반응(transactional reaction) : 반응자와 현상이 시선으로 연결되는 것.
- 비교류적 반응(non-transactional reaction) : 반응자로부터 나온 시선이 어떤 현상도 갖고 있지 않는 것.
- 전환(conversion) : 한 행위의 목적지가 다른 행위의 행위자인 경우
- 감지자(senser) : 생각풍선을 내보내는 참가자
- 화자(sayer) : 말풍선을 내보내는 참가자
- 환경(circumstance) 혹은 배경(setting) : 서사적 재현에 별다른 영향을 미치지 않는 부수적 참가자. 주요 참가자들에 의해 가려지거나 흐릿하게 재현된다.

(2) 개념적 유형이 만드는 의미

벡터가 없는 영상은 개념적 영상이다. 그것은 어떤 행위를 재현하는 것이 아니라 대상을 분류하거나 규정하거나 분석하는 것이다. 개념적 유형의 영상은 상품 카탈로그나 설명서, 지도 등과 같이 어떤 대상의 속성을 알려주는 기능을 하는 영상에서 주로 사용된다.

영상 안에서 여러 참가자들이 동일한 크기와 거리를 갖고 대칭적인 방식으로 배열돼 있는 경우, 그 참가자들은 동일한 범주에 속하는 대상인 경우가 대부분이다. 이 경우, 이 참가자들을 하위자(subordinate)라 부른다. 동물 연감에 여러 동물 그림들이 배열된 경우가 대표적이다. 이 경우에는 하위자들을 포함하는 상위자(superordinate)가 영상 안에 재현돼 있지 않다. 이것을 은밀한 분류(covert taxonomy)라고 한다. 반대로 자동차 광고에서처럼 자동차 전체를 재현하는 영상과 자동차의 여러 부분들을 재현하는 영상들이 함께 배열된 경우에는 하위자들과 상위자가 함께 재현돼 있다. 이것을 외현적 분류(overt taxonomy)라고 한다.

〈그림 62〉 1970년대 패션

한편, 참가자들이 전체와 부분의 관계를 갖고 재현된 영상도 있다. 그런 영상에서는 두 종류의 참가자를 구분할 수 있다. 하나는 개별적인 속성을 가진 여러 개의 소유속성인자(possessive attributes)이고 다른 하나는 소유속성인자들을 담고 있는 운반자(carrier)다. 여러 소유속성인자들이 하나의 운반자를 구성하는 것이다. 의류 광고나 여성 잡지에서 흔히 볼 수 있는 길거리 패션 사진 같은 경우가 대표적이다. 한 인물이 모자, 상의, 하의, 신발 등을 갖춘 상태로 재현된 영상에서 인물은 운반자이고 의류 아이템들은 소유속성인자라고 할 수 있다(그림 62).

그런데 부분적 참가자들이 운반자의 직업이나 성격 등을 의미하거나, 혹은 영상의 전체적 의미를 지시하는 기능을 할 때가 있다. 이런 기능을 하는 부분적 참가자를 상징속성인자(symbolic attribute)라고 한다. 이런 상징속성인자들은 영상의 전면부에 배치되거나 강한 조명을 받는 등의 방식으로 강조되는 경향이 있다. 예를 들어, 가슴에 훈장을 달고 있는 군인의 영상에서 훈장은 상징속성인 자로 기능한다.

한편, 운반자만이 재현된 영상에서 상징적 의미를 만들어내는 조형적 요소가 있을 수 있다. 예를 들어, 전체적으로 밝은 톤으로 영상을 표현한다거나 빨간색 톤으로 영상을 표현하는 경우가 있다. 이것은 영상에 특정한 분위기를 제공함으로써 특정한 상징적 의미를 만들어낼 수 있다. 이런 방식으로 운반자와 관련된 상징적 의미를 만들어내는 것을 상징암시과정(symbolic suggestive process)이라고 한다.

2) 상호작용의 의미

상호작용의 의미는 상호작용 참가자들과 관련된 의미다. 앞에서 말했듯이 참가자에는 크게 두 종류가 있다. 재현된 참가자와 상호작용 참가자다. 상호작용 참가자는 영상을 보는 관객과 영상을 제작하는 사람이다. 따라서 영상을 기반으로 맺어지는 관계는 다음과 같이 세 가지 종류가 있다.

- 재현된 참가자들 사이의 관계
- 재현된 참가자와 상호작용 참가자 사이의 관계
- 상호작용 참가자들 사이의 관계

관객과 제작자 사이의 관계는 어떻게 이뤄지는가? 영상을 제작할 때의 맥락과 수용할 때의 맥락은 다르다. 이 두 맥락이 공동으로 갖고 있는 것은 동일한 영상, 그리고 동일한 커뮤니케이션 자원이다. 영상을 통해 제작자와 수용자가 만나지만 이 둘의 만남이 실제로 이뤄지는 경우는 드물다. 제작자와 관객은 실제로 얼굴을 맞대고 만나는 것이 아니라 영상을 매개로 만난다. 따라서 영상을 통한 상호작용은 대부분 영상 안에 재현된 참가자와 영상을 보는 관객 사이에 서 일어난다.

이 상호작용에 개입하는 요소는 다음과 같이 크게 세 가지가 있다.

- 시선(gaze) : 재현된 참가자가 만들어내는 시선. 재현된 참가자로부터 나오 는 시선은 손짓 등과 같은 다른 몸짓과 함께 관객을 향하는 벡터로 기능함 으로써 관객과 재현된 참가자 사이의 상상적 관계를 만들어낸다.
- 거리(distance) : 재현된 참가자와 관객 사이에 존재할 것으로 상상되는 거 리. 영상이 가진 틀의 크기와 틀 안에 있는 재현된 참가자의 크기가 이 거 리를 결정하는 주요 요소다.
- 관점(perspective) : 관객이 재현된 참가자를 바라보는 관점. 이 관점은 영 상에서 참가자가 어떤 각도에서 재현되느냐에 따라 결정된다.

〈그림 63〉 반 에이크, 빨간 터번을 두른 남자, 1443.

첫 번째, 시선은 재현된 참가자와 관객 사이 의 상호작용을 가능하게 한다. 파노프스키에 따 르면, 영상의 재현된 참가자가 시선을 이용해 관객과 직접적으로 접촉하게 된 것은 1443년 얀 반 에이크(Jan van Eyck)가 그린 〈빨간 터번 을 두른 남자〉에서부터다(그림 63). 이후 시선은 영상의 재현된 참가자와 관객 사이의 상호작용 을 만들어내는 가장 일반적인 수단이 됐다. 정 면을 바라보는 시선을 가진 재현된 참가자와 눈 이 마주친 관객은 즉각적으로 참가자와 상상적 상호작용에 들어간다. 정면을 바라보는 시선은

관객의 주의와 참여를 강하게 요구하는 기능을
한다. 〈그림 64〉에서처럼 시선과 함께 표정이나
손짓 등이 동반되면 관객은 더욱 강하게 참가자
와의 상상적 상호작용에 연루된다.

　관객을 직접 바라보는 참가자의 시선이 요구
(demand)의 시선이라면, 관객을 바라보지 않는
시선은 제공(offer)의 시선이다. 참가자의 시선이
관객을 향하지 않을 경우, 관객은 참가자를 편하
게 관찰하고 조사할 수 있다. 참가자는 관객에게
정보를 제공하거나 관찰을 당하는 대상이 된다.
일반적으로 뉴스나 광고 영상의 참가자들은 요
구의 시선을 갖고 있지만 드라마나 영화 영상의 참가자들은 제공의 시선을 갖
는다.

　두 번째, 거리도 재현된 참가자와 관객 사이의 상호작용에 개입한다. 우리는
일상생활에서 다른 사람과 공간적으로 일정한 거리를 유지하며 살아간다. 상대
방과의 친밀도가 클수록 그와의 공간적 거리는 가깝게 유지된다. 즉, 상대방과
친밀할수록 그와의 공간적 거리는 가까워지고 그저 얼굴만 안다거나 아니면 전
혀 모르는 사이일 때 공간적 거리는 멀어진다.

　미국의 인류학자 에드워드 홀(Edward T. Hall)이 주장한 공간학(proxemics)
이론에 따르면, 사람들은 자신만의 개인적 공간을 확보하려는 경향이 있다. 그
공간은 상대하는 다른 사람과의 친밀도에 의해 달라진다. 개인적 공간을 확보
하기 위한 거리는 다음과 같이 네 가지로 구분된다.

• 친밀한 거리(intimate distance) : 부부, 연인처럼 신체적 접촉이 당연시되는
　 사람들과 유지하는 거리.

- 개인적 거리(personal distance) : 친한 친구, 친척처럼 친근한 사람들과 유지하는 거리.
- 사회적 거리(social distance) : 동료 등과 같이 안면이 있는 사람들과 유지하는 거리.
- 공적 거리(public distance) : 완전한 타인과 유지하는 거리.

　다른 사람과 유지하는 거리는 몸의 접촉을 허용하는 친밀한 거리에서부터 개인적 거리, 사회적 거리를 거쳐 완전한 타인과 유지하는 공적 거리 등으로 구분된다. 거리가 가까울수록 사람의 정서적 개입이 커지고 거리가 멀어지면 비교적 무관심하고 이성적으로 관찰할 수 있게 된다. 사회적 거리나 공적 거리만큼 떨어져 있어야 할 동료나 타인이 친밀한 거리나 개인적 거리 안으로 들어오게 되면 심리적으로 불편한 감정을 느낀다. 마찬가지로 친밀한 거리에 있어야 할 연인이 사회적 거리를 유지하며 떨어져 있으면 불편함을 느낀다.

　영상에서 이 거리는 영상을 구성하는 틀의 크기와 틀 안에 재현된 참가자의 범위에 의해 결정된다. 클로즈업으로 사람의 얼굴을 크게 틀 안에서 재현한 영상의 경우, 참가자와 관객 사이의 거리는 매우 가깝게 느껴진다. 이것은 얼굴만을 지각하게 되는 친밀한 거리가 된다. 반대로 롱숏으로 배경과 사람들을 모두 영상 안에 재현할 경우 친밀감이 개입하지 않는 공적 거리가 실현된다. 영상의 크기를 공간학 이론의 거리와 연관시키자면, 클로즈업(머리와 어깨 정도까지 재현)은 친밀한 거리나 개인적 거리, 미디엄숏(머리에서 허리, 무릎 정도까지 재현)은 사회적 거리, 롱숏(전신 이상을 재현)은 공적 거리를 만들어낸다고 할 수 있다.

　친밀한 거리나 개인적 거리를 만드는 영상은 관객이 참가자와 감정적으로 연루되도록 만들 수 있다. 반면에 공적 거리를 만드는 영상을 보는 관객은 감정적 연루 없이 참가자를 관찰할 수 있다. 따라서 관객에게 감정적 호소를 할 필요가 있을 때 클로즈업 영상이 주로 사용된다.

세 번째, 관점도 재현된 참가자와 관객 사이의 상호작용에 개입한다. 관점은 관객이 대상을 바라보는 위치를 결정한다. 일반적으로 영상은 특정한 위치에서 바라 본 장면을 재현한 것이다. 이 위치는 나중에 관객이 영상을 바라볼 때 놓이게 되는 가상의 위치가 된다. 이 위치가 재현된 참가자의 시선보다 낮다면 관객은 권력적으로 참가자보다 열등한 위치에 놓이게 된다(low angle). 위치가 참가자의 시선보다 높다면 관객은 참가자보다 권력적으로 더 우월한 위치에 있는 것처럼 지각된다(high angle). 눈높이가 동일하다면 관객과 참가자 사이의 권력도 동등한 것이 된다.

예를 들어, 고객에게 서비스를 제공하는 회사를 소개하는 홍보 영상에서 직원들의 사진은 의도적으로 위에서 내려다보는 관점에서 촬영된다(그림 65). 반면에 강한 지도력이 필요한 정치인이나 강력한 신체적 능력을 바탕으로 대중의 우상이 되는 스포츠 스타 같은 경우에는 아래에서 위를 바라보는 관점에서 영상으로 재현되는 경우가 많다.

〈그림 65〉 행정 서비스를 제공하는 부서의 홍보 사진(high angle)

상하의 구별이 있는 수직선상의 관점이 권력관계를 만들어낸다면 수평선상에서의 관점의 이동은 관객과 재현된 참가자 사이의 연루관계를 만들어낸다. 일반적으로 참가자를 정면에서 바라보는 위치에서 만들어진 영상은 관객이 영상의 재현된 세계에 정서적으로 연루되도록 만든다. 반면 옆면에서 바라보는 위치에서 만들어진 영상은 관객이 거리를 두고 영상의 재현된 세계를 관찰하도록 만든다.

영상에서 조형적 요소들을 구성하는 작업은 재현의 의미와 상호작용의 의미를 부각시키거나 서로 연결시키는 기능을 한다. 구성을 통해 생성되는 의미는 다음과 같은 세 가지 요소들을 기반으로 한다.

- 정보 가치(information value) : 영상 공간 안의 여러 지역에 결부된 가치. 영상의 공간은 위, 아래, 오른쪽, 왼쪽, 중앙, 주변 등으로 구분되는데 각 지역들은 서로 다른 정보 가치들을 갖고 있다. 어떤 지역에 놓인 참가자는 다른 지역에 놓인 참가자보다 더 가치 있는 것으로 인식된다.
- 돌출(salience) : 참가자들이 관객의 관심과 주목을 끄는 정도. 영상의 전면과 후면, 재현된 크기의 정도, 색의 선명도, 윤곽의 뚜렷함 등에 따라 참가자의 중요도가 달라진다.
- 프레이밍(framing) : 화면을 나누는 선의 존재 유무. 이러한 선들은 영상의 재현된 참가자들을 연결시키거나 단절시키는 역할을 하면서 하나의 의미 단위로 묶어 주기도 하고 다른 의미 단위로 분리시키기도 한다.

첫 번째, 영상 안의 지역이 가진 정보 가치에 따라 참가자가 갖는 의미가 달라진다. 영상 공간 안의 위치가 갖는 가치는 영상을 만든 사회의 문화와 밀접한 관계가 있다. 글을 왼쪽에서 오른쪽으로 쓰는 문화에서는 왼쪽보다 오른쪽이 더 큰 정보가치를 갖는다. 크레스와 반 리우벤에 따르면, 서구문화권에서 왼쪽은 주어진 것, 오른쪽은 새로운 것의 가치를 갖는다. 다시 말하면, 왼쪽에 제시된 것은 누구나 다 알고 있는 것, 오른쪽에 제시된 것은 아직 알려지지 않은 것, 특별히 관심을 둬야 할 것으로 이해된다. 다이어트 상품이나 미용용품 광고에서 흔히 볼 수 있는 '이전(before)'과 '이후(after)'영상이 대표적인 것이다.

〈그림 66〉의 광고 영상에는 왼쪽에 흑백 한복을 입은 할머니가, 오른쪽에는 빨간색의 짧은 원피스를 입은 젊은 여성이 자리 잡고 있다. 할머니는 큰 판형의 흑백신문을 보고 있고 젊은 여성은 타블로이드 판형의 컬러 신문을 보고 있다. 왼쪽에 위치한 것은 낡은 것, 오른쪽에 위치한 것은 새로운 것이란 정보 가치를 이용해 영상을 구성한 광고라고 할 수 있다.

〈그림 66〉 광고사진

하늘에 특별한 종교적 의미를 부여하는 문화에서는 위쪽에 있는 것은 이상적인 것, 아래쪽에 있는 것은 현실적인 것으로 인식된다. 다시 말하자면, 위쪽에 제시된 것은 현재는 그렇지 않지만 미래에 그렇게 될 것 또는 그렇게 되길 희망하는 것이다. 아래쪽에 제시된 것은 지금 현재의 모습이다. 광고 영상을 예로 들어 설명하자면, 위쪽은 상품이 제공하는 이상적인 모습, 아래쪽은 상품 자체의 모습이 재현된다. 따라서 광고 하단에는 상품에 대한 구체적 정보와 설명이 표기되고 광고 상단에는 상품을 사용하는 이상적 모습이 영상으로 재현되는 경우가 많다.

중앙과 주변의 구분은 영미문화권보다는 아시아 문화권에서 더 강하게 나타난다. 불교의 많은 탱화들이 가장 중요한 인물을 중앙에 배치하는 형대로 제작됐다. 이것은 유럽의 종교화들이 왼쪽과 오른쪽의 관계를 기반으로 제작된 것과 비교된다. 일반적으로 중앙에 제시된 것은 핵심적인 것으로 주변에 제시된 것은 부수적인 것으로 인식된다.

공간의 위치에 따른 정보 가치들은 각각 별개로 기능하기보다는 서로 연결돼 상호작용하면서 역할을 수행한다. 또 하나의 개별 영상이 아니라 신문이나 잡지의 편집된 면처럼 복합적인 시각적 텍스트가 구성되고 의미를 만들어내는 과정에서도 중요한 역할을 한다. 주의할 점은 이 정보 가치가 보편적이고 일반적으로 적용되는 것이 아니라 사회, 문화마다 다르게 적용된다는 것이다.

두 번째, 돌출 정도에 따라 참가자들의 의미가 달라진다. 돌출은 관객이 재현된 참가자에 주목하게 되는 정도이다. 참가자가 위치한 장소와 관계없이 그것이 얼마나 돌출됐느냐에 따라서 그것이 갖는 중요도가 달라질 수 있다. 돌출의 정도는 객관적으로 측정할 수 있는 것이 아니라 관객이 주관적으로 느끼는 것이다. 일반적으로는 전경과 후경의 위치, 크기의 차이, 색과 윤곽의 선명도 등에 따라 돌출의 정도가 달라지는 것으로 인식된다. 돌출의 정도가 정보 가치와 합쳐지면서 상승작용을 일으킬 수도 있고 반대로 정보 가치를 상쇄시키면서 균형을 잡는 기능을 할 수도 있다.

〈그림 66〉의 광고는 돌출의 측면에서도 분석될 수 있다. 흑백의 옷을 입고 흑백 신문을 든 키가 작은 할머니와 빨간 옷을 입고 컬러 신문을 든 키가 큰 여성은 왼쪽과 오른쪽이란 정보가치와 맞물리면서 영상이 전달하고자 하는 의미를 더욱 확실히 전달한다.

세 번째, 프레이밍 방식에 따라 참가자들이 갖는 의미가 달라진다. 프레이밍은 영상의 구성요소들이 서로 연결돼 있는 것처럼 제시되느냐, 분리돼 있는 것처럼 제시되느냐 하는 것을 결정한다. 동일한 집단에 속하는 사람들, 예를 들어 같은 팀의 운동선수들이나 같은 정당의 정치인들, 같은 그룹의 가수들은 대개 하나의 틀을 가진 영상 안에 같이 재현된다. 반대로 성격이 다른 집단의 구성원들은 각각 분리된 독자적인 틀을 갖는 경우가 많다. 동일한 집단의 구성원들이 어떤 영상 안에서 선으로 분리된 채 재현되는 경우는 그들이 어떤 문제에 대해 다른 입장을 나타내거나 결별했음을 나타낸다(그림 67).

〈그림 67〉 이혼을 의미하는 영상

제13장
정신분석학과 영상

1
정신분석학의 기본 개념들

정신분석학은 오스트리아 의사 프로이트(Sigmund Freud, 1856-1939)에 의해 창시됐다. 히스테리 환자나 신경강박증 환자를 주로 치료하던 프로이트는 환자들이 나타내는 언어적, 신체적 증후들은 모두 어린 시절에 겪었던 성적인 사건들에 대한 기억들이 억압돼 있다가 왜곡된 형태로 드러난 결과라고 생각했다. 정신질환의 상당수가 사실상 어린 시절에 겪은 성적인 사건에 의한 정신적 외상(trauma)에 직접적으로 연결돼 있다는 생각을 토대로 1896년 프로이트는 정신분석학이라는 새로운 이론 체계를 제시하게 된다.

프로이트의 정신분석학에 관심을 갖고 지지하는 사람들이 서서히 늘면서 정신분석학은 심리학의 한 분파로 인정을 받게 됐다. 이후 융(Jung, 1875-1961), 라캉(Lacan, 1901-1981) 등이 때로는 프로이트에 반대하면서, 때로는 프로이트의 생각을 확대 재해석하면서 정신분석학의 분야를 넓혀 갔다. 정신분석학은 환자를 치료하는 의학의 이론과 기법이지만 거기에 머물지는 않았다. 이미 프로이트 자신이 정신분석학을 단순히 환자를 치료하기 위해 사용하는 데 만족하지 않고 여러 사회 문화적 현상들을 분석하는 데 이용했다.

정신분석학의 기본 전제는 인간의 정체성, 심리, 행동이 기본적으로 어렸을 때 겪었던 일들의 기억과 그 기억의 억압에 의해 결정된다는 것이다. 어렸을 때 겪은 일들은 대부분 성적인 내용을 가진 사건들이다. 다시 말해, 이 사건들은 몸과 관련된 것이다. 인간은 태어나면서부터 자연적으로 몸이 요구하는 것들을 충족시킴으로써 쾌락을 얻고자 한다. 그런데 사회화 과정을 겪으면서 육체적 쾌락을 무조건적으로 추구하는 것은 금지된다. 인간의 자연발생적 욕망 추구 활동에 대한 사회적 금지는 인간을 사회적 주체로 만드는 출발점이 된다. 이

- 충동(Trieb) : 육체적 기관들을 움직이는 활동의 원천이 되는 힘.
- 리비도(Libido, 욕망) : 성적인 충동이 인간의 심리 안에서 나타나는 것.
- 쾌락원리(Lustprinzip) : 고통을 피하고 즉각적인 쾌락을 추구하고자 하는 것. 여기에는 시간관념도 없고 논리도 없다. 모순된 것도 공존 가능한 상황에서 본능적 쾌락을 추구하는 것은 유아들의 행동에서 찾아볼 수 있다.
- 현실원리(Realitätprinzip) : 미래를 위해 현재의 즉각적인 쾌락을 포기하거나 연기하고자 하는 것. 사회화를 거치면서 욕구를 통제할 수 있게 된 사람들이 보여주는 행동의 원리.
- 무의식(Unbewusste) : 의식에 의해 접근되지 않는 정신 활동 영역. 억압된 내용이 머무는 영역.
- 전의식(Vorbewusste) : 의식 안에 나타나지는 않지만 원칙적으로 의식에 의해 접근될 수 있는 정신 활동 영역.
- 의식(Bewusste) : 지각되는 정신 활동 영역.
- 이드(Es) : 그것. 충동의 표현을 내용으로 갖고 있으며 무의식에 속하는 것.
- 자아(Ich) : 나. 무의식, 전의식, 의식을 모두 포함하는 정신 활동의 소재지로서 충동과 억압 사이의 갈등이 일어나는 장소.
- 초자아(Über-Ich) : 자아에 대한 판결과 검열의 역할을 하는 이상적 자아.
- 억압(Verdrängung) : 쾌락을 유발하지만 동시에 불쾌의 원인이 되면서 심리 작용의 균형을 무너뜨리는 충동과 관련된 모든 생각들을 무의식 안에 가둬두는 활동. 무의식의 핵심을 구성한다.
- 방어(Abwehr) : 충동에 의한 내적 공격과 외적 공격으로부터 자아를 보호하기 위한 일련의 활동.
- 환상(Phantasie) : 무의식적 욕망의 충족을 위해 주체가 상상하는 내용. 이

내용은 방어 활동에 의해 어느 정도 왜곡된 방식으로 표현된다.

- 거울 단계(stade du miroir) : 라캉이 사용한 용어. 생후 6개월에서 18개월 사이에 아이가 거울에 비친 자신의 이미지를 보면서 자신의 몸이 가진 단일성과 통일성을 발견하는 단계. 거울 단계에서 단일한 몸을 가진 주체 개념이 형성된다.

- 실재계(le réel) : 라캉이 사용한 용어. 상징화하기 불가능한 내적 현실. 무의식적 욕망과 환상이 지배하는 세계.

- 상상계(l'imaginaire) : 라캉이 사용한 용어. 자신과 닮은 타자의 영상과 상상적으로 동일시하면서 자아에 대한 환영이 만들어지는 세계. 자아와 주체 사이의 이원적 관계에서 분열의 경험이 발생하는 거울 단계와 관련이 있다.

- 상징계(le symbolique) : 라캉이 사용한 용어. 소쉬르의 기호학에 기반을 둔 언어 체계를 바탕으로 구성되는 재현 체계. 주체가 가진 상징화 능력은 언어 체계에 의식적, 무의식적으로 의존한다.

- 전치(Verschiebung) : 무의식에 억압된 내용이 의식의 검열에 의해 위협적이지 않은 왜곡된 형태로 나타나는 대표적 과정 중 하나. 무의식 안에 억압돼 있어서 드러나지 않는 내용이 연상적인 미끄러짐을 통해 의식 안에서 드러날 수 있는 다른 내용을 통해 나타나는 과정. 억압된 내용과 드러나는 내용이 인과적인 연속성을 가진 연상에 의해 연결되기 때문에 이를 환유의 작업이라 보기도 한다. 예를 들어, 물고기자리를 가진 친구를 죽이고 싶은 욕망은 물고기를 죽이는 꿈을 통해 충족될 수 있다.

- 압축(Verdichtung) : 무의식에 억압된 내용이 의식의 검열에 의해 위협적이지 않은 왜곡된 형태로 나타나는 대표적 과정 중 하나. 무의식 안에 억압돼 있어서 드러나지 않는 내용이 그 내용과 어떤 공통점을 가진 여러 내용들의 압축된 형태로 의식 안에서 나타나는 과정. 억압된 내용과 드러나는 내

용이 연속성이 없이 상징적으로 연결되기 때문에 이를 은유의 작업이라 보기도 한다. 예를 들어, 물고기자리의 친구를 죽이고 싶은 욕망은 해변에 있는 수영장 딸린 집에서 낚시하는 게임을 하면서 털이 하나도 없는 고양이를 죽이는 꿈을 통해 충족될 수 있다.

- 외디푸스 콤플렉스(Ödipuskomplex) : 자신과 동성 부모에 대한 적대감과 이성 부모에 대한 성적 욕망을 나타내는 무의식적 생각. 남자 아이의 경우는 아버지를 증오하고 어머니를 사랑한다.

- 거세 공포(Kastrationskomplex) : 아이가 남녀 성기의 해부학적 차이를 발견했을 때 느끼게 되는 무의식적 위협의 감정. 아버지와 어머니 사이의 성 관계에 대한 아이의 궁금증은 성기에 대한 관심으로 나타난다. 이때 성기는 남자의 성기, 음경이다. 왜냐하면 그것은 쉽게 눈에 띄기 때문이다. 남자 아이의 경우, 음경이 어머니를 비롯한 여자들에겐 없다는 사실을 발견함으로써 큰 충격을 받는다. 그는 여자들이 원래 갖고 있던 음경이 잘려졌다는 결론에 도달하게 되고 자신의 것도 잘리게 되는 벌을 받을지 모른다는 거세 공포를 갖게 된다.

- 페티시(fetish) : 욕망의 대상을 대신하는 물건. 어머니의 음경을 욕망하던 아이는 그것이 없다는 것을 알고 그것을 대신할 것을 찾게 된다. 여자의 발이나 신발, 손톱 등은 음경을 대신할 것으로 가장 자주 이용된다. 페티시는 욕망의 대상 자체가 아니라 그것의 대리물일 뿐이기 때문에 페티시를 소유하는 것으로는 욕망이 충족되지 않는다.

- 남근(phallus) : 사회적 권력관계 안에서 남성의 성기가 수행하는 상징적 기능과 결부된 개념. 남근은 남성의 상징적 권력을 나타낸다.

- 대타자(Autre) : 라캉이 사용한 용어. 주체의 행동, 말, 삶을 내적, 외적으로 결정하는 상징적 장소. 기표, 언어, 무의식, 법, 신 같은 것들이 대타자의 역할을 한다. 소문자 타자(autre)가 주체와 이원적 관계(나와 남)를 갖는 반

면에 대타자는 삼원적 관계 안에서 주체와 타자(대상)의 관계를 결정하는 제3의 요소다.

- 대상 작은 a(objet petit a) : 라캉이 사용한 용어. 소문자 a라는 대상. 이때 a는 소문자 타자와 관계돼 있다. 주체가 욕망하는 대상이지만 주체로부터 벗어나 있어서 주체가 재현할 수도 상징화할 수도 없는 대상. 따라서 이 대상은 결핍 상태(manque à être)로만 나타난다. 이 경우, 욕망의 대상이 결핍돼 있기 때문에 주체는 욕망의 원인을 알 수 없다. 욕망이 충족되지 않고 끊임없이 발생하는 것은 이런 이유에서다.

2
영상에 대한 정신분석학적 접근들

영상에 대한 정신분석학적 접근은 다음과 같이 크게 세 가지로 구분될 수 있다.

- 영상 안에서 무의식 안에 억압된 것이 왜곡된 형태로 귀환한 것을 발견하고 그 의미를 해석하는 작업
- 영상과 관객 사이에서 응시를 통해 젠더의 주체성이 어떻게 구성되는지를 분석하는 작업
- 영상 장치가 갖고 있는 속성이 무의식적 욕망이나 환상과 어떤 관계를 갖는지를 분석하는 작업

1) 억압된 것의 귀환

영상 안에서 억압된 것의 귀환을 발견하는 작업으로는 꿈 해석이 대표적 사례다. 무의식 안에 억압돼 있는 것은 의식의 감시를 벗어나 호시탐탐 밖으로 나올 기회만을 노리고 있다. 일상생활에서 우리가 흔히 저지르는 말실수는 단순한 착각이나 실수가 아니라 바로 무의식 안에 억압된 것이 의식이 느슨한 틈을 타서 불쑥 나타난 결과다. 예를 들어, 내가 "이제 회의를 시작하겠습니다"라고 말해야 하는데 실수로 "이제 회의를 마치겠습니다"라고 말했다면 그것은 내가 의식하지 못했지만 사실은 회의를 하고 싶지 않았기 때문일 수 있다. 마찬가지로 꿈이나 백일몽도 의식의 감시가 느슨한 틈을 타 무의식 안에 억압돼 있던 것이 귀환하는 통로가 된다.

그런데 무의식 안에 억압된 것은 그것이 온전한 모습으로 드러날 때 우리의 정신 활동을 위협한다. 왜냐하면 그것이 애초에 의식이 접근할 수 없는 무의식 안에 억압된 이유는 바로 그것이 드러날 경우 우리에게 큰 정신적 고통을 수기 때문이다. 따라서 억압된 것은 원래의 형태로 나타나지 못하고 의식의 감시와 검열을 피해 왜곡된 형태로 모습을 드러낸다. 이처럼 억압된 것이 왜곡된 형태 속에 본 모습을 숨기기 때문에 우리는 그것의 의미를 정확히 알 수 없게 된다. 결국 그것이 출현하더라도 왜곡된 형태이기 때문에 정신 활동에 위협이 되지 않는다. 전치와 압축은 억압된 것이 위협이 될 만큼 온전한 형태로 드러나지 않도록 개입하는 의식의 검열 활동이다.

꿈에서는 비록 왜곡된 형태이긴 하지만 억압된 무의식적 욕망이 상상의 형태로 충족되는 것이기 때문에 꿈은 일종의 소원 성취라고 할 수 있다. 예를 들어, 아버지를 죽이고 싶은 욕망이 무의식에 억압돼 있다가 꿈에서 아버지를 대체하는 다른 어떤 것을 파괴하는 방식으로 충족될 수 있다.

꿈의 내용이 주로 영상의 형태로 지각되기 때문에 꿈에 대한 정신분석학적 해석은 영상의 숨겨진 의미를 분석하는 작업과 연결될 수 있다. 정신분석학에서는 무의식에 억압된 것이 본질적으로 성적인 내용을 갖고 있다고 보기 때문에 영상을 분석하는 과정에서도 평범해 보이는 사물이 사실은 성적인 것을 의미하고 있음을 밝히는 경우가 많다. 이런 분석은 종종 영상에서 정형화된 성적 상징들을 발견하는 것으로 귀결된다. 예를 들어, 꿈에 등장하는 총, 칼, 막대 등은 남자의 성기를 의미한다거나 승마나 춤은 성행위를 의미하는 것으로 이해되는 경우가 많다. 하지만 꿈의 경우는 개인적인 감정과 사건에 기반을 두고 만들어지는 영상이기 때문에 이처럼 어느 사회에서나 누구에게나 통용될만한 단순하고 보편적인 상징적 의미만을 발견해 내는 것은 잘못된 해석이 될 가능성이 크다.

하지만 광고나 영화처럼 대중을 대상으로 사회적으로 제작되고 유통되는 영상의 경우는 누구나 쉽게 이해할 수 있는 보편적 상징을 이용하는 것이 효과적

〈그림 68〉 긴 담뱃대를 손에 든 여인

일 수 있다. 예를 들어, 제임스 본드 영화의 도입부 영상은 항상 여성의 몸과 총이 뒤얽혀 움직이는 방식으로 구성된다. 이 영상에서 총은 남성의 성기를 의미하는 것으로 해석될 수 있다. 영화 속에서 남자를 유혹하는 팜므 파탈(femme fatale)이 입에 물고 있는 긴 담배, 립스틱 광고에서 여성의 입술을 향하는 립스틱 등도 남성 성기를 의미한다(그림 68). 이 영상들 안에서 총, 담배, 립스틱은 모두 길고 강하고 온전한 형태를 갖고 있기 때문에 그것들은 단순한 남성 성기가 아니라 남근을 의미한다. 우리는 어떤 영상에서도 팜므 파탈이 담배꽁초를 피우는 모습을 볼 수 없을 것이다. 만약 그런 영상이 있다면 여성과 담배꽁초는 완전히 다른 의미로 해석돼야 한다. 일반적으로 상업적인 영상 안에서는 매력적인 외모를 가진 여성이 장전된 총을 어루만지거나 긴 담배를 입에 물거나 긴 립스틱을 입술에 대는 행동을 한다. 이것은 성적 행위를 의미한다. 이런 영상은 관객의 무의식에 억압된 성적 욕망을 자극함으로써 관객이 영상에 관심을 갖도록 만들고 영상을 보면서 알 수 없는 쾌락을 느낄 수 있도록 한다.

정신분석학에서는 꿈을 무의식적 욕망이 일시적으로 실현되는 소원 성취의 정신 현상으로 이해한다. 영화나 광고와 같은 영상의 경우도 현실이 아닌 허구의 세계를 재현하는 일종의 환상으로서 소원 성취의 도구가 될 수 있다. 영화나 광고가 재현하는 세계는 관객의 욕망이 실현되는 곳이다. 그 세계는 존재하지 않는 허구의 세계지만 관객에게 현재하는 환상이다. 영상이 재현하는 죽음, 살인, 파괴, 공포, 행복, 사랑 등은 관객의 다양한 충동들, 욕망들과 만나면서 소원 성취의 충족감을 제공한다. 하지만 직접적 죽음이나 살인, 성행위를 영상으로 묘사하는 것은 관객에게 심리적 거부감이나 혐오감을 유발할 수 있기 때문에 영상은 죽음, 살인, 성행위 등과는 직접적 관련이 없는 대상들을 재현함으로써 상상적인 방식으로 관객의 무의식적 욕망을 충족시킨다.

2) 응시와 젠더

영상, 특히 영화와 같은 영상을 보는 관객은 거울 단계에서 거울을 보는 아이와 같은 위치에 놓일 수 있다. 거울 단계에서 아이는 거울에 비친 자신의 영상을 보면서 자신을 어머니와는 분리된 하나의 몸을 가진 단일체로 인식하게 된다. 이 과정에서 주체 의식이 형성된다. 거울 단계에서 아이는 어머니의 부재 속에서 독립된 자아의 영상을 인지한다. 이것은 어머니의 부재로 인한 두려움과 자신의 온전히 독립된 몸을 보는 즐거움을 동시에 만들어낸다. 하지만 이 단계에서 아이는 아직 자신의 몸을 완전히 통제할 만큼 육체적으로 성숙하지는 않기 때문에 오직 상상을 통해서만 거울에 비친 몸이 자신의 것이란 것을 알 수 있다. 그리고 이 상상은 어머니가 거울에 비친 아이의 모습을 가리키면서 '이것이 너야'라고 말하는 과정에서 확인된다. 결국, 아이는 타자의 시선으로 바라본 자신의 영상을 자기라고 상상하는 것이다. 따라서 거울 단계에서 아이가 상상하는 자아는 자아를 구성하는 과정에서 모델 역할을 하는 '이상적 자아'다.

아이가 거울에 비친 자신의 영상을 보면서 즐거움을 느끼고 자아를 상상하면서 독립된 주체 의식을 갖게 되듯이, 관객도 영화를 보면서 비슷한 즐거움을 느끼고 주체로서 형성될 수 있다. 물론 대부분의 경우, 관객은 아이가 아니고 영화 안에 재현된 것도 관객의 몸은 아니다. 하지만 거울 단계의 아이처럼 영화의 관객도 영상에 재현된 신체를 자기 마음대로 통제할 수 없다. 관객은 오직 상상을 통해 그 신체와 자신의 몸을 동일시할 때만 비로소 영화 속 신체의 움직임을 온전히 즐길 수 있다. 그리고 이런 상상적 동일시 안에서 관객은 영화 제작자가 영화 속 신체에 부여한 여러 관습적 의미들을 자신의 것으로 받아들이면서 특정한 주체로 호명된다.

이런 상상적 동일시가 가능한 것은 관객이 카메라의 촬영 행위와 자신이 눈으로 보는 행위를 동일시하기 때문이다. 카메라의 촬영 행위와 관객의 보는 행위가 일치되는 경우, 관객은 영화 안에 재현된 사건을 마치 자신이 직접 보는 사건인 것처럼 느낀다. 이것은 관객에게 관음증(voyeurism)이라는 시각적 쾌락을 유발하게 된다. 1970년대 중반에 멀비(Laura Mulvey)가 〈시각적 쾌락과 서사 영화(Visual Pleasure and Narrative Cinema)〉라는 글에서 어두운 극장 안에서 관객이 카메라의 눈에 자신의 눈을 동일시하면서 영화 속의 대상을 바라볼 때 관음증의 쾌감을 느끼는 메카니즘을 설명한 이후, 관음증은 영화가 제공하는 시각적 쾌락을 설명하는 주요한 개념이 됐다.

가부장적 사회에서 모든 종류의 이야기들은 대부분 남성을 주인공으로 하고 있다. 영화의 경우도 예외는 아니어서 남성을 중심으로 사건이 전개되는 영화가 대부분이다. 남성이 주인공이기 때문에 영화에서 카메라에 의해 구현되는 지배적 시선은 주인공 남성이 바라보는 시선이다. 남성은 능동적으로 사건을 해결하고 상대역이 되는 여성은 수동적으로 남성을 보조하거나 따르는 역할을 한다. 따라서 전체적으로 능동적 남성과 수동적 여성이란 이항대립적 구도가 나타난다. 카메라가 구현하는 시선이 능동적 행위자인 남성의 시선이기 때문에 여성은 이 시선에 노출되는 대상이 된다. 그런데 관객은 카메라의 시선과 자신의 시선을 동일시하기 때문에 결과적으로 주인공 남성의 시선과 자신의 시선을 동일시하게 된다.

이런 동일시는 다음과 같은 영상 편집을 통해 구체적으로 드러난다. 첫 번째 숏에서 어딘가를 바라보는 주인공 남성을 보여주고 바로 이어지는 두 번째 숏에서 여성을 보여줄 경우, 이것은 남성이 여성을 바라보는 장면으로 이해된다. 두 번째 숏에 나타나는 여성은 대개 육체적 매력을 발산하는 여성이다. 여성의 육체적 매력을 보여주기 위해 카메라는 여성의 몸을 위에서 아래로, 혹은 아래에서 위로 훑으면서 움직인다. 결국 카메라의 시선, 주인공 남성의 시선, 관객의 시선이 일치하면서 여성이 시선의 대상이 된다.

고전적 영화에서 전형적으로 나타나는 이와 같은 지배적 시선은 남성적 응시

(male gaze)라 불린다. 여성을 대상으로 지배하는 남성적 응시를 구현하는 카메라는 남근적 권력의 도구가 된다. 남근적 권력은 가부장제에 의해 만들어진다. 남성적 응시가 나타나는 영화는 가부장적 사회 구조를 반영하는 것이라 볼 수 있다. 이런 영화는 가부장적 사회질서를 재생산하는 역할을 한다. 관객은 이런 영화를 보면서 남성적 응시를 자신의 것으로 경험한다. 이것은 특히 여성 관객을 모순적인 상황에 빠뜨리게 된다. 남성적 응시를 자신의 시선과 동일시할 수밖에 없게 되는 여성 관객은 남성의 시각에서 여성을 보는 상황에 빠진다. 이를 통해 남성적 응시에 적합한 방식으로 자신의 여성성을 만들어간다. 결국 남성 관객과 여성 관객은 가부장적 사회질서에 적합한 방식으로 자신을 주체화한다.

남성적 응시는 영화에서뿐만 아니라 고전적 회화나 광고 등과 같은 많은 영상들에서 발견된다. 예를 들어 누드화나 누드 사진 같은 경우, 여성은 영상 안에서 남성적 응시의 대상으로 재현된다. 영상 안에서 여성은 남성이 본다는 전제 하에서 아무 것도 하지 않은 채 그저 몸을 드러내는 경우가 많다. 남성은 누드로 영상에서 재현될 때조차도 어떤 행위를 능동적으로 하는 형태로 재현되지만 여성은 아무런 행위도 하지 않은 채 수동적으로 몸을 맡기는 방식으로 재현되는 것이다(그림 69).

하지만 최근에는 여성을 능동적 행위자로 재현하는 영상들이 증가하면서 여성적 응시라고 할 수 있는 것이 나타났다. 여성의 시선을 전제로 남성의 몸을 대상으로 재현하는 영상들이 생산되고 있다. 이런 영상들에서는 남성이 지금까지는 일반적으로 여성이 취하던 포즈를 따라하면서 여성의 시선에 몸을 맡기는 것을 볼 수 있다. 이것은 여성도 시각적 쾌락을 능동적으로 즐기게 됐다는 것을 의미한다. 인터넷 게시판에서 여성들이 소위 '짤방'의 형태로 영상들을 공유하면서 남성 모델의 몸을 평가하는 것은 이제 흔한 일이 됐다.

하지만 영상을 통해 재현되는 응시의 문제를 정신분석학적 관점에서 접근하는 것은 그것이 남성을 주체로 하든, 여성을 주체로 하든, 여전히 보편적 남성

〈그림 69〉 베키오(Palma Vecchio), 쉬는 비너스, 16세기 초.

과 보편적 여성이라는 이항대립 구조를 통한 이성애적 권력 관계를 내포하고
있다. 남성 안에도 여러 차이들이 있고 여성 안에도 여러 차이들이 있다. 이처
럼 다른 여러 소수의 성들은 이 정신분석학적 응시의 문제에서 여전히 제외되
고 있다.

3) 영상 장치와 무의식

카메라를 통해 제작되는 영상들(사진, 영화, 텔레비전, 비디오 등)이 갖고 있는
기계적 속성들은 그 자체로 무의식과 연관되거나 무의식적 욕망을 건드릴 수
있는 것으로 이해된다. 프로이트는 무의식과 의식 사이의 관계를 설명하기 위
해 사진의 제작 과정을 사례로 든다. 그에 따르면, 무의식은 사진의 네거티브와
같다. 필름 상태로 존재하는 사진의 네거티브는 사진 영상으로 인화되기 전까

지는 잠재적 상태로 머문다. 또한 모든 네거티브가 다 사진 영상으로 인화되는 것도 아니다. 어떤 네거티브는 인화되지 않고 영원히 잠재적 상태로만 머물 수도 있다.

프로이트는 꿈에서 무의식적 욕망의 대상이 압축 과정을 거쳐 왜곡된 대상의 형태로 나타나는 것도 사진의 다중 인화 작업과 연결시키면서 비유적으로 설명한다. 여러 개의 네거티브를 한 장의 종이에 인화하게 되면 합성된 영상이 제작된다. 그 사진 영상에는 여러 형태가 중첩돼 뒤섞여 있기 때문에 원래 어떤 형상을 재현하고자 했는지를 쉽게 알아차리기 어렵다.

카메라는 인간의 의지와 무관하게 기계적으로 대상을 포착해 영상으로 재현하기 때문에 촬영 순간에 인간이 보지 못하고 의식하지 못한 것을 폭로할 수 있다. 발터 벤야민(Walter Benjamin, 1892~1940)은 이것을 '광학적 무의식(optical unconscious)'이라고 불렀다. 사진은 보이지 않은 것, 생각되지 않은 것, 따라서 의식에 의해 통제되지 않은 것을 포착하고 보여준다. 그것은 불시의 순간에 불현듯 나타나 우리를 놀라게 한다. 따라서 사진을 보는 것은 마치 우리의 무의식을 액면 그대로 마주하는 것과 같은 두려움을 줄 때가 있다. 무엇이 어떤 방식으로 사진에 찍힐지 모른다는 감정은 사진 촬영 행위가 내포한 근원적 공포다. 우리가 이드를 마주 할 때 느끼는 두려움이 개인적인 것이라면 카메라가 촬영한 영상을 마주할 때 느끼는 공포는 집단적이다. 왜냐하면 카메라가 촬영한 영상은 여러 사람에 의해 소비되기 때문이다. 카메라가 촬영한 영상은 단지 한 개인만이 아니라 한 사회가 가진 무의식적 욕망을 변형된 형태를 통해 폭로할 수 있다.

카메라는 현실을 있는 그대로 촬영해 영상으로 재현하는 기계라는 점에서 인간의 눈에 비유된다. 우리는 카메라가 촬영한 대상을 영상으로 보면서 직접 우리의 눈으로 그 대상을 본다는 느낌을 갖는다. 우리는 눈으로 대상을 볼 때 특정한 조건 하에서 쾌락을 느낄 수 있다. 정신분석학에서는 보는 행위를 통해 얻는 쾌락을 절시증(scopophilia)이라고 부른다. 프로이트는 이 시각적 쾌락이 어린 시절의 충동과 연결돼 있다고 봤다. 그에 따르면, 절시증은 어린 시절의 성적 경험과 연결돼 있다. 자신의 성기가 쾌감을 일으킨다는 것을 안 어린 아이는 후에 다른 사람의 성기에 관심을 갖게 되며 타인의 성기를 보고자 한다. 그리고 타인에게 자신의 성기를 보여주고자 한다. 관음증과 노출증에는 '네 것을 보여주면 내 것을 보여준다'는 교환 행위가 내재돼 있다.

앞에서 언급했던 관음증은 절시증(scopophilia)의 능동적 형태다. 관음증은 타인의 사적인 행위를 몰래 훔쳐보는 행위에서

〈그림 70〉 폴 레이더(Paul Rader), 까다 노출, 1962

쾌락을 느끼는 것이다. 이것은 타인에게 자신의 사적 행위를 노출시킴으로써 쾌감을 얻는 노출증(exhibitionism)과 관련돼 있다. 노출증은 절시증의 수동적 형태다. 관음증과 노출증은 근본적으로 동일한 원리에 의해 작동한다. 관음증과 노출증의 쾌락에 지나치게 집착하는 것은 성도착(perversion) 행위지만 일반인들도 일상생활에서 가벼운 방식으로 이런 절시증을 경험한다. 2층 카페, 기차, 버스 등의 창가에 앉아 밖을 보는 것을 즐기는 행위가 대표적이다.

일상적 도구 중에서 카메라는 대중이 가진 절시증적 욕망을 충족시키는 수단으로 이용되는 경우가 많다(그림 70). 카메라로 촬영된 광학적 영상이 현대 사회의 영상 환경을 지배하고 있는 상황에서 우리는 다양한 미디어에서 타인의 사생활을 훔쳐보거나 자신의 사적인 행위를 노출하는 영상들을 쉽게 접할 수 있다. 이런 영상들은 일상적인 관음증과 노출증에 호소하면서 우리의 관심을 끈

다. 연예인의 사생활을 담은 동영상이나 몰래 카메라, 생존 게임 리얼리티 쇼, 관찰 예능 프로그램 등은 관음증을 자극하면서 대중의 흥미를 끄는 영상이라고 할 수 있다. 또한 SNS 미디어와 1인 미디어 영상들에서도 자신의 사적인 행위들을 노출하면서 대중의 관심을 끌고자 하는 현상이 증가하고 있음을 볼 수 있다. 카메라를 이용해 손쉽게 영상을 제작하고 유포할 수 있는 디지털 미디어의 확산은 사람들이 갖고 있는 절시증을 자극하고 있는 것처럼 보인다.

제14장
영상의 문화적 이해

1

재현의 권력

이 책에서 지금까지 우리는 영상이 가진 속성을 전체적으로 살펴보고 영상의 의미를 분석하는 구체적 방법들에 대해 알아봤다. 여기에서는 지금까지 이 책에서 설명한 내용을 바탕으로 영상이 특정한 사회적 맥락 속에서 어떤 문화적 역할을 하고 있는지에 대해 좀 더 자세히 알아보도록 하자.

앞에서 설명했듯이, 영상이 가진 가장 주요한 특성은 바로 영상이 대상을 재현한다는 점에서 찾을 수 있다. 우리는 앞에서 재현이 사회문화적으로 관습화된 관계를 내포하고 있다고 말했다. 영상은 단지 대상과 형태적으로 유사하기 때문에 대상을 재현하는 것이 아니다. 영상이 대상을 재현하는 과정에서는 그런 재현 관계에 대한 사회적 인정이 있어야 한다. 어떤 영상이 특정한 대상을 재현한다는 것을 사람들이 인정해야 한다는 말이다.

1만원권 지폐를 보면 세종의 얼굴 그림이 인쇄돼 있다(그림 71). 임금의 얼굴을 그린 초상화를 어진이라고 한다. 한국의 모든 사람들은 1만원권 지폐 위 어진을 보면서 세종의 얼굴을 보고 있다고 생각한다. 세종이 그렇게 생겼었을 것이라 믿는 것이다. 그런데 이 어진은 실존했던 세종대왕의 얼굴과 형태적으로 유사하지 않다. 사실 지폐 위에 그려진 세종의 얼굴은 실재의 세종을 보고 그린 것이 아니라 세종의 얼굴을 상상해서 그린 것이다.

세종의 어진은 현재 소실되고 남아있지 않다. 그의 형인 효령대군의 영정은 남아있다. 지폐 위의 어진은 효령대군의 영정을 참고해서

〈그림 71〉 1만원권 지폐

그린 것이다. 하지만 단지 효령대군의 영정을 베낀 것은 아니다. 세종대왕은 조선의 역사상 가장 훌륭한 임금으로 평가받고 있기 때문에 세종의 얼굴에는 우리가 상상하는 이상적인 임금의 모습이 나타나야 했다. 따라서 세종의 모습은 우리가 보기에 미남이면서도 인자해 보이는 멋진 얼굴로 구성됐다. 지폐 위 세종의 모습은 국가가 공인하는 세종의 표준영정이 됐다. 이 표준영정을 토대로 서울 광화문에 있는 세종 동상을 만든 김영원은 "미남이면서도 세종대왕하면 사람들이 떠올릴 만한 인상을 반영했다"고 말했다. 다시 말해, 세종의 얼굴은 현재 한국사회가 뛰어난 군주의 얼굴이라고 인정할 수 있는 모습을 담고 있는 것이다. 실존했던 세종의 모습은 지폐 위 영정의 얼굴과는 다르겠지만 지폐 위의 영정은 세종을 재현하는 것으로 국가적으로 공식 인정된다. 이 표준영정의 모습도 시대가 바뀌면 변한다. 실제로 그동안 1만원권 지폐의 디자인이 바뀔 때마다 세종의 모습도 조금씩 변해왔다. 각 시대가 요구하는 호감 가는 임금의 모습이 달랐기 때문이다.

세종의 영상은 국가가 공식적으로 발행하는 지폐에서 사용됨으로써 모든 사람의 머릿속에 각인되고 비록 세종의 실제 얼굴과는 모습이 다르다고 하더라도 세종을 재현하는 것으로 사회적으로 인정된다. 그리고 세종의 얼굴을 재현하는 모든 형태의 작업에서 기준 역할을 한다. 1만원권 지폐의 세종 어진은 국가에 의해 공인된 표준영정으로서 사회 전체에서 통용되는 세종의 영상을 결정하는 권력을 갖게 된 것이다.

영상이 대상을 재현하는 과정에서 힘을 실어주는 것은 국가만이 아니다. 사실 오늘날 영상이 대상을 재현하는 과정에서 가장 강력한 영향력을 미치는 것은 바로 미디어다. 예를 들어 백설공주의 영상을 생각해 보자. 백설공주는 동화에 나오는 상상의 인물이기에 백설공주의 실제 모습을 본 사람은 있을 수 없다. 그렇지만 많은 사람들이 백설공주가 어떻게 생겼으며 어떤 옷을 입고 있는지에 대해 잘 알고 있다. 백설공주의 영상은 사실 전 세계 사람들에게 하나로 고정돼 있다. 그것은 월트디즈니가 제작한 애니메이션 〈백설공주와 일공 난쟁이〉에서 사용된 영상이다.

그림 형제의 동화 〈백설공주〉를 각색해 제작한 디즈니 애니메이션은 미국뿐만 아니라 세계적으로 큰 성공을 거뒀다. 이후 백설공주는 월트디즈니의 대표적 캐릭터 상품으로 자리를 잡으면서 놀이공원, 인형, 그림책 등 다양한 분야에서 재활용되고 있다. 수십 년에 걸쳐 각종 인쇄미디어와 텔레비전, 비디오, DVD 등을 통해 끊임없이 상품화돼 유통된 월트디즈니의 백설공주 영상은 백설공주를 재현하는 거의 유일한 영상이 됐다. 월트디즈니가 만들어낸 백설공주 영상을 제외한다면 백설공주의 모습을 떠올릴 수 없게 됐다.

사실 백설공주는 허구의 인물이기 때문에 우리는 책을 읽으면서 백설공주의 모습을 우리 마음대로 상상할 수 있다. 각자가 가진 지식, 기억, 욕망을 바탕으로 상상의 나래를 펼 수 있는 자유를 누리는 것이다. 하지만 월트디즈니가 만든 백설공주 영상의 강력한 영향력 때문에 백설공주의 모습을 다르게 상상하는 것이 불가능해졌다. 월트디즈니라는 강력한 미디어 기업이 만든 영상이 세계를 지배하면서 우리의 상상력이 발휘될 여지를 없애버린 것이다.

영화, TV, 인터넷과 같은 미디어들이 우리 생활에서 차지하는 비중이 커지고 그것들을 통해 수많은 영상들이 제작, 유통되면서 우리의 생각과 상상력은 미디어에 의해 지배되고 있다. 이런 미디어들은 모두 국가나 기업이 장악하고 있다. 국가는 원활한 통치를 위해 국가가 지정해 준 동일한 영상을 모든 국민들이 공유하고 받아들이기를 원한다. 기업은 안정적 이윤을 올리기 위해 기업이 만든 영상들을 소비자들이 열광적으로 받아들이기를 원한다.

국가와 기업이 만들어내는 영상들은 권력자들이 사회를 통치하는 과정에서 도움이 될 수 있는 의미를 생산한다. 이런 점에서 영상은 지배 이데올로기를 담아 유포하는 도구로 기능한다고 볼 수 있다. 바르트는 권력 집단에 의해 만들어지는 인위적인 의미를 자연스러운 것으로 만드는 영상 기호의 의미작용을 '신화'라고 불렀다. 이런 점에서 국가와 기업에 의해 생산되고 이용되는 영상 미디어는 알튀세르(Louis Althusser)가 말한 '이데올로기적 국가장치(Ideological State Apparatuses)'의 하나가 될 수 있다.

2
시선의 사회적 권력

재현이란 당시 사회에서 가장 바람직하고 옳다고 여겨지는 방식으로 대상을 다시 보여주는 것이다. 그렇기 때문에 한 사회에서 어떤 대상을 특정한 방식으로 영상에 재현한다면, 그 영상에는 대상의 바람직하고 옳은 모습이 담겨있다고 할 수 있다. 여기에서 주의해야 할 점은 영상에 재현된 대상의 바람직한 모습이 특정 사회가 생각하는 바람직한 모습인 것이지 어디에서나 인정될 수 있는 보편적으로 옳고 바람직한 모습은 아니라는 것이다.

SBS에서 방영했던 〈정글의 법칙〉이란 프로그램에서 연예인들이 아마존 정글에 들어가 그곳에서 사는 부족민을 만나 같이 생활하는 모습을 보여준 적이 있다. 이 프로그램에서 부족민들은 얼굴에 물감을 칠하고 벌거벗고 생활하는 모습으로 재현됐다. 그런데 이 프로그램은 곧 가짜 방송이란 논란에 휩싸였다. 부족민이란 사람들이 실제로는 우리와 마찬가지로 도시에서 티셔츠와 바지를 입고 사는 사람들이란 것이 밝혀진 것이다(그림 72). 그들은 외부인을 위해 아마존 오지 부족민의 옛날 생활을 재현하는 연기를 했을 뿐이다.

이 프로그램에서 아마존 주민들이 실제로 사는 모습이 아니라 연출된 모습을 보여준 이유는 무엇일까? 바로 시청자들이 아마존 주민들의 그런 모습을 보고자 하기 때문이다. 우리가 보기에 아마존 원주민의 바람직한 모습은 벌거벗은 채 얼굴이나 몸에 물감을 칠하고 독침으로 동물을 사냥하고 식물을 채취하면서 살아가는 모습이다. 텔레비전 영상은 정확히 우리가 원하는 원주민의 바람직한 모습을 재현했을 뿐이다.

〈그림 72〉 아마존 지역 사람들

하지만 아마존 지역의 주민 입장에서 본다면 과연 그것이 바람직한 모습일까? 우리가 보기에 바람직한 원주민의 영상을 재현하기 위해 일종의 배우로 참여한 사람들은 자신들의 알몸이 카메라에 촬영돼 다른 사람들에게 보이는 것에 수치심을 느낀다고 말한다. 이미 서구의 생활방식을 받아들여 우리와 별로 다를 바 없는 모습으로 살아가는 아마존 사람들의 관점에서 본다면 자신들을 올바르게 재현하는 영상은 아마도 발가벗고 독침을 쏘는 사람의 영상은 아닐 것이다. 이것은 아프리카 국가들에 거주하는 사람들에게도 마찬가지로 적용된다. 많은 아프리카 국가 사람들은 자신들이 벌거벗고 사자 사냥을 다니는 모습으로 영상에 재현되는 것에 당혹감을 느낀다. 그들의 일상적 삶은 대부분의 경우 우리의 일상생활과 큰 차이가 없기 때문이다. 그들도 사자를 보려면 동물원에 가야 한다.

우리는 아마존 사람들을 생각할 때 발가벗고 얼굴에 물감을 칠한 사람의 영상을 떠올린다. 그렇다면 외국인이 한국 사람을 생각할 때는 어떤 영상을 떠올릴까? 우리는 한국을 외국인에게 보여주고자 할 때 어떤 영상을 사용할까? 도상해석학을 설명한 제11장에서 봤듯이, 한국관광공사에서 홍보하기 위해 사용한 영상들 중에는 한복을 입은 여자의 영상이 상당히 많다. 그들 중 대부분은 젊고 아름다운 여자의 영상이다.

왜 한국을 재현하는 대표적 영상으로 한복을 입은 젊고 아름다운 여자의 영상이 사용되는 것일까? 이 질문에는 다음과 같은 두 가지 질문이 섞여있다.

- 왜 한국은 젊고 아름다운 여자의 영상으로 재현되는가?
- 왜 한복을 입은 사람의 영상은 여자의 영상인가?

이 두 질문은 모두 영상과 관련된 사회적 권력의 문제와 맞닿아 있다. 영상을 사이에 두고는 항상 두 부류의 사람이 자리를 하고 있다. 영상을 만들고 보는 사람과 영상에 의해 재현되는 사람이다. 영상을 매개로 해서 한 사람은 보는 사람, 즉 시선의 주체가 되고 다른 사람은 보이는 사람, 즉 시선의 대상이 된다. 이 두 사람 중에서 시선의 주체인 사람이 더 많은 권력을 가진 강자다. 본다는 것은 단순한 행위인 것 같지만 사실은 굉장히 큰 힘을 가진 행위다. 예를 들어, 학생이 교실에서 자습을 하고 교사가 감독을 할 때 누가 보는 사람인가? 바로 교사다. 교사는 보는 행위를 통해 학생들을 감시하고 통제한다. 자습시간 동안 권력은 교사가 갖고 있다. 힘을 가진 사람은 약자를 자유롭게 바라볼 수 있지만 약자는 강자를 함부로 볼 수 없다. 영상 안에서 누군가는 능동적으로 행동하고 보지만, 다른 누군가는 타인의 시선 앞에 수동적으로 제시된다.

가부장제 사회에서는 일반적으로 남자가 시선의 주체가 되고 여자가 시선의 대상이 된다. 남성적 응시의 사례에서 확인했듯이, 사회적으로 유통되는 수많은 영상들 안에서 여성은 남성의 시선에 몸을 맡긴 대상으로 재현된다. 예를 들어, 술이나 자동차처럼 남성이 주 소비자인 상품을 광고하는 영상 안에서 모델이 되는 것은 여자다. 그 광고 영상에서는 젊고 아름다운 여자가 성적 매력을 과시하는 방식으로 재현된다(그림 73). 하지만 여성이 주 소비자인 화장품이나

〈그림 73〉 술을 파는 식당의 풍경

가방, 향수 같은 상품의 광고에서는 남자가 성적 매력을 드러내면서 여자의 시선에 몸을 맡기는 경우를 찾기 어렵다. 심지어 최고 권력을 가진 대통령도 여성 대통령인 경우에는 항상 무슨 색 옷을 입었는지 어떤 장신구를 했는지가 화제가 되고 영상으로 재현, 보도된다. 실질적 권력을 가진 대통령조차도 여자라면 시선의 대상이 되는 것이다.

19세기 당시 강대국이었던 서구국가들은 아시아와 아프리카 등에 있는 많은 나라들을 식민지로 지배하면서 강한 남성의 시선으로 약소국들을 바라봤다. 그들이 보기에 식민지는 크게 두 가지 모습을 갖고 있었다. 하나는 지저분하고 미개하고 낙후된 지역이란 부정적 모습이었고 다른 하나는 신비롭고 매력적이고 풍요로운 지역이란 긍정적 모습이었다. 한국의 경우, 젖가슴을 드러낸 여자의 영상이나 땟국이 흐르는 옷을 입은 시커먼 얼굴의 아이 영상은 부정적 모습을 재현하기 위해 사용됐고 고운 한복을 입고 춤을 추는 기생의 영상은 긍정적 모습을 재현하는데 사용됐다.

서구인들은 19세기말부터 약소국인 한국을 여성으로 재현해 왔다. 남성이 강자이고 여성이 약자인 가부장적 구조가 국가 간의 관계에서도 똑같이 반영된 것이다. 그것이 오랜 시간 계속 반복되면서 그런 서구인의 시선을 우리도 당연한 것으로 받아들이게 됐다. 이런 시선을 그대로 수용하면서 우리는 별다른 문제의식 없이 자신을 재현하기 위해 젊고 아름다운 여성의 영상을 사용하고 있는 것이다.

그런데 왜 여자가 한복을 입고 있을까? 여기에는 두 가지 이유가 있다. 한복은 한국의 전통적 복장으로 외국인의 눈에는 이국적이고 신기한 것으로 보인다. 젊고 아름다운 여성의 성적 매력이 한복이란 이국적 요소와 만나 상승작용을 하면서 큰 시각적 쾌락을 불러일으키게 된다.

다른 이유는 가부장제와 관계가 있다. 한복은 한국의 과거와 전통을 상징한다. 그런데 가부장적 사회에서 과거와 전통을 지키는 것은 여성의 몫이다. 가부장제에서 남성은 외부 활동을 하면서 새로운 것을 받아들이고 혁신하면서 미래를 만들어가는 존재지만 여성은 집안에서 가정을 지키고 전통을 보존하는 존재로 여겨진다. 따라서 한국뿐만 아니라 다른 많은 나라들에서 전통의상을 주로 입는 것은 여성이다. 결혼식에서 신랑, 신부의 부모가 입는 옷을 생각해 보라.

영상이 내포하는 시선을 통해 실행되는 권력관계는 사회의 구조적 문제와 연결돼 있다. 가부장제가 약화되면서 여성의 지위가 상승한다면 영상에서 남성과 여성이 재현되는 방식도 변할 것이다. 남성과 여성의 관계뿐만 아니라 인종, 세대, 지역, 직업 등 우리가 가진 많은 속성들의 사회적 권력 관계가 영상을 통해 재현된다. 모든 인간은 항상 사회적 관계 안에서 특정한 위치를 차지하고 있다. 남자, 여자, 학생, 교사, 아시아인, 백인, 흑인, 이성애자, 동성애자 등등 어떤 속성을 가졌느냐에 따라 사회적 권력이 달라진다. 이 사회적 권력은 시선을 통해 드러나고 영상으로 재현된다.

3
정체성 찾기

우리는 영화, 텔레비전, 광고 등에서 사용되는 영상처럼 공적인 목적을 위해 제작된 영상들 외에도 자기 자신을 위해 만든 사적인 영상들도 많이 소비한다. 우리가 제작, 소비하는 사적 영상에는 크게 두 종류가 있다. 하나는 자기 자신이나 자신의 관심을 끄는 것들을 촬영한 영상이고 다른 하나는 친구들이나 가족, 직장 동료처럼 자신이 속한 집단의 구성원들과 함께 촬영된 영상이다.

첫 번째 유형의 사진 중에서 가장 대표적인 것은 셀카(selfie)다. 셀카는 자기가 자신을 촬영한 영상이다. 휴대폰 카메라의 발달과 SNS 미디어의 유행은 셀카의 제작과 유통을 급속히 증가시켰다. 나뭇잎, 하늘, 커피 잔 등 일반적으로는 무의미해 보이지만 자기 자신에게는 의미가 있는 대상들을 촬영해 휴대폰에 보관하거나 SNS 미디어를 통해 공유하는 영상들도 넓은 의미의 셀카에 포함시킬 수 있다.

두 번째 유형의 사진 중에서 대표적인 것은 가족사진이다. 가족사진은 결혼식이나 돌잔치, 칠순 잔치 등과 같이 중요한 가족 행사를 기념하기 위해 제작되는 경우가 많지만, 가족 행사가 아니더라도 오직 가족사진 촬영을 위해 별도의 시간을 마련해 제작되기도 한다. 가족사진은 셀카와는 달리 전문 사진사에게 의뢰해 제작하는 것이 일반적이다. 학교나 단체에서 한 과정을 마무리하는 것을 기념해 촬영하는 졸업사진이나 단체사진도 흔히 볼 수 있는 사적 영상이다.

1) 셀카와 정체성

셀카를 의미하는 'Selfie'라는 단어는 2002년 처음 등장했다. 셀카는 단순히 폰카메라를 이용해 자신의 얼굴을 촬영하는 것에서 시작했으나 2000년대 중반 이후 스마트폰이 보급되고 싸이월드 미니홈피, 페이스북, 카카오톡 같은 SNS 미디어가 인기를 끌면서 단순히 자신의 모습을 기록하는 것에서 벗어나 타인들에게 보여줄 자신의 모습을 만들기 위해 사용되기 시작했다.

인물을 재현하는 사진은 그 인물의 정체성이라고 할 수 있는 것을 시각적으로 구성할 수 있다. 사진이 내 자신의 모습을 담은 것일 경우, 자신을 대상화해 바라볼 기회를 제공한다. 바르트에 따르면, 사람은 자신이 사진에 찍힌다는 것을 아는 순간 스스로 포즈를 취한다. 이것은 일종의 사회적 놀이(jeu social)다. 사람들은 영상에 재현된 모습과 자신의 자아가 일치하기를 바라지만 그 둘은 일치할 수 없다. 왜냐하면 사진 찍힐 때마다 내가 포즈를 통해 만들어내는 몸은 사진에 고정되고 고착되지만 정작 자아는 끊임없이 변하기 때문이다. 우리는 사진 찍는 순간에 스스로 자신의 진정한 모습이라고 생각하는 것, 혹은 타인이 봐 줬으면 하는 자신의 모습을 포즈로 나타내고자 한다. 필요하다면, 영상을 수정할 수 있는 다양한 소프트웨어들을 통해 얼굴을 갸름하게 만들거나 피부색을 보정하기도 한다.

바르트의 말대로 자아 자체가 계속 변하고 있다면, 정체성은 변하지 않는 고정된 실체가 아니라 사회적 과정 안에서 구성되는 것이라고 할 수 있다. 영국의 문화연구자 홀(Stuart Hall)은 포스트모던 사회의 주체가 가진 정체성은 항구적으로 고정돼 있는 본질적인 것이 아니라고 주장했다. 주체는 어떤 사회문화적 환경 속에서 재현되고 불리느냐에 따라 끊임없이 변할 뿐만 아니라 때로는 한 주체가 모순적이고 갈등적인 정체성들을 동시에 갖기도 한다. 즉, 고정되고 일관된 자아를 중심으로 유지되는 통일된 하나의 정체성은 발견되지 않는 것이다.

프랑스 철학자 푸코(Michel Foucault)는 르네상스 말부터 18세기 말까지를 고전시대라고 부르면서 이 시대는 회화가 지배하던 시대라고 했다. 선원근법 체계가 구현하듯이, 회화는 하나의 관점에서 모든 세상을 단일한 평면 위에 완벽하게 정돈하는 영상이기 때문이다. 이 시대에 재현의 문제는 정체성(동일성, identity)과 차이라는 관점에서 이해됐다. 즉, 사물과 그것을 재현하는 기호 사이에는 같음과 다름이 명확히 구별되는 투명한 일치관계 내지는 상관관계가 있었다. 당시에는 데카르트(Descartes)의 '코기토(cogito)'개념이 의미하듯이 인간의 생각하는 힘, 즉 이성은 인간에게 태어나서 죽을 때까지 변하지 않는 동일한 존재라는 의식, 즉 정체성을 제공하는 것으로 이해됐다. 사회적 관점에서 보더라도 당시는 신분제 사회였고 모든 사람은 행동, 말, 의식주에 이르는 모든 것을 신분에 맞게 갖춰야 했다. 개인의 정체성은 시각적으로 드러날 수밖에 없었다. 초상화를 가질 수 있는 사람 자체가 왕족이나 귀족 등의 지배계급의 사람들이었기에 회화는 사회가 이상적으로 지정한 정체성을 충실히 표현하는 미디어였던 것이다.

하지만 개인이 더 이상 단일하고 고정된 정체성을 갖고 있다고 여겨지지 않는 현대 포스트모던 사회에서 사진은 고정된 정체성을 재현하는 영상이 아니라 항상 변하면서 구성되는 정체성들을 그때그때 포착하고 나아가 만들어내는 영상이라고 할 수 있다. 오늘날 셀카는 그때그때 바뀌는 다원적 정체성들을 구성하는 도구라고 할 수 있다. 내 자신을 촬영하고 내가 하는 행위에 대한 인증샷을 찍어 SNS 미디어를 통해 다른 사람들에게 공개하고 공유하는 행위는 사진을 통해 끊임없이 다원적 정체성을 구성하는 행위라고 이해될 수 있다.

SNS 미디어는 다른 사람들과 네트워크를 형성, 유지하기 위해 사용되는 것이다. 따라서 셀카와 인증샷이 SNS 미디어의 일상적 사용과 함께 폭발적으로 증가했다는 것은 영상의 생산이 일차적으로 촬영자 자신을 위한 것이 아니라 다른 사람들과의 관계를 위한 것이라는 것을 의미한다. 즉, 영상은 내가 아니라 다른 사람들에게 보여주기 위해 찍는 것이다. 영상은 나의 삶의 모습을 보여주기 위해서 제작된다. 내가 보는 것, 읽는 것, 먹는 것, 입는 것, 만나는 사람, 있는 곳, 즉 내가 경험하는 모든 일상의 모습을 보여주고자 한다. 보다 정확히 말하자면 내가 보여주고자 하는 모든 일상의 모습을 보여주기 위해 영상을 찍어 공개한다.

영상을 촬영해 공유하는 이유는 여러 가지가 있을 것이다. 사회과학적으로 중요한 것은 그런 이유들이 아니라 그런 행위가 이뤄지는 과정과 그것이 발생시키는 사회적 효과다. SNS에 수많은 영상을 찍어 올리는 행위는 결국 나의 삶을 시각적으로 구성해 보여줌으로써 나의 정체성을 만들어내는 결과를 낳는다. 영상들은 자기 삶의 다큐멘터리를 만들기 위한 아카이브가 된다. 우리가 자신의 정체성을 시각적으로 구성해 남들에게 보여주는데 이토록 열중한다는 것은 현재 우리의 정체성이 고정된 확고한 것이 아니기 때문이다. 이것은 우리가 자신의 정체성을 끊임없이 재구성해 나가지 않으면 불안할 정도로 불확실한 상황에 처해 있다는 것을 의미한다.

2) 가족사진과 정체성

사진이 디지털 기술과 만나면서 전문사진가의 지위와 촬영가치가 있는 사건의 성격에 큰 변화가 일어났다. 누구나 쉽게 사진을 촬영하고 이용할 수 있게 되면서 전문사진가를 고용할 필요성이 거의 없어진 동시에 일상의 모든 것들이 촬영가치가 있는 것이 됐다. 지저분한 방이나 나뭇잎, 하늘을 사진으로 찍는 것처럼 말이다. 심지어는 메모하는 대신에 사진을 찍기도 한다.

그렇지만 여전히 전문가에 의존해 제작하는 영상들이 있다. 대표적인 것이 바로 가족이나 단체의 행사를 기록하는 기념사진이다. 결혼식, 돌잔치, 칠순잔치, 졸업사진, 가족사진, 행사 기념사진 등은 전문가에 의해 제작돼 액자나 앨범에 담겨 보존된다. 이 영상들은 삶의 중요한 사건들을 기록하고 기념하는 다큐멘트로 간주된다. 프랑스 사회학자 부르디외(Pierre Bourdieu)가 지적했듯이 가족사진은 결혼식이나 첫영성체와 같은 특별한 행사에 전문사진가에 의해 촬영돼 가족의 결속 등을 보여주고 확인하는 다큐멘트처럼 이용된다. 이처럼 전문사진가에 의해 제작된 사진들을 액자, 앨범의 형태로 만들어 친지들이 함께 모여 보고 이야기를 나누는 것은 사진이 단순한 다큐멘트로 머물지 않고 삶의 이야기를 만드는 다큐멘터리의 재료로서 기능한다는 것을 보여준다.

이 단체 기념사진은 한 개인의 삶뿐만 아니라 개인이 속한 집단의 삶을 보여준다. 따라서 집단에 속한 개인은 소속 단체의 기념영상 촬영에 반드시 참석해야 한다는 일종의 사회적 강제가 존재한다. 사진 촬영을 싫어하는 사람도 단체 기념사진에는 의무적으로 모습을 드러내야 한다. 그걸 거부하면 이상한 사람 취급을 받거나 극단적인 경우에는 집단에서 배척당하는 처지가 될 수도 있다.

〈그림 74〉는 우리가 역시 흔히 볼 수 있는 아이의 돌을 기념한 가족사진이다.

〈그림 74〉 돌잔치 가족사진

중앙에 돌잔치의 주인공인 아이가 있고 양옆에는 아버지, 어머니가, 그 뒤에는 할아버지, 할머니, 증조할머니가, 그리고 그 주변에 아이의 사촌 형제들과 고모, 삼촌 등이 자리 잡고 있다. 아이의 첫 번째 생일잔치를 성대하게 치르는 것은 우리의 사회적 관습이다. 이때 아이는 관습에 따라 새로 만든 때때옷을 입는다. 부모도 한복이나 양복으로 정장을 한다. 이 잔치를 위해 온가족들이 한 자리에 모인다. 물론 부모와 가까운 사람들도 초대를 받는다. 초대된 사람들은 아이를 위해 선물을 준비해야 한다. 일반적으로는 돌반지라 불리는 금반지가 선물로 준비된다. 몇 가지 준비된 행사가 진행된 후 바로 이 가족사진을 찍으면 공식적인 행사가 끝이 난다. 마치 모든 것이 이 사진을 찍기 위해 준비됐다고 할 수도 있을 정도로 행사의 끝을 장식하는 이 사진 촬영은 매우 중요하게 취급된다.

사진은 아이를 중심으로 모든 가족이 일정한 위계질서를 갖고 배열한 상태로 촬영된다. 이것은 사진 촬영을 위해 아주 자연스럽게 자리를 잡는 과정에서 이뤄진다. 이런 가족사진을 찍을 때 내가 어느 위치에 서야 하는지에 대한 사회적 학습이 모두 이뤄져 있다. 맨 앞의 중앙이 가장 중요한 사람, 그 잔치의 주인공이 차지하는 자리다. 그리고 그 위치에서 멀어질수록 가족 내의 위계에서 낮은 자리를 차지한다. 가족 내 서열이라는 관점에서 본다면 아이들은 낮은 지위를 갖지만 대개 가족사진에서 아이들은 삼촌이나 고모보다는 더 중요한 위치를 차지하는 경우가 많다. 이것은 가족의 미래를 책임 질 아이들에 대한 배려를 드러내는 것이라 볼 수 있으며 또 아직 어리기 때문에 보호해야할 필요성을 드러내는 것이라고도 볼 수 있다. 실제로 아이들은 나이가 들수록 사진에서 점차 원래 자신의 서열상 위치를 찾아가는 경우를 볼 수 있다.

특별한 가족행사가 있을 때마다 가족사진을 찍는 이유는 사진이 가족 간의 결집력을 드러내는 상징으로 사용되기 때문이다. 가족사진에 찍힌 가족 구성원이 많을수록 그 가족은 결집력이 크고 우애 있고 화목한 가족으로 보이게 된다.

대개 이런 가족사진은 가족 구성원들에게 한 장씩 배포된다. 그리고 사진을 액자로 만들어 벽에 걸거나 책상 등에 세워 두는 경우가 많다. 이것은 이 사진을 봄으로써 내가 이 가족의 구성원이라는 것을 끊임없이 재확인하도록 만든다. 가족 구성원들이 이 사진 안에서는 모두 한 자리에 모여 있기 때문에 적어도 가상적으로나마 가족은 한 자리에 모여 결집을 과시하고 있다. 이처럼 영상은 우리가 자신의 정체성을 재확인하고 공동체의 구성원으로서의 소속감을 부여하고 결집력을 만들도록 한다.

4
감시와 시뮬레이션

정교하고 편리한 영상 기계들이 폭발적으로 생산하는 영상들은 대중을 매료시키고 있지만 그것을 두려운 눈으로 바라보며 경고의 목소리를 높이는 사람들도 많다. 경고의 목소리는 크게 두 가지로 구분된다. 하나는 영상 기계를 사회를 통제하고 감시하는 장치라고 고발하는 것이고 다른 하나는 영상의 과도한 생산과 소비에서 인간의 소외를 발견하는 것이다.

영상이 우리의 행동을 통제하고 감시한다는 생각은 최근 들어 CCTV와 같은 장치들이 생활 곳곳에 보급되면서 점점 확산되고 있다. 예를 들어, 비릴리오(Paul Virilio)는 CCTV, 웹카메라, 위성사진, 레이더 등의 영상 기계들을 모든 사람과 모든 환경을 바라보고 평가하고 통제하고 나아가 공격하는 것으로 이해하면서 영상 기계의 발달과 사용을 통해 영상이 만연해진 사회의 전체주의적 성격을 고발한다.

현대 사회에서 영상이 담당하는 감시의 역할은 18세기 말 발명된 판옵티콘(panopticon)이란 감시 장치에 기원을 두고 있다. 판옵티콘은 1791년 벤담(Jeremy Bentham)이 발명했다. 판옵티콘의 원리는 간단하다. 둘레에 원 모양의 건물들을 짓고 그 가운데 탑을 세운다. 이 탑으로부터 우리는 주위를 둘러싼 건물 안에 있는 방들을 관찰할 수 있다. 이때 건물의 방들에 있는 사람들은 탑에서 그들을 관찰하는 사람을 볼 수가 없다. 판옵티콘에서 죄수는 감시자를 볼 수 없기 때문에 감시자가 있든 없든 항상 감시받고 있다는 생각을 하며 자신의 행동을 스스로 통제할 수밖에 없게 된다. 따라서 감시자 없이도 죄수의 행동을 통제할 수 있다는 점에서 감시자 입장에서는 아주 효과적인 감시체계가 된다.

오늘날 CCTV는 바로 이 판옵티콘의 원리를 구현하는 영상 기계다. CCTV가 감시 기능을 수행하면서 범죄 발생을 억제할 수 있는 것은 내가 볼 수 없는 곳에서 누군가가 나를 감시하고 있다는 생각을 불러일으키기 때문이다(그림 75). 우리는 CCTV 카메라와 연결된 모니터를 실제로 누가 바라보고 있는지 알 수 없지만 카메라를 통해 누군가가 우리를 보고 있다고 생각한다. 따라서 카메라 앞에서 자신의 행동을 스스로 통제하게 된다. 범죄를 저지르고자 하는 확고한 의지가 있는 사람에게는 감시카메라가 무용지물이지만 일상적인 삶을 살아가는 일반인들에게 감시카메라는 자신의 행동을 스스로 규제하도록 만드는 규율기계가 된다.

다음, 영상의 과잉 생산과 과잉 소비가 초래하는 소외 현상에 대한 우려는 자본주의 사회에 대한 비판과 연결된다. 이미 1967년에 드보르(Guy Debord)는 마치 오늘날의 사회를 분석한 것 같은 〈스펙터클의 사회〉라는 책에서 인간의 체험된 삶과 영상에 의

〈그림 75〉 당신은 CCTV 감시 하에 있다

해 매개된 인간의 사회관계를 대립시켰다. 삶과 스펙터클, 실재와 영상을 대립시키면서 드보르는 고도로 발달된 소비 사회의 인간이 삶과 실재에서 소외된 채 스펙터클과 영상의 패러다임 안에서 살고 있다고 주장한다. 인간은 이 패러다임 밖에서는 생각하거나 세상을 볼 수 없기 때문에 자신이 현실의 삶으로부터 소외됐다는 사실 조차도 알지 못한다. 결국 이 패러다임 안에서 인간의 존재(être)는 이미 소유(avoir)의 상태로 퇴보했고 이제는 겉모습(paraître)의 상태로 퇴행한다.

실재는 영상이 되고 영상은 실재가 된다는 드보르의 주장은 영상을 시뮬라크르(simulacre)의 관점에서 이해한 보드리야르(Jean Baudrillard)의 생각과 맞닿아 있다. 시뮬라크르는 존재하지 않지만 존재하는 것처럼 보이는 대상이다. 시뮬라크르는 실제로는 존재하지 않지만 실제 대상과 동등한 존재감을 갖는다는 점에서 실제 대상의 단순한 모방이나 가짜가 아니다. 시뮬라크르는 진짜도 아니고 가짜도 아니라는 점에서 진짜와 가짜 사이의 구분을 뛰어넘는다.

보드리야르는 영상의 역사를 네 단계로 구분하면서 심도 있는 현실의 반영으로 간주되던 영상이 현실을 숨기고 변질시키는 단계와 현실의 부재를 숨기는 단계를 거쳐 마침내 어떠한 현실과도 관계를 맺지 않는 자신만의 고유한 시뮬라크르가 되는 단계에 이르렀다고 주장했다. 첫 번째 단계에서 영상은 현실의 반영으로 간주된다. 두 번째 단계에서 영상은 현실을 숨기고 변질시킨다고 비난당한다. 세 번째 단계에서 영상은 현실의 부재를 숨기는 역할을 한다. 마지막 네 번째 단계에서 영상은 어떠한 현실과도 관계를 맺지 않는 자신만의 고유한 시뮬라크르가 된다. 이 단계에서 영상은 겉모양의 차원이 아니라 시뮬레이션의 차원에 들어선다.

인공지능(AI)과 가상현실(VR) 기술의 발달로 영상이 가진 시뮬라크르의 속성은 점점 더 강화되고 있다. 영상은 마치 실제 사물인 것처럼 인간의 행동에 반응한다. 은행 ATM기계, 스마트폰, 노트북 등을 이용하는 지극히 일상적인 활동에서 영상은 이미 우리의 행동에 반응하고 움직이는 시뮬라크르가 됐다. 현실은 아니지만 그렇다고 해서 단순한 가짜나 모방도 아닌 가상현실은 점점 더 현실과 같은 영향력을 행사하고 있다.

우리는 이제 현실에서는 영상 기계에 의해 감시당하지만 가상현실에서는 영상을 조작하는 쾌락에 탐닉하는 존재가 됐다. 이것은 우리를 체제에 길들여진 온순한 인간으로 만드는 효과를 발생시킬 수 있다.

5
저항의 가능성

영상 기계는 우리를 감시하면서 우리가 자발적으로 통치에 순종하게 만드는 장치다. 이런 물리적 감시 외에도 영상 기계가 만들어 유통하는 영상의 내용들도 우리를 지배 이데올로기 안에 포섭하면서 자발적으로 지배에 복종하게 만든다. 우리는 지배 이데올로기를 담고 있는 영상을 보면서 자신을 이데올로기가 요구하는 주체로 위치시킨다. 알튀세르는 이것을 '호명(interpellation)'이라고 불렀다. 예를 들어, 한국을 홍보하기 위해 만든 영상에 한복을 입은 젊고 아름다운 여성이 재현돼 있는 것을 보면서 한국을 여성화하는 오리엔탈리즘의 시선을 받아들일 때, 우리는 타자의 시선을 자신의 시선이라고 생각하는 주체로 호명된다.

다양한 영상을 통해 전달되는 사회의 지배 이데올로기가 우리를 의식적, 무의식적 차원에서 체제에 순종적인 주체로 위치시키려 하지만 이에 대한 우리의 저항이 불가능하지는 않다. 실제로 홀과 같은 문화연구자들은 의미의 해독이

다음과 같이 세 가지 형태로 나타난다고 주장한다.

- 선호된 해독(preferred reading) : 영상에 담긴 원래의 지배적 의미를 그대로 수용하는 해독,
- 타협적 해독(negotiated reading) : 전체적으로는 지배적 의미를 수용하면서도 부분적으로는 대안적인 의미를 만들어내는 해독,
- 저항적 해독(oppositional reading) : 영상이 제시하는 지배적 의미를 거부하고 대안적 의미를 만들어내는 해독.

같은 영상을 보더라도 성이나 계급, 인종 등 관객의 지위나 처한 상황이 다르다면 영상의 의미가 다른 방식으로 해독될 수 있다. 부모님이나 선생님이 설교를 할 때 그 내용을 곧이곧대로 받아들이는 사람이 있는 반면 "웃기지 마셔"라고 콧방귀 끼며 완전히 반대되는 방식으로 설교를 받아들이는 사람도 있다. 사람들은 영화나 텔레비전 드라마, 뉴스를 보면서도 마찬가지로 다양한 방식으로 의미를 해독하고 받아들인다.

기존의 영상을 가져와 원래 의미와는 반대되는 의미를 담기 위해 이용할 수도 있다. 이런 행위를 '전유(appropriation)'라고 한다. 유명한 광고 영상이나 영화 영상을 도용해서 변형하거나 합성함으로써 원래 영상이 전달하던 의미를 비틀거나 전복시키는 작업을 할 수 있다. 예를 들어, 카우보이 모델을 이용해 유명해진 말보로 담배 광고 영상을 변형시킴으로써 금연 캠페인 영상으로 만든 것이 대표적이다. 이 〈축 처진 카우보이(limp cowboy)〉 영상에서 우리는 카우보이가 입에 물고 있는 담배가 힘없이 축 처져 있는 것을 볼 수 있다. 이 영상은 흡연은 더 이상 남성의 힘을 과시하는 행위가 아니라 오히려 발기부전을 초래할 수 있는 행위라는 의미를 전달한다.

또한, 영상이 전달하던 기존의 의미를 버리고 아예 대안적 의미를 가진 영상

을 만들어 새로운 의미를 만들 수도 있다. 기존의 지배적 의미를 갖고 있는 것도 새로운 의미를 담아 사용하고자 한다면 결국은 기존의 의미를 버리고 새로운 의미를 가질 수 있기 때문이다. 특히 부정적 의미를 가진 기호에 새롭게 긍정적 의미를 부여하는 작업을 할 수 있다. 이것을 '약호전환(trans-coding)'이라고 부른다.

〈그림 76〉 Black is beautiful 포스터, 1974.

예를 들어, 1970년대 이후 인종문제와 관련해 서구 사회에서는 검은색에 대한 긍정적 영상을 만들고자 하는 작업을 끊임없이 시도했다(그림 76). 이 운동은 오늘날 어느 정도 효과를 보고 있다. 더럽고 나쁘고 열등한 것이라는 의미가 강했던 검은색은 이제 아름답고 고급스러운 것이라는 의미를 갖게 됐다. 더불어 흑인에 대한 긍정적인 영상도 늘었다. 할리우드 영화에서도 그 동안 주변인물이나 성적 대상으로 머물렀던 여성이나 흑인이 주체로 등장한 영화들이 만들어지고 성공을 거둠으로써 주류영화의 백인남성 중심의 시각에 대한 대안적 시각이 제시되고 있다. 1971년 멜빈 반 피블스(Melvin Van Peebles)가 만든 영화 〈멋진 스윗백의 좌충우돌 난동기(sweet sweetback's baadasssss song)〉 같은 것은 흑인이 이야기의 주인공으로 흑인의 관점에서 사건을 바라본 영화다. 이것은 기존의 할리우드 영화에서 볼 수 없던 새로운 시각을 제공해 줬다. 얼마 전 등장한 〈블랙팬서〉와 같은 흑인 슈퍼히어로 영화는 이런 운동의 결과라고 할 수 있다.

한국의 사례를 든다면, 빨간색과 관련된 약호전환이 있었다. 한국에서는 빨갱이라는 말이 정치적으로 오랫동안 이용되면서 빨간색에 대한 사회적 거부감이 존재했다. 하지만 2002년 월드컵을 정점으로 빨간색이 가진 기존의 의미 대신 새로운 의미가 만들어졌다. 응원복으로 빨간색 티셔츠를 사용하면서 빨간색 옷을 입은 사람들이 경기장과 거리를 뒤덮게 되고 그 모습이 각종 미디어를 통해 영상으로 재현됐다. 빨간색이 스포츠나 젊음과 연계돼 사용되면서 이제 빨갱이라는 부정적 의미가 아닌 정열과 역동이라는 긍정적 의미가 빨간색에 부여되기 시작했다. 약호전환이 일어난 것이다. 이런 약호전환은 기존의 의미에 집착하는 사람들의 저항에도 불구하고 꾸준히 진행되고 있다.

파이어니어호의 금속판 그림

　1972년과 73년에 각각 발사된 우주탐사선 파이어니어(Pioneer) 10호와 11호에는 〈그림 77〉과 같은 그림이 새겨진 금속판이 실려 있다. 이 금속판의 그림은 외계의 지적생명체에게 지구에 대한 정보를 주기 위한 목적으로 제작됐다. 이런 시도가 가능하기 위해서는 기본적으로 두 가지 생각이 바탕에 깔려 있어야 한다. 첫째, 비록 지구 밖에 있는 존재라도 지능을 갖춘 생명체와는 커뮤니케이션이 가능하다. 둘째, 완전히 다른 사회와 문화 안에서 제작된 것일지라도 구체적 형상을 재현하는 영상은 그 영상을 지각할 수만 있다면 누구나 이해하는 것이 가능하다.

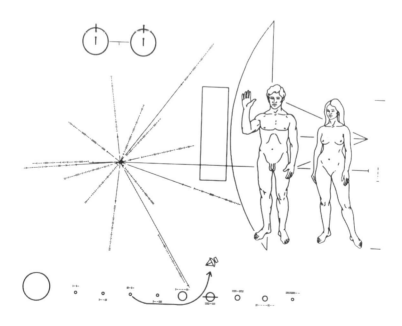

〈그림 77〉 파이어니어 10호, 11호에 실린 금속판 그림

외계의 지적생명체와 커뮤니케이션을 하는 상황을 상상해본다면, 당연히 일상적인 언어나 문자를 통해 그들과 메시지를 주고받을 수 있을 것 같지는 않다. 굳이 외계의 지적 생명체가 아니라 같은 인간이라도, 나와 다른 언어를 사용하는 사람과는 일상적인 언어로 커뮤니케이션 하는 것이 거의 불가능하기 때문이다. 지적생명체가 인간과 비슷한 시각적 능력을 갖고 있다면, 영상은 그들과의 커뮤니케이션에서 구체적인 정보가 담긴 메시지를 교환하는 데 사용될 수 있는 거의 유일한 미디어다.

하지만 우리가 지금까지 이 책에서 확인했듯이 영상이라 하더라도 의미를 담은 기호로 사용될 때 사회문화적 맥락으로부터 결코 자유로울 수 없다. 파이어니어호의 금속판 그림은 이 사실을 명확히 보여준다. 그림판에 새겨진 남자와 여자의 영상을 보자. 이 영상은 얼핏 보면 남자와 여자의 자연스러운 모습을 그대로 재현하고 있는 듯이 보이지만, 사실은 당시의 미국 사회가 가진 남자와 여자에 대한 사회문화적 편견을 담고 있다.

〈그림 77〉의 남자와 여자 그림을 자세히 살펴보자. 무엇이 보이는가? 우선, 남자의 머리카락은 짧고 여자의 머리카락은 긴 모습으로 재현돼 있다. 남자의 성기는 자세히 표현돼 있지만 여자의 성기는 표현돼 있지 않다. 성기 주위에 있는 음모도 표현돼 있지 않다. 남자는 손바닥을 보이면서 오른쪽 손을 들고 있는 모습으로 재현돼 있지만 여자는 별다른 동작 없이 서 있는 모습으로 재현돼 있다. 남자는 두 다리를 비슷한 방식으로 곧게 편 상태지만 여자는 왼쪽 다리를 옆으로 벌린 상태로 재현돼 있다. 남자와 여자가 이렇게 다른 방식으로 재현된 이유는 무엇이라 생각하는가?

이 그림이 공개됐을 때, 미국에서는 논란이 있었다. 가장 큰 논란의 대상이 됐던 것은 왜 남자와 여자가 나체로 재현돼 있느냐 하는 것이었다. 어떤 사람들은 국비로 음란한 그림을 제작해 우주로 날려 보냈다고 비난하기까지 했다. 다른 동물과는 달리 인간에게 있어서 의복은 단순한 부수적 사물이 아니라 정체성과 직결된 필수품이다. 그렇기에 인간을 나체로 재현할 것인가, 의복을 입은 상태로 재현할 것인가를 결정하는 것 자체가 이미 사회문화적인 의미를 가진 결정이다.

나체 상태의 남자와 여자의 성기를 재현하는 것은 일반적으로 금기시되지만 굳이 성기를 재현해야만 한다면 남자의 성기를 재현하는 것이 여자의 성기를 재현하는 것보다는 더 자연스럽고 덜 음란한 것으로 여겨진다. 그 이유는 남자의 성기가 지배적이고 정상적인 성기로 인정되기 때문이다. 여자의 성기는 감춰져야 하는 수치스러운 것으로 인식된다. 여성 성기의 재현은 항상 외설과 음란의 논란으로부터 자유롭지 못하다. 세계 여러 나라에 남자의 성기와 관련된 다양한 축제들과 조각들이 존재하는 반면에 여자의 성기에 대해서 그런 일이 드물다. 이와 함께 음모도 성기의 연장선으로 여겨지며 은폐되고 제거돼야 할 수치스러운 것으로 간주된다. 남성의 털에 비해 여성의 털은 더욱 배척되는 대상이다.

그림에 재현된 남자와 여자의 몸짓을 보면, 남자는 적극적이며 능동적인 행위를 하고 있지만, 여자는 수동적이며 방어적인 자세를 보인다. 특히 여자가 한쪽 다리를 벌린 자세를 취한 것은 일반적으로 성적 매력을 표출하기 위한 몸짓으로 간주된다. 따라서 이 그림에 재현된 남자와 여자의 몸짓에는 행위의 주체로서의 남성과 행위의 대상으로서의 여성이라는 사회의 오래된 편견이 반영돼 있다.

남자가 오른손을 들어 손바닥을 펴 보이는 것은 미국 사회에서 일상적인 인사의 몸짓으로 인정되는 것으로 그 자체가 사회문화적 몸짓 기호라고 할 수 있다. 따라서 이 몸짓을 외계의 지적생명체가 우리와 마찬가지로 우호적 인사의 몸짓으로 받아들일 수 있을지는 알 수 없다. 굳이 외계에 나가지 않고 주변의 다른 인간 사회를 보더라도 이 몸짓이 친근한 인사의 몸짓으로 인정되지 않는 사회가 있을 수 있다.

결국, 파이어니어호의 금속판 그림은 영상이 커뮤니케이션 미디어로 이용될 때 갖게 되는 모든 문제를 간직하고 있다. 영상은 서로 다른 문화권의 사람들 사이에서 가장 쉽게 이해될 수 있는 기호이면서 동시에 여전히 문자 기호만큼이나 사회문화적 맥락에 의해 해석돼야 하는 기호다. 영상은 가장 이해하기 쉬운 기호처럼 보이지만 동시에 가장 쉽게 오해될 수 있는 기호이기도 하다. 게다가 영상은 대상의 자연스러운 재현인 것처럼 보이기 때문에 그 자연스러운 외피 아래 편향된 이데올로기적 의미와 권력관계를 쉽게 숨겨 유통시킬 수 있다.

파이어니어호의 금속판을 외계 지적생명체가 발견할 가능성은 매우 낮다. 지적생명체가 이 금속판을 발견한다 하더라도 금속판에 새겨진 영상의 의미를 제작자가 원한 바대로 이해할 가능성도 매우 낮다. 같은 지구에 살고 있는 동일한 인간 종족들이라 하더라도 문화가 다르다면 서로에 대한 이해의 가능성은 외계의 지적생명체만큼이나 낮을 수 있다. 그들이 서로를 이해하면서 공존하기 위해서는 서로 다른 문화권 사이의 커뮤니케이션을 가능하게 해주는 영상의 역할이 매우 중요하다. 하지만 영상이 겉보기보다는 훨씬 해석되기 어려운 기호라는 점을 잊어서는 안 된다. 이 책이 제공하고 있는 여러 내용이 영상커뮤니케이션에 대한 사람들의 이해를 높이고 서로간의 이해와 공존을 위한 기반을 만드는 데 기여할 수 있기를 바란다.

이정은(2016). 영조 어제로 본 김두량 〈삽살개〉의 연구.『문물연구』30권, 159-184.

주형일(2004).『영상매체와 사회』. 한울.

주형일(2012). 이미지의 과잉과 실재: 매체와 메시지의 관계.『커뮤니케이션 이론』, 8권 1호, 213-244.

주형일 · 김지영(2014). 디지털 사진행위를 어떻게 이해할 것인가?: 협업적 자기민속지학 연구를 바탕으로.『한국언론정보학보』. 67권 3호, 62-87.

주형일(2015).『이미지가 아직도 이미지로 보이니?』. 우리학교.

주형일(2016). 그레마스 기호학을 이용한 서사 분석의 문제: 〈겨울왕국〉을 중심으로. 『한국언론정보학보』. 76권 2호, 7-30.

Althusser, L. (1969). Idéologie et Appareils Idéologiques d'État, in Althusser, L. (1976). *Positions*. Editions Sociales.

Aristote(1996). *Poétique*. Paris: Editions Gallimard.

Barthes, R.(1957). *Mythologies*. Paris: Editions du Seuil. 정현 역(1995).『신화론』. 현대미학사.

Barthes, R. (1964). Rhétorique de l'image. *Communications*. 4. 40-51.

Barthes, R. (1964). Eléments de sémiologie. *Communications*. 4. 91-135.

Baudrillard, J. (1981). *Simulacres et simulation*. Paris: Galilée.

Benjamin, W. (1991). *Ecrits français*. Paris: Editions Gallimard.

Berger, J. (1972). *Ways of Seeing*. 하태진 역 (1995).『어떻게 볼 것인가』. 현대미학사.

Bourdieu, P. et al. (1965). *Un art moyen : Essai sur les usages sociaux de la photographie*. 주형일 역 (2004).『중간예술』. 현실문화연구.

Debord, G. (1992). *La société du spectacle*. Paris: Gallimard.

Debray, R. (1992). *Vie et mort de l'image*. 정진국 역 (1994).『이미지의 삶과 죽음』. 시각과 언어.

Foucault, M. (1966). *Les Mots et les Choses. Une archéologie des sciences*

279   *humaines.* 이규현 역 (2012).『말과 사물』. 민음사.

Foucault, M. (1975). *Surveiller et punir.* Paris: Editions Gallimard.

Freud, S. (1900). *The Interpretation of Dreams*, in Strachey, J. (ed. and trans, 1953.). *The Standard Edition of the Complete Psychological Works of Sigmund Freud.* London: Hogarth.

Greimas, A. J. (1986). *Sémantique structurale.* Paris: PUF.

Hall, S. (1996) The questions of cultural identity. In: Hall, S., Held, D., Hubert, D. & Thompson, K., *Modernity: An Introduction to Modern Societies.* Oxford: Blackwell. 596~632.

Hall, S. (1997). *Representation : Cultural Representations and Signifying Practices.* London: Sage Publications & Open University

Kress, G., & Van Leeuwen, T. (2006). *Reading Images: The Grammar of Visual Design.* London/New York: Routledge.

Lacan, J. (1966). *Écrits.* Paris: Éditions du Seuil.

Mulvey, L. (1975). Visual Pleasure and Narrative Cinema, *Screen*, Volume 16, Issue 3, 6−18.

Panofsky, E. (1939). *Studies in Iconology: Humanistic Themes in the Art of the Renaissance.* 이한순 옮김 (2001).『도상해석학 연구』. 서울: 시공사.

Peirce, Ch. S. (1955). *Philosophical Writings of Peirce.* New York : Dover Publications.

Platon (1966), *La République*, Paris: GF−Flammarion.

Roudinesco, E. & Plon, M. (1997). *Dictionnaire de la psychanalyse.* Paris: Fayard.

Said, E. W. (1978). *Orientalism.* 박홍규 옮김 (1999).『오리엔탈리즘』. 서울: 교보문고.

Saussure, F. (1978). *Cours de linguistique générale.* Paris : Payot.

Smith, S. M. & Sliwinski, S. (2017). *Photography and the Optical Unconscious.* Durham, NC: Duke University Press

Virilio, P. (1988). *La machine de vision.* Paris: Galilée.